教育部人文社科重点研究基地
浙江省新型重点专业智库
浙江工商大学现代商贸研究中心

人工智能时代下的企业社交媒体应用

孙 元 邱凉飞 吴丽霞 著

国家社会科学基金重大项目"在线平台信息价值和信息行为研究"(21&ZD119)

国家自然科学基金面上项目"企业社交媒体使用对员工及团队敏捷性的影响机理研究"(72172143)

科学出版社

北 京

内 容 简 介

本书凝结了团队十几年来关于企业社交媒体使用价值的相关研究成果，较为全面地介绍了企业社交媒体的外事应用和内事应用，展示了企业社交媒体在人工智能和大数据时代对企业产生的价值，证明了能够应对人工智能大时代挑战的企业社交媒体会给企业带来前所未有的机遇，而无法应对时代挑战的企业社交媒体终将成为"食之无味，弃之可惜"的鸡肋。本书为推进人工智能和大数据时代下的企业社交媒体应用，充分发挥企业社交媒体价值提供了重要的理论支撑和实践参考。

本书可供企业社交媒体应用领域的研究人员及相关专业博士、硕士研究生、企业管理者，以及政府经济和信息化部门和科技部门管理者阅读参考。

图书在版编目（CIP）数据

人工智能时代下的企业社交媒体应用 / 孙元，邱凉飞，吴丽霞著. -- 北京：科学出版社，2024. 12. -- ISBN 978-7-03-079625-7

Ⅰ. F272.4-39

中国国家版本馆 CIP 数据核字第 2024NE4867 号

责任编辑：王丹妮 / 责任校对：贾娜娜
责任印制：张 伟 / 封面设计：有道设计

科学出版社 出版

北京东黄城根北街 16 号
邮政编码：100717
http://www.sciencep.com

北京建宏印刷有限公司印刷
科学出版社发行 各地新华书店经销

*

2024 年 12 月第 一 版 开本：720×1000 1/16
2024 年 12 月第一次印刷 印张：16
字数：320 000

定价：180.00 元
（如有印装质量问题，我社负责调换）

作者简介

  孙元，浙江工商大学工商管理学院（MBA 学院）党委书记、副院长、教授、博士生导师，中国信息经济学会常务理事、国际信息系统协会中国分会（China Association for Information Systems，CNAIS）常务理事，霍英东教育基金会第十五届高等院校青年教师奖获得者、教育部学位中心首批优秀案例教师，入选了国家"万人计划"青年拔尖人才、"中国高被引学者"（爱思唯尔榜单）、全球前2%顶尖科学家榜单。主要研究企业新兴信息技术使用管理。已主持国家社会科学基金项目（重大项目、重点项目）、国家自然科学基金项目（面上项目、青年项目）、浙江省自然科学杰出青年科学基金项目等近 20 项；在国内外权威期刊如《管理世界》等发表论文 50 余篇；获教育部高等学校科学研究优秀成果奖（人文社会科学）三等奖 2 项、浙江省哲学社会科学优秀成果奖二等奖 2 项、"全国百篇优秀管理案例" 9 项等奖项 20 余项。

序　言

在数字化浪潮的推动下，人工智能已成为企业转型和创新的关键驱动力。《人工智能时代下的企业社交媒体应用》这本书，正是在这个背景下应运而生的，它不仅为我们揭示了人工智能与企业社交媒体结合的无限可能，更为企业如何在这一新时代中立足提供了宝贵的指导。在当今这个信息技术日新月异的时代，企业必须适应快速变化的市场环境，利用人工智能技术提升企业社交媒体的应用价值，从而优化决策过程、提高运营效率、增强客户互动，并最终实现业务增长。

我深感作者对于这一领域具有深刻理解和独到见解。该书不仅系统地梳理了企业社交媒体应用的理论基础，更通过五篇 13 章的详尽论述，覆盖了从商品营销到知识管理，从员工工作状态到员工和团队能力，再到员工绩效的全方位议题。

在第一篇中，作者深入探讨了企业外部社交媒体的应用效益，特别是在产品销售、虚假评论检测和客户关系管理方面的策略。这些内容对于那些希望在竞争激烈的市场中提升品牌影响力和销售业绩的企业来说，具有很高的参考价值。第二篇则聚焦于企业内部社交媒体在知识管理领域的作用，揭示了如何通过社交媒体平台促进知识的汇总、生成和共享。在知识经济时代，这一点对于提升企业的创新能力和竞争力至关重要。第三篇和第四篇则从员工和团队的角度出发，研究了企业社交媒体对员工工作状态以及员工和团队能力的影响。不仅为企业提供了如何通过其增进员工福祉、提升团队协作效率的洞见，也为人力资源管理和组织行为学的研究提供了新的视角。最后，第五篇则关注于企业社交媒体在员工绩效管理中的应用，探讨了如何利用企业社交媒体进行实时绩效反馈和提升员工创造绩效。这对于追求高绩效管理的企业来说，无疑是一个值得深入挖掘的领域。这样的结构安排，使得该书成为一本难得的综合性指南，适用于不同领域的专业人士。

在阅读该书的过程中，我被作者对于人工智能技术和企业社交媒体融合的深刻洞察所打动。他们不仅为学术界开辟了一个全新的研究视角，构建了一个系统的框架，用以深入探索和分析企业社交媒体应用的多元维度与潜在影响，还从战略层面为企业如何利用技术优化企业社交媒体的应用提供了指导。这些富有前瞻性的分析与建议，对于那些在竞争激烈的市场环境中寻求理论支撑与实践创新的企业而言，具有很高的学术参考价值与实践指导意义。

最后，我诚挚地向所有致力于人工智能与企业社交媒体研究领域的学者及相关专业博士、硕士研究生，企业各级管理人员推荐此书。该书不是只局限于技术操作的指南层面，而是深刻地探讨了在人工智能时代背景下，企业如何有效将企业社交媒体作为战略工具，推动业务增长与转型的理论框架。此外，该书不仅是对当前实践案例的总结，更是对未来趋势的预见性探索，为读者提供了一个全面审视人工智能与企业社交媒体融合影响的学术视角。我期望《人工智能时代下的企业社交媒体应用》这本书能够激发学界与实践界同仁的深入思考，成为指引我们把握科技脉搏、深化理论认知、推动创新实践的宝贵资源。

中国工程院院士　合肥工业大学教授

2024 年 11 月 8 日

前　言

党的十八大以来，党中央高度重视发展数字经济，并将其上升为国家战略。习近平总书记在中国共产党第二十次全国代表大会上的报告中强调，要"加快发展数字经济，促进数字经济和实体经济深度融合，打造具有国际竞争力的数字产业集群"[①]；党的二十届三中全会通过的《中共中央关于进一步全面深化改革 推进中国式现代化的决定》更是指出，健全促进实体经济和数字经济深度融合制度，要"加快构建促进数字经济发展体制机制，完善促进数字产业化和产业数字化政策体系"[②]。在此背景下，加快新一代信息技术在企业中的普及应用对促进数字经济和实体经济深度融合尤为重要。

近年来，作为企业办公常用数字技术之一的企业社交媒体自身的发展高度"商业化"，且日趋"生态化"，使其具备了巨大的商业开发价值，尤其是人工智能等技术的嵌入，使企业社交媒体的应用价值得到了显著提升。例如，在品牌推广与客户互动方面，应用了人工智能技术的聊天机器人可以在社交媒体上提供24小时/7天的客户服务，快速响应常见问题并满足用户的基本需求，提高客户满意度；在企业员工沟通与协作方面，人工智能技术能够自动整理和划分企业内部的知识信息，使得员工在企业社交媒体上更容易找到所需资源，从而提高协作效率。可以看出，企业社交媒体不同层次的应用使企业获得了不同的商业回报，但也带来了商业模式的差异化发展。将企业社交媒体应用视为单纯的"数字营销"工具或"数字管理"软件势必会限制其商业价值，并导致企业社交媒体应用收益下降。因此，为了更加全面地研究企业社交媒体在企业中的应用及其产生的价值，本书以企业的"外事"和"内事"为分析框架，研究处理"外事"的企业外部社交媒体如何提高产品销量以及处理与客户的关系，探讨处理"内事"的企业内部社交媒体如何促进员工知识分享以及设计员工管理系统。

本书主要分为五篇13章，其中第1章是企业社交媒体应用导论，主要对本书的写作背景和意义、研究对象与主要内容、研究思路与方法等进行概述。第一篇是企业社交媒体应用与商品营销，共3章，系统深入地研究了企业外部社交媒

---

① 《习近平：高举中国特色社会主义伟大旗帜 为全面建设社会主义现代化国家而团结奋斗——在中国共产党第二十次全国代表大会上的报告》，https://www.gov.cn/xinwen/2022-10/25/content_5721685.htm，2022-10-25。

② 《中共中央关于进一步全面深化改革 推进中国式现代化的决定》，https://www.gov.cn/zhengce/202407/content_6963772.htm，2024-07-21。

体的应用效益,包括企业外部社交媒体对产品销售的影响研究,以及企业外部社交媒体上的虚假评论检测方法和对客户关系管理策略的探索。第二篇是企业社交媒体应用与知识管理,共3章,主要探索了企业内部社交媒体在促进企业分散知识汇总、知识生成和知识共享方面的作用。第三篇是企业社交媒体应用与员工工作状态,共2章,研究了企业内部社交媒体对员工工作投入和工作繁荣两种工作状态的影响。第四篇是企业社交媒体应用与员工和团队能力,共2章,探析了企业内部社交媒体对员工和团队即兴能力以及员工和团队敏捷性两种员工和团队能力的影响。第五篇是企业社交媒体应用与员工绩效,共2章,探究了企业内部社交媒体在员工实时绩效反馈方面的作用,以及其对员工创造绩效的影响。

本书较为全面地展示了企业社交媒体在人工智能和大数据时代对企业产生的价值,有利于丰富和创新企业社交媒体应用的理论研究成果。尽管实践已经证明了企业社交媒体在处理企业"外事"和"内事"方面展现的无与伦比的优势,但在人工智能和大数据时代,企业社交媒体是否仍能在企业日常工作中发挥独一无二的作用遭到了不少学者和企业家的怀疑。本书凝结了团队十几年的研究成果,证明了能够应对人工智能和大数据时代挑战的企业社交媒体会给企业带来前所未有的机遇,无法应对时代挑战的企业社交媒体将会成为鸡肋。

本书在写作和出版过程中得到了许多人的帮助和支持,我在此向他们表示衷心的感谢。特别感谢佛罗里达大学邱凉飞教授在本书写作过程中给予的支持和帮助。当我邀请邱凉飞教授一起合著时,他欣然同意,使本书的内容得到了极大的丰富。感谢浙江工商大学的吴丽霞、胡峰和聂锟,杭州电子科技大学的傅金娣,东吴大学的尚荣安,康斯特大学的Klaus Boehnke,莱特州立大学的Anand Jeyaraj,北佛罗里达大学的张作鹏[Zuopeng(Justin)Zhang]等团队成员的合作研究和共同努力,本书的完成得到了他们的鼎力支持和无私帮助。同时感谢我指导的研究生闻肖融、钟亚婷、杨平泊、牟赛雅、张国强、祝梦忆、方舒悦、贺圣君、姜宏宇、曹海洋、林葵葵、周欣洁、李旭杰、朱梦洁、刘艳君、王春丽、向东方、杨博在本书相关内容研究和写作过程中所做的工作与付出的劳动。最后,感谢科学出版社对本书出版给予的支持。

本书是国家社会科学基金重大项目"在线平台信息价值和信息行为研究"(21&ZD119)和国家自然科学基金面上项目"企业社交媒体使用对员工及团队敏捷性的影响机理研究"(72172143)的阶段性研究成果。在此对课题的资助者及参与者,一并表示深深的感谢。

孙　元

于浙江工商大学工商管理学院(MBA学院)

2024年9月

目　　录

第一篇　企业社交媒体应用与商品营销

第四篇　企业社交媒体应用与员工和团队能力

第五篇　企业社交媒体应用与员工绩效

第1章 企业社交媒体应用导论

"内事不决问张昭，外事不决问周瑜。"

——罗贯中《三国演义》

1.1 引子：企业的"内事"与"外事"

在小说《三国演义》中，孙策有一句著名的遗言："内事不决问张昭，外事不决问周瑜。"治国与管理企业不无类似。企业的"内事"主要包括员工管理和内部知识的分享，而"外事"往往是指产品销售以及处理与客户的关系。众多学术研究和业界报告表明，企业社交媒体在处理"内事"和"外事"两方面都可以发挥重要的作用（Balawi et al.，2023；Chen et al.，2022）。比如，软件公司 Sprout Social 在其 2023 年社交媒体现状报告中指出，"96%的商业领袖都同意，公司必须继续投资于社交媒体营销，才能取得成功"（Sprout Social，2023）。然而还是有不少人觉得企业社交媒体是"食之无味，弃之可惜"的鸡肋。本书的目的就是证明企业社交媒体在人工智能和大数据时代是机遇而不是鸡肋。我们十几年的研究一直在反复验证一个核心议题：能够应对人工智能大时代挑战的企业社交媒体会给企业带来前所未有的机遇；无法应对时代挑战的企业社交媒体将会成为鸡肋。这也是贯穿全书的主线。人工智能时代的"煮酒论英雄"看的是谁能更好地利用数据，打开机制背后的"黑箱"。不能有效利用数据的企业社交媒体终将成为"冢中枯骨"。

正是由于企业社交媒体在处理"内事"和"外事"两方面都有着无与伦比的优势，因此其从根本上改变了人工智能时代企业竞争的版图与格局。依据"内事"和"外事"两个维度，企业社交媒体可以分为两种类型：处理"内事"的企业内部社交媒体和处理"外事"的企业外部社交媒体。简单来说，企业内部社交媒体主要是指企业内部的员工管理和知识分享的信息系统，而企业外部社交媒体则包括企业与客户进行互动的公共社交媒体（比如微信、微博和抖音）。在这个意义上，可以毫不夸张地说"内事不决问企业内部社交媒体，外事不决问企业外部社交媒体"。在这里，不决的"内事"主要包括如何促进员工知识分享以及设计员工管理系统，而不决的"外事"则是指如何提高产品销量以及处理与客户的关系。"内事"与"外事"的区分编织出本书基本的分析框架。在本章中，我们首先界定企业社交媒体的基本概念，并搭建分析框架。其次沿着"内事"与"外事"的框架，在第一篇主要分析企业社交媒体是如何处理"外事"的，第二至五篇则集中分析企业社交媒体是如何处理"内事"的。其中，第二篇研究企业社交媒体是如何促进内部员工进行知识管理的，而第三至五篇则着重于探讨企业社交媒体是如何改善员工工作状态以及提升员工能力和工作绩效的。

1.2　企业社交媒体"外事"的应用之一：如何进行商品营销

如何提高产品销量几乎是每一个企业"外事"的最核心任务。在最近几年，社交媒体营销一直如火如荼地进行着（Yu et al.，2023）。然而"成也萧何，败也萧何"，有些产品的社交媒体营销大获成功，而另外一些则乏善可陈，甚至在耗费了大量财力物力的情况下，结果仍惨不忍睹。简单访问任意一个资深的产品销售经理，对于社交媒体营销，他们几乎都有几个津津乐道的成功案例。然而在内心深处，他们也会藏着一些不为人知的失败教训。所以要进行社交媒体营销其实是个伪命题，真正关键的问题是以下两个：①什么样的新产品更容易成功？②相对于传统营销，什么样的产品更适合社交媒体营销？在人工智能时代，回答这两个问题，并不能依靠简单地拍脑袋，而是需要借助数据和机器学习的方法去获得实际的证据和洞见。

第一个问题的核心在于企业能否提早预测时尚趋势，从而知晓消费者更喜欢什么样的产品。自古以来，时尚在经济和社会两方面都具有重要影响，贯穿于社会的方方面面，包括服装、绘画、建筑等（Fu and Fisher，2023）。时尚在许多商业产品的营销策略中起着至关重要的作用。20 世纪 50 年代，汽车设计中的尾翼风潮就是一个很好的例子。尽管尾翼在功能上属于造型设计的一部分，但对于凯迪拉克等配备该元素的车型而言，其装饰属性却在市场成功中发挥了重要作用（Gammage and Jones，2004）。另一个例子是近年来美国紫色产品销量的激增。特殊的紫色被宣布为年度色彩后，紫色化妆品的销量大幅增长。在 2021 年，紫色腮红和紫色口红的销量分别增长了 91%和 101%（Rach，2021）。我国古代"洛阳纸贵"的故事也是时尚趋势的反映：晋朝人左思写的《三都赋》广受欢迎，洛阳的人们争相传抄，结果使得纸价上涨。

先前的研究通过探索重塑时尚偏好的潜在因素，来考察其发展的内在机制，从而回答第一个问题：什么样的新产品更容易成功（Miller et al.，1993）。市场营销领域的研究深入探讨了某些产品迅速走红并在社会上迅速传播，而其他产品则默默无闻的原因（Berger，2016）。具体而言，这取决于两个主要力量：一是产业端的创新三角，即由品牌战略部门、设计师工作室和时尚媒体构成的铁三角，通过季度性产品更迭与话题制造持续刷新市场预期；二是消费者，他们最终决定是采纳还是放弃新风格。

回答第一个问题的经典方法是在实验室里进行消费者行为实验，检验具有哪种特征的产品更容易走红。实验的方法为企业提供了产品走红的大原则。比如，不少研究发现，充满了情感和故事性的产品更容易成功（Berger，2016）。通过了解这些大原则，企业可以对如何使自己的产品走红并成为文化话题有一个大方向的把握。但是实验的方法也有其局限性。其中一个局限性是，在学术界，为了实验的方便，很多实验的参加者都是大学本科生，他们与真实世界的消费者是有一定差距的。更重要的是，这些消费者行为实验大多都剥离了真实世界的社交网络，着眼于孤立的个体消费者。近几年来，社交媒体的迅速发展大大加快了时尚的传播速度。微信、微博、抖音、Instagram 等社交媒体平台充当着实时的时尚展示场，个人在这些平台展示自己的个人风格，网红分享新兴趋势，时尚品牌展示它们的最新系列（Fu and Fisher，2023）。社交媒体上丰富的与时尚相关的内容使消费者能够不断地接触到流行的时尚元素，这可能会相应地改变他们的购买行为。鉴于时尚趋势传播速度更快、范围更广，企业及时把握这些趋势并相应地采取管理行动至关重要。从这个角度上说，分析真实世界社交媒体中的大数据可以弥补消费者行为实验的不足。通过社交媒体中的海量数据，企业能够识别并跟踪不断演变的时尚趋势，这可以为商业决策奠定基础。

消费者行为实验的另一个局限性是虽然它为企业提供了产品走红的大原则，但如何实际应用这些大原则却有很多变数。"授人以鱼不如授人以渔"，让企业了解大原则固然重要，但是最根本的是教给企业如何分析社交媒体中的海量数据，从而有效预测哪些产品更容易走红。尽管许多企业可能拥有先进的理念或成功的试点项目，但它们往往难以在更大范围内复制这种成功（List，2022）。造成这种现象的一个根本原因是企业缺乏规模化、自动化地分析海量数据的能力。从这个意义上说，提升企业分析海量数据的能力也是人工智能时代的要求。

下面我们通过一个案例来说明如何分析社交媒体中的海量数据以便预测产品的成功率（Yang et al.，2023a）。我们和一家美国知名家居厨房用品制造商合作，帮助他们预测哪种家居厨房用品更容易走红。这些产品通过电子商务平台（如 amazon.com 和 walmart.com）和传统零售平台（如沃尔玛线下门店）等渠道进行分销。公司的管理层希望从社交媒体中得到洞见，从而尽早得知哪类产品可能走红。因为社交媒体包含了大量信息，所以识别特定产品的时尚趋势是极具挑战性的。一方面，社交媒体上的海量数据使得我们无法手动检查所有相关信息。另一方面,社交媒体上的帖子通常是多模态的,包含文本、图片或视频(Ramachandram and Taylor,2017)。因此,仅依靠帖子中的文本可能不足以有效地识别内容是否与特定产品相关,所以企业特别关心如何在社交媒体上识别与特定产品相关的帖子,并根据这些帖子预测时尚趋势。

通过与企业的深度合作,我们构建了一个基于深度多模态学习的框架,利用社交媒体数据揭示特定产品的时尚趋势。这一框架利用实时的普通用户生成的社交内容来更准确、更持久地预测流行趋势。首先,我们从企业的产品描述中生成一组关键词,以指导我们收集数据。为此,我们应用词频-逆文档频率(term frequency-inverse document frequency,TF-IDF)分析所有产品描述文本的语料库(Hong et al.,2021)。我们计算每个词的 TF-IDF 值,然后根据它们的 TF-IDF 值对所有词进行排名,以指导对后续关键词的选择。此外,我们使用词性标注来为每个词分配一个词性标签,如"形容词"。其次,我们检查经过排名的单词列表,选择具有高 TF-IDF 值和词性标签为"名词"的单词作为关键词。通过这种方式,我们获得了一个与制造商的厨房用品高度相关的、包含 50 个关键词(名词)的综合列表。最后,在获取关键词列表后,我们与合作制造商的管理人员协商来验证它。这种协作过程确保了我们生成和选择的关键词的实际相关性。需要注意的是,尽管制造商通常可以提供关键词列表,但利用文本挖掘技术,我们能够编制出更全面的关键词列表。

接着,我们将获得的关键词用作标签,在 Instagram 这一重要的社交媒体平台上收集所有可能与厨房用品相关的帖子。Instagram 作为一个以高质量图像为核心的视觉平台,不仅在网红、设计师和品牌之间相当流行,而且在普通用户中也变得非常重要。由于它的视觉图片导向,Instagram 提供了一个理想的环境来衡量和理解不断变化的时尚趋势。基于所有关键词,我们从 2019 年 10 月到 2022 年 1 月收集了超过 500 万条 Instagram 帖子。对于每个帖子,我们收集了图像、文本内容等信息。通过这种方式,我们构建了一个丰富的 Instagram 帖子数据集,这些帖子与厨房用品的潜在时尚趋势密切相关。

然后,我们使用机器学习模型去识别与厨房用品相关的社交媒体帖子。并非所有收集到的 Instagram 帖子都与厨房用品相关。因此,过滤掉不相关的帖子以准确预测和理解厨房用品的时尚趋势至关重要。虽然不可能手动标记所有 Instagram 帖子,但我们在研究中采用了一种先进的机器学习技术,即深度多模态学习,来识别与厨房用品相关的 Instagram 帖子。深度多模态学习的主要优势在于其能够捕获不同数据模态之间的复杂关系(Ramachandram and Taylor,2017),这可以极大地提高预测和分类能力。由于其在多模态任务中的出色表现,深度多模态学习已被应用于各个领域。例如,在医疗保健领域,它可以通过同时分析医学图像和患者记录来进行疾病诊断(Mohsen et al.,2022)。在金融欺诈检测中,它被用于同时分析非结构化文本和音频数据（Yang et al.，2023b）。由于 Instagram 内容固有的多模态性质，即社交媒体帖子中包含图片和文本元素，深度多模态学习特别适用于分析 Instagram 数据。例如，在与厨房用品相关的帖子中，物品的图像通常会辅以文字描述或相关的标签。

我们采用了 OpenAI 开发的对比语言-图像预训练（contrastive language-image pre-training，CLIP）（Radford et al.，2021）——一个多模态视觉和语言模型。CLIP 是在互联网上的 4 亿个图像-文本对上进行训练的，所以 Instagram 内容的多模态性与 CLIP 的能力完美契合。我们使用 CLIP 为每个 Instagram 帖子生成丰富的多模态表示，包括图像的视觉细节（如厨房用品项目）和相应文本信息的语义。具体来说，我们首先将一个 Instagram 帖子（一个图像-文本对）输入 CLIP 中，以获得一个 512 维图像嵌入向量和一个 512 维文本嵌入向量。其次将这两个向量组合起来，得到一个 1024 维向量，以此来表示这个 Instagram 帖子。通过这种方式，我们可以为每个 Instagram 帖子获取多模态表示。

为了构建一个带标签的数据集，我们进行了一项调查，并要求来自 Prolific （https://www.prolific.co）的参与者手动标记了 3524 个 Instagram 帖子，以确定它们是否与厨房用品相关。每个帖子由 5 名参与者独立标记。接下来，我们使用标记的 Instagram 帖子的多模态表示来训练一个神经网络模型，用于完成我们的分类任务。根据模型训练的常见做法，我们随机将标记的数据集分为两个子集：80% 用于训练，20% 用于测试。通过迭代训练和调整，模型可以找到一组最佳参数，尽可能地捕捉与厨房用品相关的 Instagram 帖子的本质。最终模型在受试者操作特征曲线（receiver operating characteristic curve，ROC curve）下面积（area under the curve，AUC）得分为 0.873 分，表明在将 Instagram 帖子分类为与厨房用品相关时具有高度的准确性，这也展示了深度多模态学习在准确分析和理解多模态任务方面的强大能力。最后，我们使用训练好的模型来对数据集中未作标记的 Instagram 帖子进行分类，并使用与厨房用品相关的帖子来发现时尚趋势。具体而言，对于想要探索的每种时尚元素，我们使用提到该时尚元素的与厨房用品相关的帖子的数量来衡量其在一段时间内的流行程度。

最终，我们发现从社交媒体中提取的时尚趋势能够显著且积极地影响产品的销量。一方面，时尚趋势的这种影响表明管理者可以根据检测到的趋势不断调整管理策略，包括产品设计、产品组合、营销和库存。例如，如果红色在下一个季节变得流行，企业可以设计和生产更多的红色商品，并调整营销策略以适应这一趋势。另一方面，在数字化传播语境下，企业可通过构建社交媒体价值共创生态，以策略性内容运营重构时尚趋势话语权。例如，企业可以积极奖励和推广强调其产品用途和特点的用户生成内容，从而促进新时尚趋势的形成。此外，我们的新方法利用了社交媒体上用户生成内容的丰富性及多面性。鉴于时尚趋势在社交媒体上的快速传播，企业采用实时数据和机器学习方法从社交媒体中识别时尚趋势至关重要。在检测到时尚趋势之后，管理者可以相应地制定更加高效和有针对性的策略。这也是为什么与我们合作的厨房用品制造商将我们的机器学习方法引入他们的企业数据分析系统。

上面这个案例回答了第一个问题：什么样的新产品更容易成功。在本书的第一篇里，我们会对这个问题进行更深入的讨论。下面我们来看第二个问题：相对于传统营销，什么样的产品更适合社交媒体营销？在这里，我们通过一项研究来提供简单的思路。多年来，电影在很大程度上依赖传统的大众传媒渠道进行传播，如电视、杂志和报纸，以触及它们的目标受众。主要电影制片厂在好莱坞电影的常规发行中花费了大量资金用于广告宣传，有时超过了实际电影制作费用的50%。如今社交媒体平台作为推广电影的替代方式备受欢迎。这种共存为我们研究媒体对电影销售的影响提供了一个很好的机会（Yu et al.，2023）。

市场营销领域的研究根据垂直或水平差异化属性对产品进行分类（Chen and Xie，2005）。垂直差异化意味着可以根据品质的高低对产品进行区分，如分为高品质和低品质产品。水平差异化常常表明可以根据设计的不同对产品进行分类，如可根据款式、外观设计等分为不同的产品。当消费者对垂直（或水平）差异化属性不确定时，他们便面临着质量（或匹配）的不确定性。我们专注于电影的匹配不确定性，因为大家普遍认为电影行业具有显著的水平差异化属性：不同的电影适合不同品位的观众（Duan et al.，2008）。匹配不确定性主要由产品的经验属性驱动，这些属性在消费之前常常无法准确评估。虽然消费者很难从传统广告中评估电影的体验属性，但社交媒体在披露体验属性方面的能力使其更有利于推广具有高匹配不确定性的电影。

我们的研究表明，社交媒体在促进匹配不确定性高的电影销售方面优于传统广告（Yu et al.，2023）。其内在原因在于，传统大众广告在反映电影的搜索属性方面具有比较优势（如演员阵容、票价和上映日期等信息）。相比之下，社交媒体可以更有效地提供有关体验属性的信息（如消费者可以随时随地观看预告片和听取配乐），这增进了消费者之间的互动，并帮助揭示电影是否符合消费者的口味。许多粉丝在电影社交媒体页面上的发帖行为是由内在动机驱动的，他们试图通过讨论细微的体验属性（如悬念的创造方式）而不是搜索属性（如演员阵容、票价和上映日期等信息）来凸显他们作为"电影专家"的独特价值，从而区别于营销人员提供的信息。总之，社交媒体营销更有效地传达了体验属性，因此提高了匹配不确定性高的电影的销售额。

此外，我们发现电影上映后，社交媒体与匹配不确定性高的电影的销售额产生了一种互补效应，增强了传统媒体对匹配不确定性高的电影销售额的正面影响。其中的道理在于传统广告渠道与社交媒体渠道在一些方面具有相似的能力，但在另一些方面有所不同。一方面，两种媒体都可以让更多消费者了解电影并释放出质量信号，这些相似的能力导致了渠道替代。另一方面，这两种媒体可能存在互补之处。正如我们之前提到的，社交媒体营销能更有效地传达体验属性，从而提高匹配不确定性高的电影的销售额。因此，究竟是替代效应占主导地位还是互补效应占主导地位，取决于电影的匹配不确定性水平。当匹配不确定性较低时，社交媒体营销无法充分发挥其优势，两种媒体都在传达电影制片厂的广告信息，这些相似的或重复的传播方式产生了替代效应。对于匹配不确定性较高的电影，社交媒体营销在传达体验属性方面的优势比较突出。由于两种媒体的操作方式独特，优势不同，因此会产生互补效应。

同时，我们发现电影制片厂发布的具有体验属性的帖子能够更有效地提高匹配不确定性高的电影的销售额。我们的研究为电影制片厂将多渠道营销策略与电影特性相协调，成功地向消费者传达相关产品信息以增加销售额提供了实践价值。具体来说，电影制片厂必须深入了解其电影的特点，以制定有针对性的营销策略。营销人员应利用社交媒体来推广匹配不确定性高的电影。特别是，营销人员应该在他们的帖子中更多地展示关于电影体验属性的信息。此外，由于社交媒体和传统媒体渠道之间的互补效应更有可能出现在匹配不确定性高的电影中，营销人员应同时在不同渠道上投入资源。相比之下，对于匹配不确定性低的电影，营销人员可以更多地依赖传统广告。此外，考虑到不同媒体之间的替代效应有可能会出现，最好将大部分资源投入回报更高的渠道中，以最大限度地获得回报。由于社交媒体内容管理成本远低于传统广告，我们的研究结果表明，预算较低且更有可能具有高匹配不确定性的小众电影可以大大受益于社交媒体营销。除了增加销售额，企业另一个重要的"外事"是与消费者互动，维持和提升自己品牌的声誉。全球最大的在线社交网络——Facebook 在 2017 年拥有 6500 万个企业页面，企业可以在这些页面上创建自己的品牌社区（Bapna et al.，2019）。对企业而言，这些品牌社区的吸引力在于与潜在消费者进行互动的成本非常低。品牌社区可以提高品牌知名度，以及客户满意度和忠诚度。为了能够使企业最终获利，在线品牌社区必须保持庞大的成员群体和大量的沟通活动或内容。成员的数量很重要，因为成员是一种资源，成员越多，成员之间可能的互动就越多。然而，发展在线品牌社区可能具有挑战性。德勤的一项调查发现，即使投入了大量资源，大多数企业努力建立的在线品牌社区也未必能吸引到足够多的成员（Bapna et al.，2019）。此外，即使是《财富》世界 500 强公司，在建立在线品牌社区方面的能力也存在很大差异（Culnan et al.，2010）。所以，一个重要的问题是企业能利用哪些策略来发展其在线品牌社区。更具体地说，我们着眼于企业如何通过帖子这种沟通方式发展其初创的在线品牌社区。

个人与企业的帖子进行互动（如点赞帖子），很可能会刺激在线品牌社区增长。这是因为社交媒体就像一个巨大的口口相传的机器，自动加速和催化信息的传播。当个人与企业的帖子互动时，这些互动将由社交媒体平台广播给其他可能不属于企业在线品牌社区的消费者。有关互动和相关帖子内容的信息的社交传播为消费者提供了关于企业的新信息。根据这些信息，某些消费者可能会决定加入企业的在线品牌社区。

我们的一项研究就着眼于什么类型的企业帖子与在线品牌社区中的参与（点赞、分享和评论）相关联（Bapna et al.，2019）。比如，已有的研究主要集中在帖子的语言风格上，发现与品牌个性相关的帖子（如幽默）对消费者在线参与具有积极影响，而信息性内容（如可用性）则与较低水平的消费者参与相关联（Lee et al.，2018）。我们则聚焦在帖子所表达的内容上，具体来说，我们收集了2010年成立的在线零售企业的每周数据，包括它们的帖子内容和参与度（即社交媒体用户对企业帖子的点赞），以及每周在线品牌社区的粉丝增长量。为了找出企业可能会发布的潜在主题，我们使用文本挖掘，让数据自己说话。我们使用了潜在狄利克雷分布（latent Dirichlet allocation，LDA）：这是一种基于文本挖掘的主题建模方法，以自动化和可扩展的方式识别帖子主题（Bapna et al.，2019）。LDA算法将每个帖子转换为一系列经过算法预先确定的主题。这种方法的优势在于，每个帖子被分类为许多不同权重的主题。

我们发现影响感知的企业帖子（包括传达产品和行业知识的帖子、传达组织成就的帖子，以及寻求意见的帖子）与消费者的参与度正相关。此外，传达促销或优惠信息的企业帖子也与消费者的参与度正相关。这种发现对于企业发展其在线品牌社区有着重要的指导意义。从这个角度来说，学术文献的概念模型固然重要，然而商业实践者不能仅仅依靠概念模型来完成。相反，实践需要一种工程化的方法：我们如何设计具体的战略来提高在线品牌社区的参与水平？这个问题的答案不仅取决于我们对一般原理的掌握情况，还取决于我们能否将这些知识运用到实际的在线品牌社区设计中。在这个过程中，大数据和机器学习方法将起到至关重要的作用。

在前面的几个例子中，我们强调了大数据和机器学习方法的重要性，但是需要注意的是，大数据不是万能的，它也有自身的缺陷。大数据主要依赖于相关性，而不是因果关系。无数的事物可以彼此相关，但要从无意义的相关性中找出有意义的相关性，通常需要依赖于一些"关于……""导致……"的因果假设。比如，计算机科学中的一个常见任务是让机器分辨出那些有宠物狗的图像。通常的机器学习的方法是让机器看到很多宠物狗的照片，从中学习如何识别有宠物狗的照片。然而，在现实中，大部分有宠物狗的照片上都会有绿草地，所以机器程序往往会误以为绿草地是宠物狗的一个重要特征。如果你给机器一张宠物狗在绿草地上跑的照片，那么它就会认为这是一只宠物狗，但如果在这张照片里，宠物狗在沙地上或水里，机器就会认为这不是宠物狗。

下面这个有趣的例子揭示了机器程序难以理解因果关系。20 世纪 80 年代，机器学习的国际象棋程序是通过学习特级大师的棋局来优化的。专家认为，这种方法会很有效，但结果却很糟糕。这些程序几步之内就输掉了比赛，因为它们立即舍弃了皇后。皇后是国际象棋中最厉害的棋子，但为什么这些程序会迅速舍弃皇后呢？原因恰恰是这些程序学习了特级大师的棋局，但是并不理解内在的因果联系。国际象棋特级大师舍弃皇后是一种出色的走法，其舍弃皇后，一定是因为能够换取更大的利益，通常很快就会取得胜利，但机器程序却误解了，把相关性当成了因果性：它认为放弃皇后是取得成功的关键（Bergstrom and West，2020）。所以，如何超越大数据的相关性，得到真正的因果性，对企业解决实际问题至关重要。这一点我们将在本书的第一篇中详细介绍。下面我们通过一个例子来展示如何用因果性的研究方法来探讨企业社交媒体中的品牌危机。

品牌危机，如 2016 年达美航空的计算机系统故障，对品牌造成了巨大的威胁。品牌危机不仅会导致财务损失，而且可能会损害品牌的形象和声誉（Balawi et al.，2023）。鉴于品牌危机可能造成的潜在损失，不少学者致力于评估品牌危机的影响，并制定适当的品牌应对策略以避免危机（Lei et al.，2012）。其中一种策略是进行有效的客户关系管理。客户关系管理旨在通过提升客户满意度和品牌绩效为客户及品牌创造价值。有效的客户关系管理策略，如赔偿，可以强烈影响客户投诉后的行为并减轻潜在损失。

社交媒体平台为成功的客户关系管理活动创造了新的机会。与传统的客户关系管理相比，基于社交媒体的客户关系管理使企业能够与客户进行轻松直接的沟通，这可以增进企业与客户的关系并使客户保持较高的参与水平（Kumar and Qiu，2021）。此外，社交媒体的公开性为企业提供了一种创新的方式来公开参与客户关系管理，这可以提高品牌知名度和客户忠诚度，且便于接触潜在客户。这些优势反过来会提升品牌形象，进而提高公司绩效（Kumar et al.，2018）。然而，社交媒体上的公共客户参与并不是没有风险。例如，负面口碑可能会被迅速传播并影响到大量消费者，特别是如果客户具有较强的社交影响力，那么这种负面影响就会更大（Qiu et al.，2018）。

客户关系管理在品牌危机中的作用已经得到确认，但在品牌危机期间社交媒体上客户关系管理的努力情况尚不清楚，尤其是考虑到社交媒体上客户公共参与的风险。事实上，尽管社交媒体在客户管理中的重要性和受欢迎程度不断提升，但社交媒体营销经理依然缺乏应对网络风暴的能力。有学者研究了非焦点品牌在不处于品牌危机风暴中时如何调整在社交媒体上的营销努力（He et al.，2018）。然而，我们对处于品牌危机风暴中的焦点品牌如何调整自己在社交媒体上的努力却知之甚少。因此，我们的研究主要聚焦在以下方面：品牌危机如何影响品牌在社交媒体上的客户关系管理？

　　有些学者利用美国联合航空公司品牌危机的自然实验来研究品牌在社交媒体上的客户关系管理（Balawi et al.，2023）。社会科学和商业领域中的自然实验指的是研究者能够观察某些因素或干预措施对人群产生的影响，而无须有意地操控这些因素。这些因素是自然产生的或已经存在的，使研究人员能够在真实世界的环境中分析它们的影响。与控制实验相比，自然实验的优势在于，它以一种更实际可行的方式提供了探究因果关系的路径。由于研究人员不直接干预或操纵变量，自然实验为研究那些在实验室环境中难以复制的现象提供了一种方法。另外，这种方法减少了出于研究目的有意地影响人群或组织而引发的伦理关切。自然实验之所以能够得出因果关系主要是因为以下四点。

　　（1）随机性：在自然实验中，变化通常是随机发生的，而不是由研究人员主观选择或干预造成的。这种随机性使得实验结果更有说服力，因为它降低了导致出现偏差的可能性。

　　（2）相对独立性：自然实验中的变化通常是相对独立的，即它们不受其他因素的影响。这意味着研究人员可以更容易地将特定因素与其影响进行关联，从而更清楚地理解其因果关系。

　　（3）真实性：自然实验反映了真实世界中的情况，其中的因果关系通常更加真实和可信。与实验室环境不同，自然实验提供了一种更接近日常生活的观察方式，使得结果更具有普适性和可应用性。

　　（4）大样本：自然实验通常能够利用大规模的数据集或观察样本，得出更具统计学意义的结果。这使得研究人员能够更准确地推断因果关系，而不受样本规模不足的限制。

　　2017年4月9日，美国联合航空公司因一段视频而面临品牌危机，该视频显示一名乘客被机场航空安全人员从航班上移出，导致身体受伤。该视频在社交媒体上迅速传播，引发了线上和线下的风暴。这就是我们这项研究中的自然实验。为应对危机，航空公司于2017年4月11日发布了一份道歉声明，该声明发布在航空公司的官方 Twitter[①] 网站上（Balawi et al.，2023）。我们选择这个危机进行研究有一个原因。尽管事件发生在美国联合航空公司的航班上，但没有迹象表明该航空公司的社交媒体管理团队可以影响任何将乘客从飞机上移出的决定。因此，这一事件可以被视为航空公司社交媒体团队的外生事件。基于外生冲击事件的准实验设计，我们可构建品牌危机情境下企业社交媒体客户关系管理效能的因果推断模型。

　　在研究品牌危机的不同应对策略时，学者将品牌危机概念化为两种一般类型

-----

① 2023年7月31日，Twitter 正式更名为 X。

（Dutta and Pullig，2011）：①基于绩效的危机，如产品伤害危机，影响客户的信心。②价值导向的危机，涉及社会或伦理问题，而不是有缺陷的产品。价值导向的危机可能会影响客户对品牌所派生的象征性利益的信心。美国联合航空公司的品牌危机就属于价值导向的危机。值得注意的是，尽管价值导向的危机相对罕见，但由于社交媒体的特性，这种危机变得越来越多，并给品牌带来了高风险。一条表达客户不满情绪的社交媒体帖子或消息可能会损害品牌的声誉，如果该客户具有较强的社交影响力，如在 Twitter 上拥有大量关注者，那么其产生的负面影响可能会增大。社交媒体在危机发生时加快了信息的传播速度，使之传播给更广泛的用户。近年来，我们已经看到越来越多的品牌经历了类似的危机，特别是在航空业。2021 年在美国有 18 家年收入超过 10 亿美元的航空公司（Balawi et al.，2023）面临类似危机。2017 年，紧随美国联合航空公司危机之后，美国西南航空公司发生了类似事件。一段视频显示一名乘客被美国联邦航空管理局工作人员从其航班上驱赶下来，此视频在社交媒体上疯传。尽管该事件比较罕见，但考虑到类似事件未来可能会再次发生，企业将不得不考虑如何调整其社交客户关系管理策略以减轻品牌危机的负面影响。

我们关注的企业在社交媒体上的客户关系管理的三个最重要的维度是：①信息性（指企业在向客户提供更多解释方面的努力）；②及时性（指企业对客户的回应速度）；③专注度（指企业与客户互动的程度）。我们从超过 150 万条与客户服务相关的推文中，构建了 2016 年 11 月至 2017 年 7 月消费者和美国联合航空公司社交媒体客户服务代理之间的 Twitter 对话数据库。我们发现了一些有趣的结果：品牌危机使得客户服务代理向客户提供更长的回复来解释危机为何会发生，但这会降低他们在社交媒体上的回应速度，减少与客户的互动次数。这些发现表明社交媒体上的企业更加保守和谨慎地应对危机。我们进一步研究发现，这些努力对减轻品牌危机对客户满意度的负面影响起到的作用极小，这表明保守的方法在企业的社交媒体客户关系管理中的表现并不理想。

1.3　企业社交媒体"内事"的应用之一：如何进行知识管理

如何利用分散在组织内部的知识来做出更好的决策，一直是大型企业面临的挑战，也是"内事"的重要一环。惠普前首席执行官路·普拉特（Lewis E. Platt）认为，"如果惠普知道惠普所知道的，我们的生产效率将提高三倍"（Qiu et al.，2017）。在经典的指挥与控制模式下，企业的决策通常是层级性的。每个业务部门的经理负责获取该部门的所有信息，综合它们，并做出决策或向上级报告。这种方法虽然有助于效率的提高，但也存在着重大的信息问题：做出决策所必需的信息可能在层级中被扭曲。

决策制定的另一种模式是利用和开发组织内部的集体智慧来促进信息在层级中的流动。企业集体智慧的常见应用是预测市场——一种邀请企业员工参加基于不确定的未来事件来进行交易的市场（Qiu et al.，2013）。它的运作方式类似于金融市场。公司感兴趣的问题被融入一项风险资产中。比如，如果新产品的年销售增长率超过 5%，则购买者可以从每单位的该资产中获得 1 美元收益。预测市场的价格具有重要的信息价值，因为它既反映了市场参与者的信念，又体现了市场的整体预期。

越来越多的企业利用预测市场来辅助商业决策。比如惠普、英特尔、微软、福特、克莱斯勒、谷歌、通用电气公司和西门子等，都开始尝试利用预测市场（Qiu et al.，2017）。预测任务的范围从药物是否会开发成功到月度营业利润和收入；从项目完成的日期到制造能力的分配；从每周车辆销量到谷歌的 Gmail 用户数量。预测市场的表现在早期是令人鼓舞的：许多预测市场都反复出现类似的成功案例，并且这些预测市场在预测精度方面优于现有的机制。本质上，企业预测市场是一种特殊的促进组织内部信息交流和分享的企业社交媒体。它具有以下四个特征。

（1）信息交流：企业预测市场为员工提供了与同事分享知识、见解和意见的途径。在企业预测市场中，员工通过对与组织目标相关的各种未来事件或结果提出预测来参与其中。

（2）众包智慧：企业预测市场利用员工的集体智慧来生成见解和预测。参与者的汇总预测通常会提供有价值的见解，涉及组织的运营或战略决策的未来趋势。

（3）决策支持：企业预测市场是组织领导者和管理者的决策支持工具。员工的预测可以为战略决策过程，如产品推出、资源分配或风险管理等提供信息支持。

（4）组织学习：企业预测市场促进了组织学习和知识分享。员工从彼此的观点和见解中学习，增进了他们对市场动态、行业趋势以及潜在风险或机遇的理解（Qiu et al.，2014）。

我们以一个虚拟的制药公司的企业预测市场为例，进一步解释企业预测市场的工作原理。假设该公司正在研发一种新药物，这种药物的成功对公司未来的收入和发展前景至关重要。为了利用员工的集体智慧，公司决定建立一个重点预测新药物在特定时间内能否获得监管机构批准的预测市场。以下是企业预测市场的工作原理。

（1）建立市场：企业创建了一个内部平台，所有员工都可以访问，他们可以参与预测市场。市场围绕着新药物在一定时间内（如未来两年内）是否会获得监管机构批准的二元结果展开。

（2）交易股票：员工获得虚拟货币，用于买卖他们预测的虚拟"股票"。例如，如果员工认为新药物获得监管机构批准的可能性很大，他们可能会购买表示批准的虚拟"股票"；相反，如果他们的乐观程度较低，他们可能会购买表示拒绝的虚拟"股票"。

（3）市场动态：员工根据他们对药物开发进展的信念和见解交易虚拟"股票"，由此虚拟"股票"的市场价格会出现波动。这些市场价格有效地汇集了公司员工对监管机构批准可能性的集体信念和期望。

（4）汇总预测：在指定的时间段结束时，市场结果（即是否会获得监管机构批准）决定了股票的价值。持有与正确结果相对应的虚拟"股票"的员工将获得回报，而持有与错误结果相对应的虚拟"股票"的员工将失去他们的投资。

这个例子说明了公司如何利用员工对公司新药物获得监管机构批准可能性的多样见解来建立预测市场。通过市场机制汇总这些个人见解，公司获得了有价值的见解，可以指导其战略决策和资源分配。从这里可以看出，企业预测市场的一个基本创新是引入协作市场机制，以优化分层决策过程并提高整体决策质量。简单地说，预测市场是一个智能市场系统，可以在复杂环境中为企业管理者提供决策支持。诺贝尔经济学奖得主 Coase（1937）对公司存在原因的经典解释是企业科层和命令控制的好处超过了交易成本。预测市场通过允许信息流向高层决策者来根本性地降低科层的成本。在通常情况下，高级管理人员负责过滤和分析信息。然而，他们收到的信息也可能会被他们的下属过滤（或扭曲）。尽管一些员工可能有宝贵的信息要分享，但来自公司内部的压力可能会导致这些员工盲从现有的信息，如官方报告或一些高级管理人员的意见。这种效应被称为隐藏资料效应（Stasser and Titus，2003）。

隐藏资料效应最初描述了信息分配的一种偏见模式。在该模式中，一些信息在群体讨论之前由所有群体成员共享（公共信息），而另一些信息则是各个成员独有的（私人信息）。由于讨论往往被成员在讨论之前所持有的公共信息所主导，群体成员通常不能有效地汇集他们的私人信息。换句话说，隐藏资料效应指的是对公共信息进行过度加权的现象，它可能有不同的来源。Prendergast（1993）提出了一个关于"唯唯诺诺"的经济理论，即员工有经济动机支持他们主管的意见。

在一定程度上，企业预测市场可以减轻隐藏资料效应。在企业预测市场中，员工有动机纠正对公开信息或上级领导的盲从，尤其是如果他们可以匿名交易。预测市场中的匿名交易系统使得管理者更容易发现员工的真实意见。如果没有人知道彼此是谁，也就没有人有任何盲从或献媚的动机。因此，使用企业预测市场可以帮助决策者降低由层级逐级传递导致错误信息传递至最高层的可能性。因为个别员工如果不同意官方报告，他们将有动机在预测市场通过交易来表明自己的看法。匿名的市场化方法给了内部员工一个发声的机会，否则他们会由于各种压力而选择默不作声或盲从。企业预测市场可以显著减轻上面提出的隐藏资料效应吗？在设计企业预测市场的时候还有什么值得注意的地方？我们将在本书的第二篇进一步回答这些问题。

另外，如何激励企业内部员工之间进行知识共享一直是企业持续面临的挑战。尽管知识在企业中起着至关重要的作用，但知识共享通常会遭遇一些阻碍。首先，企业内部的知识共享会受到企业正式等级制度的约束，尤其是官僚化的科层制使得获取、吸收和综合企业内部的知识变得具有挑战性。层级不对称是企业内知识共享的最大障碍之一。在企业中，员工不太可能自愿与职位较高的个人（即上级）分享知识。

不愿意共享知识反映了许多员工的担忧：与上级分享知识可能会危及他们的职业生涯，或者不完整或不正确的信息可能会使上级对员工产生负面看法。正如我们之前提到的隐藏资料效应，员工担心如果他们的想法与上级的意图不一致，他们的意见就会被拒绝或忽视。此外，低级别员工更有可能感受到层级不对称的压力，并通过隐瞒他们的真实意见来回应，即使这些真实意见可能包含有价值的信息。

近年来，企业在线知识共享社区变得越来越受欢迎。根据麦肯锡 2016 年有关组织社交工具的报告，80%的高管提到他们的公司使用诸如在线知识共享社区之类的工具进行内部沟通（Pu et al.，2022）。在线知识共享社区有望促进员工之间的知识共享，因为它使任何员工都能在任何地方、任何时间寻求和提供知识。启动在线知识共享社区的层级化公司期望能够激励层级间的知识共享。此外，在企业在线知识共享社区中，管理者的领导力和参与至关重要。为了更好地理解当管理者积极参与社区时的结果和知识共享模式，我们不可避免地需要讨论员工在面对上级（即管理者）时是否会有不同的行为。有研究已经开始检验组织层级在企业在线知识共享社区（如企业维基和在线讨论组）中的知识分享是否会以及在何种程度上产生影响（Meske et al.，2020），得出的结论与离线环境中的观察一致：员工不愿意在企业在线知识共享社区中与他们的上级分享知识。

企业问答社区也是一种受欢迎的企业社交媒体。它为用户提供了一个开放的讨论区，用户可以在其中提出问题并回答问题。在现实中，问答社区与在线知识共享社区在多个方面存在差异。两者虽然都促进知识交流，但在组织结构和服务目的上有所不同。首先，问答社区围绕用户提出的特定查询展开，这些用户寻求特定问题的答案。相比之下，在线知识共享社区通常鼓励员工开展更广泛的讨论，并就各种主题和领域分享见解、经验和资源。其次，问答社区通常具有分层结构，其中所查询问题直接指向具有与该问题相关的专业知识或经验的内部员工。这种结构带来了有针对性的回答，并使用户能够直接获取与其查询问题相关的答案。最后，问答社区往往注重回答的准确性和精确性，因为它专注于解决特定的查询。

相比之下，在线知识共享社区可能更注重多元化的观点和想法的交流，通过合作式的对话促进创造力和创新。总的来说，虽然问答社区和在线知识共享社区都旨在促进组织内的知识交流，但它们在多个方面都存在差异。

我们的一系列研究就是探索层级对企业问答社区中知识生成和共享的影响（Pu et al.，2022）。由于这种类型的企业在线社区同时具有层级组织和在线问答社区的特征，因此我们不能简单地从现有研究中推断结论。一方面，问答社区中的知识共享模式可能与离线和其他类型的在线社区相似，其中来自层级不对称的压力非常明显；因此，在问答社区中，用户仍然可能不愿意与上级分享知识。另一方面，问答社区的三个特征可能会使用户更倾向于与上级分享知识。首先，在问答社区中，知识分享仅在知识寻求者提出问题时才会发生；与其他知识分享方式相比，提供者可能无须过于担心出错，因为互动是由寻求者的提问启动的，而不完美的答案通常在寻求者的预期范围内。其次，对未来互惠行为的期望激励用户在问答社区中做出贡献。更高级别的知识寻求者能够提供更具价值的互惠利益，因为较高的职位级别通常伴随着更多的资源和更强的能力。最后，在问答社区中，社区用户的回答可以帮助提高他们的声誉。为了更好地提升声誉，用户往往会战略性地回复更具影响力的帖子，并与有影响力的人物进行更多互动。企业问答社区的这些特征应该会缓解层级不对称的压力，否则用户可能会不愿意与上级分享知识。

因此，在企业问答社区中，层级对知识分享的影响是一个开放的实证问题。具体而言，在本书的第二篇中，我们将探讨如下两个问题：在企业问答社区中，对于由职位更高的知识寻求者发布的问题，用户是否更愿意回答？此外，当回答由更高级别的知识寻求者发布的问题时，知识提供者是否会付出更大的努力？

组织成员间缺少网络连接也是组织内部知识共享的一大阻碍因素。尤其是在当今的知识密集型企业中，大多数员工的工作内容对其他员工来说是不可见的，当员工坐在电脑前阅读报告、分析数据、撰写文稿或执行其他任务时，其他人很难知道他们正在处理的工作内容。这种工作行为和工作内容的不可见性会影响员工彼此之间的信任，进而阻碍员工间形成紧密的联系。员工是组织中多元化知识的载体，组织中员工间网络连接的缺失直接阻碍了组织内部知识的流动和共享。

为了解决上述问题，企业投入重金或自主开发或从外部购买知识管理系统，以支持企业内部员工开展知识分享活动、促进知识在企业中自由流动并充分利用好企业的知识资源。传统的知识管理系统依托于各类信息技术而存在，常见的知识管理系统主要有数据仓库（data warehouse）、决策支持系统（decision support system）、项目管理系统（project management system）、专家系统（expert system）、专家目录（expert directories）、内联网（intranet）、外联网（extranet）以及群组软件（groupware）。这些系统大多采用 B/S（browser/server，浏览器端/服务器端）

或者 C/S（client/server，客户端/服务器端）的结构，即集中配置知识库和数据库并将其安装在企业的一至多个服务器上，员工可通过浏览器端或客户端访问服务器从而获取自己需要的知识（刘念等，2006）。尽管传统的知识管理系统在技术上非常成熟，并且得到了多数企业的普遍采纳。然而这类传统知识管理系统在促进知识交流和共享方面存在着明显的短板，其原因为：首先，知识大多属于分布式知识，散落在不同员工身上，并且在不断更新变化，传统的知识管理系统在处理知识的分散性和变化性上容易出现滞缓、缺乏灵活性的问题；其次，不同的员工受工作职能限制，对知识管理系统中的不同内容的操作权限也不同，鉴于传统知识管理系统必须在充分考虑员工职能和角色的基础上，将所有功能集成到一个系统中，因此，过多的功能栏目和操作容易导致员工注意力涣散等问题出现，使员工反感甚至感到疲倦；最后，并非所有的知识都有共享的价值，将所有的知识汇集到一个数据库中，将大大减慢信息检索和传递的速度（刘念等，2006）。因此传统的知识管理系统在企业内实施成功的案例并不多见。

企业社交媒体可以弥补传统知识管理系统的不足，能够让两名企业员工之间的日常对话被第三方成员看见（Treem and Leonardi，2013）。在观察他人交流的过程中，第三方成员不仅能够获取相关信息，还能清楚地看到沟通者的社会交往情况，为其拓展和维系自身在企业内的工作关系提供沟通纽带。企业社交媒体的这种以增进组织人际互动沟通的方式来减少知识分享所需耗费的精力及降低成本的优势使它受到了企业的广泛青睐。一方面，专家型员工和新入职员工可以进行"知识对话"（Majchrzak et al.，2013），通过非正式的沟通对话来完成知识转移，而不是仅让专家型员工耗费自身精力自行解码知识并将这些显性化的知识输入一个正式的知识系统中。由于专家型员工和新入职员工之间的对话在企业社交媒体上是公开可见的，因而第三方都能看见整个沟通对话过程，并从中获取相关的有用信息。另一方面，大多数企业社交媒体还提供即时反馈功能，如评论、点赞和转发等功能。Brzozowski 等（2009）发现以评论形式出现的即时反馈有助于提升企业员工使用企业社交媒体的意愿。当一名对某一专业领域有着一定见解的员工在企业社交媒体中通过知识分享解决了其他员工的工作问题，并得到了他人的积极反馈时，该员工不仅可以从帮助他人的过程中获得助人为乐的愉悦感，还能在一定程度上树立企业专家的声望。同时，得到帮助的员工也会在将来的某一时刻回报那名帮助他的员工，从而在企业内形成互惠规范，大大提高企业知识分享氛围形成的可能性。

因此，在本书的第二篇中，我们还将探讨如下两个问题：组织中促进员工有效使用企业社交媒体分享知识的因素有哪些？企业社交媒体为何可以促进组织内部的知识共享？

1.4　企业社交媒体"内事"的应用之二：如何提高员工工作状态

在数字化转型浪潮下，企业要想应对动荡的市场挑战，提高企业绩效并获得持续的竞争优势，提高员工在工作中的投入程度是一条重要途径，因为工作投入往往是预测员工幸福感和绩效的关键指标（Knight et al.，2017）。同时，当前社会，人才资源已经逐渐成为企业中最稀缺、最有价值的资源，而员工在企业中工作所追求的不再仅仅是物质层面的回报，同时也更加注重工作所带来的精神上的满足感，尤其是随着"千禧一代"逐渐在企业中担任重要岗位，企业更加迫切需要创造一个让员工健康成长的环境（Spreitzer et al.，2012），提高其对工作的热情，并获得持续的技能进步体验，来吸引和留住这些员工。

企业社交媒体作为一种新兴的数字社交技术，在企业中的应用为激活员工的积极工作状态带来了新的机会。企业社交媒体可以帮助员工在工作时间参与与工作相关的活动，如执行工作任务、创建与工作相关的内容，以及与他人沟通工作问题等，为其提供工作安排的灵活性和来自同事及主管的工具性支持或反馈。同时，它也支持员工在工作时间参与与工作无关的活动，如与家人、朋友和同事分享度假照片或闲聊，并与他们建立和维持社交关系等，使员工在工作中获得片刻的休息，并获得情感支持（Sun et al.，2022）。当员工获得足够的信息和资源时，他们更能够意识到如何执行自己的任务才能够有助于实现企业的目标。换句话说，这可以帮助员工更深刻地认识到，他们所承担的工作任务是有意义的，是有目的的，从而提高他们在工作中的积极性。在本书的第三篇中，我们将探讨如下问题：企业社交媒体在工作中的使用将如何影响员工在工作中的投入程度及员工工作繁荣？

1.5　企业社交媒体"内事"的应用之三：如何提高员工和团队能力

随着环境的动荡性、不确定性、脆弱性程度的不断加深，中国企业已逐步从易变的（volatile）、不确定的（uncertain）、复杂的（complex）、模糊的（ambiguous）时代进入了脆弱的（brittle）、焦虑的（anxious）、非线性的（nonlinear）、难以理解的（incomprehensible）时代，在时代交替的过程中，不确定性也逐渐变得碎片化，环境日趋复杂多变。在面对迅速变化的外部环境时，由于企业的所有决策与行动都依赖于员工和团队的参与及贡献，并依靠员工和团队来感知及响应市场变化、抓住机遇，因此，员工和团队在企业中扮演着至关重要的角色。员工和团队面对复杂的外部环境，需要迅速调整战略，采取相应的行动对环境的变化做出快速响应；但行为的产生须建立在特定的能力之上，面对外部环境的动荡变化，员工和团队能够快速响应的前提是具备即兴能力（Vera and Crossan，2005）和敏捷性（Werder and Maedche，2018）。因此，如何提高员工和团队的上述两种能力成为企业关注的焦点。

随着现代组织向企业 2.0 转型，员工和团队越来越多地使用企业社交媒体，如国内的微信、QQ、钉钉、飞书，国外的 Facebook、Yammer 等来支持他们的工作。企业社交媒体通过提供一组有关信息、通信、协作和访问权限管理的工具（Leonardi et al.，2013；van Osch and Steinfield，2016），允许员工之间进行私人或公开的交流、建立线上联系、合作编辑文档，以及管理访问共享工作空间的权限（van Osch and Steinfield，2018），因此，其不仅支持识别与任务相关的信息和促进团队成员之间的互动，而且能跨越团队边界和部门边界将员工与组织内部甚至外部的相关信息及个人联系起来（Kane，2015），帮助员工和团队自由获取来自组织内部和外部的资源（van Osch and Steinfield，2016）。

鉴于上述企业社交媒体的能力，我们认为其在组织中的应用可能有助于提高员工和团队的即兴能力及敏捷性。因此，在本书的第四篇中，我们将探讨如下问题：企业社交媒体将如何提高员工和团队的即兴能力及敏捷性？

1.6　企业社交媒体"内事"的应用之四：
如何提高员工绩效

当今企业业务复杂性日益提升，如何透明地进行员工绩效评估是商业世界面临的广泛挑战。通过向员工提供有关其绩效的信息，企业可以增强员工的内在动机，促进形成积极的竞争氛围，纠正员工对绩效感知和期望的错误看法，强化目标行为的持续性与稳定性，从而减少懈怠。绩效评估有着悠久而传奇的历史，某种形式的员工评估可以追溯到我国的三国时期（Vara，2015）。三国时期朝廷设立了各种考核机制，对官员进行定期的考核和评定。这些考核可能包括官员治理地方的效果、廉政水平以及与民众的关系等方面的表现。考核的结果将直接影响官员的晋升、调动或惩罚。在美国，至少从 20 世纪 40 年代以来，越来越多的企业采用正式的绩效评估流程来评估员工个人的能力、发展和技能。这些评估通常审查过去一年、半年或季度的表现。在典型的评估流程中，主管填写一个标准化表格，对员工在相关领域的表现进行评分；有时，员工被要求进行并行的自我评估，以比较他们的自我感知与主管评级（Rivera et al.，2021）。这种正式流程有各种不同的称呼，如员工评审、绩效评估、年度/半年/季度绩效评审、绩效评价或员工评估。具体流程的细节因组织而异。

至少从 21 世纪初开始，许多企业已将这种纸笔形式的流程转移到了电脑上，通过数字化的表格进行评估。电脑与信息技术的介入和纸笔评估之间存在显著差异：尽管基于电脑的评估简化了流程、节省了大量的撰写文书等工作时间，但一些基于电脑的绩效评估发现评价结果通常更为负面（Rivera et al.，2021）。企业不断尝试最佳绩效管理方法，同时也在应对工作场所的动态变化，因为"千禧一代"和"Z 世代"的工作者进入了职场。"千禧一代"出生于 20 世纪 80 年代，他们喜欢更频繁地反馈和指导，并且比以前的一代更懂得技术。"Z 世代"成员出生于 1995 年至 2010 年，被称为"数字原生代"，因为他们的生活大部分甚至全部都依赖数字通信。这些世代很可能更倾向于在工作场所以数字方式进行沟通，就像他们的个人生活一样。

员工绩效评估中最常见的是年度绩效评估。顾名思义，年度绩效评估通常一年只进行一次，回顾该员工在一年内的表现。然而更频繁的、非正式的沟通和反馈却常常更加有效。持续的反馈提供了一个更完整的真实绩效图景，这是因为绩效往往会随时间而起伏。此外，定期的反馈对支持员工的成长和发展至关重要。更频繁的反馈更好地支持了绩效干预的有效性，并有助于上级和下属之间建立更好的关系。另外，传统的绩效评估只提供主管的反馈，不允许同事间的反馈。然而，同事评估是绩效评估中需要包含的一个重要元素，主要是因为员工更愿意接受同事的反馈，尤其是在负面情况下。

尽管绩效反馈对支持员工的发展至关重要，但传统的绩效评估系统存在明显的问题，因为它并不总能准确评估绩效，也没有为被评估的员工提供动力去改进行为（Petryk et al.，2022）。鉴于传统模式的局限性和向员工提供准确及时反馈的需求日益增长，一些企业正在摆脱传统绩效评估模式，转向持续绩效管理模式（Larson，1984）。持续绩效管理框架促进了对员工绩效的更全面的认识，包括着眼于目标设定，展望未来发展，辅导，以及 360 度反馈（360 度反馈是一种多维度的评价方法，涉及被评价者的不同方面以及来自多个角度的反馈。通常，这种反馈来自员工的直接上级、同事、下属以及员工自身，因此被称为 360 度，代表了从多个角度对被评价者进行评估。这种评价方法旨在提供更全面、客观的反馈，帮助个体了解自己的优势和发展领域，并促进个人和组织的发展）。实时反馈有助于弥补传统审查模型的缺陷，并为年轻的劳动力提供相关的持续反馈。反馈和技术的整合支持了反馈的及时性。特别是，技术创新使得通过实时反馈应用程序进行绩效反馈成为可能。

作为企业社交媒体的一个重要组成部分，实时反馈应用程序越来越多地用于绩效评估当中。它允许主管向员工提供反馈，员工向主管提供反馈，同事之间提供反馈，以及自我反馈。实时反馈应用程序旨在促进即时沟通和反馈循环，帮助员工及时了解其绩效、行为或表现，并在需要时进行调整和改进。它使得员工或管理者可即时向其他人提供反馈，或者在特定事件或行为发生后立即收到反馈。例如，全球最大的对冲基金公司桥水基金开发了一款实时反馈应用程序，所有参与投资决策的各个层级的员工都在使用（Rivera et al.，2021）。桥水基金采用反馈应用程序的重点在于创建一个精英主义社会，有最优秀想法的员工将脱颖而出，从而确保为客户提供最佳的投资决策。通用电气公司也采用了一款实时反馈应用程序，把绩效管理转向为更加动态和敏捷的流程。

随着这一趋势的发展，企业应该评估实时反馈应用程序如何、何时以及以何种方式适用于企业的沟通和绩效管理策略。然而，由于应用程序作为实时反馈工具得到采用仍在初始阶段，许多问题尚未得到解答。在这片未知领域中，关于应用程序对员工绩效的影响，还存在着许多未知因素。例如，实时反馈应用程序通常安装在移动设备上，如智能手机。智能手机的特性（比如相比于电脑来说屏幕更小）可能会影响员工产生的实时反馈的质量和数量。在本书的第五篇中，我们会探讨如下问题：实时反馈应用程序作为一种特殊的企业社交媒体将给企业绩效管理带来何种机遇和挑战？企业社交媒体如何提升员工的创造绩效？

参 考 文 献

刘念, 顾新建, 郭剑锋. 2006. 基于 Web 的分布式知识管理系统研究[J]. 制造业自动化, 28(6): 15-19.

Balawi R A, Hu Y H, Qiu L F. 2023. Brand crisis and customer relationship management on social media: evidence from a natural experiment from the airline industry[J]. Information Systems Research, 34(2): 442-462.

Bapna S, Benner M J, Qiu L. 2019. Nurturing online communities: an empirical investigation[J]. MIS Quarterly, 43(2): 425-452.

Berger J. 2016. Contagious: Why Things Catch On[M]. New York: Simon and Schuster.

Bergstrom C T, West J D. 2020. Calling Bullshit: the Art of Skepticism in a Data-Driven World[M]. New York: Random.

Brzozowski M J, Sandholm T, Hogg T. 2009. Effects of feedback and peer pressure on contributions to enterprise social media[C]//Proceedings of the 2009 ACM International Conference on Supporting Group Work. New York: ACM: 61-70.

Chen Y, Cheng H K, Liu Y, et al. 2022. Knowledge-sharing ties and equivalence in corporate online communities: a novel source to understand voluntary turnover[J]. Production and Operations Management, 31(10): 3896-3913.

Chen Y B, Xie J H. 2005. Third-party product review and firm marketing strategy[J]. Marketing Science, 24(2): 218-240.

Coase R H. 1937. The nature of the firm[J]. Economica, 4(16): 386-405.

Culnan M J, McHugh P J, Zubillaga J I. 2010. How large U.S. companies can use Twitter and other social media to gain business value[J]. MIS Quarterly Executive, 9(4): 243-259.

Duan W J, Gu B, Whinston A B. 2008. The dynamics of online word-of-mouth and product sales: an empirical investigation of the movie industry[J]. Journal of Retailing, 84(2): 233-242.

Dutta S, Pullig C. 2011. Effectiveness of corporate responses to brand crises: the role of crisis type and response strategies[J]. Journal of Business Research, 64(12): 1281-1287.

Fu Y R, Fisher M. 2023. The value of social media data in fashion forecasting[J]. Manufacturing & Service Operations Management, 25(3): 1136-1154.

Gammage G, Jr, Jones T L. 2004. Orgasm in chrome: the rise and fall of the automobile tailfin[J]. Journal of Popular Culture, 8(1): 132-147.

He S, Rui H X, Whinston A B. 2018. Social media strategies in product-harm crises[J]. Information Systems Research, 29(2): 362-380.

Hong Y L, Peng J, Burtch G, et al. 2021. Just DM me (politely): direct messaging, politeness, and hiring outcomes in online labor markets[J]. Information Systems Research, 32(3): 786-800.

Kane G C. 2015. Enterprise social media: current capabilities and future possibilities[J]. MIS Quarterly Executive, 14(1): 1-16.

Knight C, Patterson M, Dawson J. 2017. Building work engagement: a systematic review and meta-analysis investigating the effectiveness of work engagement interventions[J]. Journal of Organizational Behavior, 38(6): 792-812.

Kumar S, Qiu L F. 2021. Social Media Analytics and Practical Applications: the Change to the Competition Landscape[M]. Boca Raton: CRC Press.

Kumar N, Qiu L F, Kumar S. 2018. Exit, voice, and response on digital platforms: an empirical investigation of online management response strategies[J]. Information Systems Research, 29(4): 849-870.

Larson J R. 1984. The performance feedback process: a preliminary model[J]. Organizational Behavior and Human Performance, 33(1): 42-76.

Lee D, Hosanagar K, Nair H S. 2018. Advertising content and consumer engagement on social media: evidence from Facebook[J]. Management Science, 64(11): 5105-5131.

Lei J, Dawar N, Gürhan-Canli Z. 2012. Base-rate information in consumer attributions of product-harm crises[J]. Journal of Marketing Research, 49(3): 336-348.

Leonardi P M, Huysman M, Steinfield C. 2013. Enterprise social media: definition, history, and prospects for the study of social technologies in organizations[J]. Journal of Computer-Mediated Communication, 19(1): 1-19.

List J A. 2022. The Voltage Effect: How to Make Good Ideas Great and Great Ideas Scale[M]. New York: Crown Currency.

Majchrzak A, Faraj S, Kane G C, et al. 2013. The contradictory influence of social media affordances on online communal knowledge sharing[J]. Journal of Computer-Mediated Communication, 19(1): 38-55.

Meske C, Kissmer T, Stieglitz S. 2020. Bridging formal barriers in digital work environments:

investigating technology-enabled interactions across organizational hierarchies[J]. Telematics and Informatics, 48: 101342.

Miller C M, McIntyre S H, Mantrala M K. 1993. Toward formalizing fashion theory[J]. Journal of Marketing Research, 30(2): 142-157.

Mohsen F, Ali H, Hajj N E, et al. 2022. Artificial intelligence-based methods for fusion of electronic health records and imaging data[J]. Scientific Reports, 12(1): 17981.

Petryk M, Rivera M, Bhattacharya S, et al. 2022. How network embeddedness affects real-time performance feedback: an empirical investigation[J]. Information Systems Research, 33(4): 1467-1489.

Prendergast C. 1993. A theory of "yes men"[J]. The American Economic Review, 83(4): 757-770.

Pu J C, Liu Y, Chen Y, et al. 2022. What questions are you inclined to answer? Effects of hierarchy in corporate Q&A communities[J]. Information Systems Research, 33(1): 244-264.

Qiu L F, Cheng H K, Pu J C. 2017. Hidden profiles in corporate prediction markets: the impact of public information precision and social interactions[J]. MIS Quarterly, 41(4): 1249-1274.

Qiu L F, Rui H X, Whinston A B. 2013. Social network-embedded prediction markets: the effects of information acquisition and communication on predictions[J]. Decision Support Systems, 55(4): 978-987.

Qiu L F, Rui H X, Whinston A B. 2014. Effects of social networks on prediction markets: examination in a controlled experiment[J]. Journal of Management Information Systems, 30(4): 235-268.

Qiu L F, Shi Z, Whinston A B. 2018. Learning from your friends' check-ins: an empirical study of location-based social networks[J]. Information Systems Research, 29(4): 1044-1061.

Rach J. 2021. Pantone's color of the year "very peri" is a completely new shade containing "periwinkle blue and energizing violet" for the first time in its 22-year history[EB/OL]. [2024-09-26]. https://www.dailymail.co.uk/femail/article-10355573/Pantone-creates-completely-NEW-shade-Peri.html.

Radford A, Kim J W, Hallacy C, et al. 2021. Learning transferable visual models from natural language supervision[EB/OL]. [2024-09-26]. https://arxiv.org/pdf/2103.00020.

Ramachandram D, Taylor G W. 2017. Deep multimodal learning: a survey on recent advances and trends[J]. IEEE Signal Processing Magazine, 34(6): 96-108.

Rivera M, Qiu L F, Kumar S, et al. 2021. Are traditional performance reviews outdated? An empirical analysis on continuous, real-time feedback in the workplace[J]. Information Systems Research, 32(2): 517-540.

Spreitzer G, Porath C L, Gibson C B. 2012. Toward human sustainability: how to enable more thriving at work[J]. Organizational Dynamics, 41(2): 155-162.

Sprout Social. 2023. The 2023 state of social media: AI & data take center stage[EB/OL]. [2024-09-26]. https://sproutsocial.com/insights/data/harris-insights-report-2023/.

Stasser G, Titus W. 2003. Hidden profiles: a brief history[J]. Psychological Inquiry, 14(3/4): 304-313.

Sun Y, Wu L X, Jeyaraj A. 2022. Moderating role of enterprise social media use in work engagement[J]. Information Processing & Management, 59(1): 102793.

Treem J W, Leonardi P M. 2013. Social media use in organizations: exploring the affordances of visibility, editability, persistence, and association[J]. Annals of the International Communication

Association, 36(1): 143-189.

van Osch W, Steinfield C W. 2016. Team boundary spanning: strategic implications for the implementation and use of enterprise social media[J]. Journal of Information Technology, 31(2): 207-225.

van Osch W, Steinfield C W. 2018. Strategic visibility in enterprise social media: implications for network formation and boundary spanning[J]. Journal of Management Information Systems, 35(2): 647-682.

Vara V. 2015. The push against performance reviews[EB/OL]. [2024-09-26]. https://www.newyorker.com/business/currency/the-push-against-performance-reviews.

Vera D, Crossan M. 2005. Improvisation and innovative performance in teams[J]. Organization Science, 16(3): 203-224.

Werder K, Maedche A. 2018. Explaining the emergence of team agility: a complex adaptive systems perspective[J]. Information Technology and People, 31(3): 819-844.

Yang Y, Qin Y, Fan Y Y, et al. 2023a. Unlocking the power of voice for financial risk prediction: a theory-driven deep learning design approach[J]. MIS Quarterly, 47(1): 63-96.

Yang Z C, Wang Q L, Qiu L F, et al. 2023b. Deciphering the economic value of fashion trends: social media analysis using deep multimodal learning[R]. Working Paper.

Yu Y N, Qiu L F, Chen H L, et al. 2023. Movie fit uncertainty and interplay between traditional advertising and social media marketing[J]. Marketing Letters, 34(3): 429-448.

第一篇　企业社交媒体应用
与商品营销

第 2 章　企业社交媒体与产品销售

邹孟轲母，号孟母。其舍近墓。孟子之少时，嬉游为墓间之事，踊跃筑埋。孟母曰："此非吾所以居处子也。"乃去，舍市旁。其嬉戏为贾人炫卖之事。孟母又曰："此非吾所以居处子也。"复徙居学宫之傍。其嬉游乃设俎豆，揖让进退。孟母曰："真可以处吾子矣。"遂居。及孟子长，学六艺，卒成大儒之名。君子谓孟母善以渐化。

——刘向《列女传》卷一《母仪》

2.1　引子：孟母三迁与社交影响

人是社会的动物。孟母之所以要三迁，无非是因为社交环境会对个人产生深远的影响。孟母三迁的故事说的是孟子小时候和母亲住在墓地旁边，孟子和邻居的小孩一起学大人跪拜、哭号的样子，玩起办理丧事的游戏。后来，孟子的母亲就带着孟子搬到市集旁边居住。到了市集，孟子又和邻居的小孩一起学商人做生意的样子，一会儿鞠躬欢迎客人，一会儿招待客人，一会儿和客人讨价还价。后来，他们又搬到了学校附近，孟子开始变得守秩序、懂礼貌、喜欢读书。古人常说的"蓬生麻中，不扶而直；白沙在涅，与之俱黑"与"近朱者赤，近墨者黑"也传达着类似的道理。在前社交媒体时代，人们的社交环境主要是实体环境中的家庭、亲戚、朋友、同学、同事等。社交媒体深刻地改变了个人的社交环境，使得个人更容易受到其他群体的影响，也使得其他群体的语言和行为变得更加可见。

大量关于社交媒体的研究展现了一个清晰而又统一的结论：社交网络上的好友之间的行为具有高度的相似性，这也是企业社交媒体营销的基础（Qiu et al.，2018）。比如，这些朋友会去看一样的电影，买一样的书和手机，去一样的餐馆，等等。这个结论本身很重要，但是对企业来说更重要的是消费者行为高度相似的原因，因为不同的原因，往往会涉及不同的社交媒体营销策略。根据已有研究，行为相似的原因主要包括如下六种。

（1）同质性：同质性指的是个体倾向于和某些特征上相似的其他人交往和建

立联系（Lee et al., 2016）。这些特征可以是信仰、价值观、兴趣爱好等。在社会网络中，同质性表现为个体更倾向于与具有相似背景、经历或兴趣的人建立联系，形成同质群体。举例来说，在一个社交网络中，喜欢音乐的人更可能与其他喜欢音乐的人互相关注、互相交流，这就展现了同质性的特征。同样，具有相似政治观点的人可能更倾向于在社交媒体上关注彼此，形成一个政治观点相似的小圈子。总的来说，社交网络中的个体倾向于基于共同的特征、兴趣或归属感而形成集群或群体。人们通常会与和自己相似或具有共同点的人联系，从而在更大的社交网络中形成集群或社区。在微博或 Facebook 这样的社交媒体平台上，用户可能会加入与他们的爱好、兴趣或信仰相符的群组或社区。在这些群组或社区中，成员通常会更频繁地互动，分享相关内容，并参与与群组或社区主题相关的讨论。随着时间的推移，相同群组或社区的成员之间可能会建立起强烈的联系，在更广泛的社交网络中形成一个聚类。

（2）社会一致性：社会一致性指的是个体在社会群体中受到同伴或社会压力的影响，倾向于与群体中的其他成员保持一致，即调整自己的行为、态度或观点以符合社会群体的期望或规范（Qiu et al., 2018）。举例来说，在工作场所，如果团队中的某一成员倾向于采取某种工作方式，则其他成员可能会受到影响，调整自己的工作方式以符合团队的预期。这种行为可以是有意识的，也可以是无意识的，但它们都表现出了社会一致性特征。当一个社交媒体平台上出现某种特定的观点或行为趋势时，其他用户可能会受到影响而跟随这种趋势，这就是社会一致性在社交媒体中的体现。例如，如果在某个社交媒体平台上流行一种特定的政治观点或价值观，其他用户可能会感受到社会压力，也会倾向于表达类似的观点或价值观，以与群体中的其他成员保持一致。假设在一个社交媒体平台上，有一篇文章或一条消息传播了某种政治立场，得到了大量点赞和分享。其他用户可能会看到这种情况，也会受到社会一致性的影响，倾向于表达类似的政治观点或态度，以符合社交媒体平台上的主流观点。这种现象可能会导致在社交媒体上形成一种共识，即大多数用户都持有相似的观点或态度。如果个别用户表达了与主流观点不同的观点或态度，他们可能会感受到排斥或压力。

（3）口碑营销：口碑营销是指消费者基于他们的购买经历、产品体验或对某一品牌的看法，通过口头交流或社交媒体等渠道向他人传递有关产品或服务的信息（Kwark et al., 2021）。口碑营销通常是一种自发的行为，消费者之间会分享他们的购买体验、产品评价，或者推荐给朋友、家人或社交媒体上的关注者。这种传播方式往往具有很强的信任度和影响力，因为人们更倾向于相信朋友、家人或同事的推荐，而不是广告的宣传。在社交媒体中，口碑营销的表现形式非常丰富。例如，当某款产品或服务的用户在社交媒体上分享他们的购买体验或产品评价时，其他用户可以通过点赞、评论或转发等方式与其进行互动，从而提高该产品或服务的曝光度。

（4）观察学习：观察学习是指个体通过观察他人的行为、经历和结果，来获取知识、技能和行为模式的过程（Qiu et al.，2021）。在这种学习中，个体不需要直接参与，而是通过观察他人的行为和结果来获取信息和经验，从而改变自己的行为或态度。在社交媒体中，观察学习也经常发生。当用户在社交平台上观察到其他用户的行为时，他们可能会受到影响并改变自己的行为。比如，消费者在社交网络上的好友购买了某个产品，消费者可能推断他之所以购买这个产品是因为它的质量较高，这样他自己也会加入购买的行列。

（5）知晓效应：知晓效应是指通过社交媒体等渠道广泛传播某一观点、事件或产品后，人们开始了解该观点、事件或产品，进而对相关议题或产品给予更多的关注和讨论的现象（Qiu et al.，2018）。这种现象常常伴随着信息的广泛传播和持续曝光，引起公众的广泛关注和讨论。在社交媒体中，知晓效应常常表现为某一产品或话题在网络上得到广泛关注和讨论后，用户对此产品或话题的关注度明显提升。例如，当某个热门事件或产品在社交媒体上被大量转发、讨论和评论时，更多的人会了解到该事件或产品的存在并开始参与讨论。这种现象使得原本只是得到局部讨论的话题或产品逐渐成为社会热点，引起更多人的关注和参与。

（6）网络效应：网络效应是指某种产品或服务的价值取决于其用户数量的多少（Qiu et al.，2015）。在社交媒体中，网络效应非常显著。举例来说，社交媒体平台如微信、微博和 Facebook 等，用户越多，平台的吸引力和使用价值就越高。随着用户数量的增加，社交媒体平台提供的社交互动、信息分享、广告投放等功能也会变得更加丰富和有趣，进而吸引更多的用户加入。这种积极反馈循环使得社交媒体平台的价值不断增加，吸引了越来越多的用户，形成了强大的网络效应。正是由于网络效应，人们往往会选择用户基数大的产品，做出类似的选择。

下面我们将深入探讨上述六种原因。我们将集中讨论在人工智能的时代里，如何通过数据区分这六种原因，又如何使用不同的社交媒体营销策略。

2.2　同质性与辛普森悖论

在上面六种原因中，第一种原因（同质性）与其他五种原因相比有本质的不同。简单地说，其他五种原因的共性在于它们都属于因果性的社交影响：社交网络中的朋友的行为（因果性地）影响了我们的行为。比如我买一本书的原因可能是我的朋友都买了这本书，我感受到了群体的压力（社会一致性），或者是我的朋友都说这本书好（口碑营销），或者是我的朋友买了这本书，我推断这本书一定很好看（观察学习），或者是我通过朋友知道了这本书的存在，从而更有可能买这本书（知晓效应），又或者是我的朋友买了这本书，我想跟朋友讨论这本书的内容（网络效应）。相比之下，同质性并不是因果效应。如果同质性是行为相似的主导原因，那么即便从数据上我们观察到我和我的朋友都买了相同的书，我们也不能说我的朋友购买这本书的行为因果性地影响了我的购买行为。原因很简单，我和我的朋友之所以成为朋友，很可能是因为我们兴趣爱好的相似性（同质性）。我和我的朋友都购买了同样的书，并不是因为我朋友的行为影响了我，而是因为我们有相似的兴趣爱好。

在真实世界里，企业通常拥有消费者的购买数据，然而单单依据这些购买数据，并不能直接得到因果性的社交影响，这也是著名的反射问题。其中一个非常重要的原因就是同质性的干扰。如果对内在因果关系没有很好的理解，我们就不清楚消费者行为的相似性是来源于非因果的同质性，还是来源于因果性的社交影响（包含其他五种原因）。将因果性的社交影响与非因果的同质性区分开来，对于制定有效的社交媒体营销策略至关重要。社交媒体营销策略是否能成功取决于朋友是否（以及何时）对彼此产生因果影响。如果不能将因果性的社交影响与非因果机制分开，我们将会高估社交媒体营销策略的有效性。

如果想深刻地理解反射问题，区分因果性的社交影响与非因果的同质性，我们需要借助于统计学中有名的悖论——辛普森悖论（Pearl and Mackenzie, 2018）。辛普森悖论，以统计学家爱德华·辛普森命名，指的是这样一种现象，即在不同数据组中出现一种趋势，但当这些数据组合在一起时，这种趋势就会消失或逆转。这种悖论的产生是因为存在一个影响因变量和自变量的混杂变量，但在分析中没有考虑到。一个有趣的例子是儿童鞋子大小和阅读能力强弱的关系。从总体数据中我们很容易发现一种正相关关系：穿更大鞋子的小朋友阅读能力更强。但是如果按儿童的年龄分组，看分组数据，我们会发现这种正相关关系立即消失了。如果分别看六岁、七岁和八岁儿童的分组数据，我们会发现在这三个分组数据集里，并不存在鞋子大小和阅读能力强弱的正相关关系。这就是典型的辛普森悖论：总体数据和分组数据出现了不同的趋势。出现这种现象的根本原因是存在混杂变量。在总体数据中，之所以出现穿更大鞋子的小朋友阅读能力更强的趋势，并不是因为下面这种因果性关系：更大的鞋子有助于提高小朋友的阅读能力。这种因果性说法显而易见是荒谬的。在这个例子里，儿童的年龄是混杂变量。因为儿童的年龄会同时影响鞋子大小和阅读能力：随着年龄的增长，小朋友会穿更大的鞋子，阅读能力也会提高。在这种情况下，一旦我们去看分组数据，实际上就控制住了年龄这个混杂变量，我们也会发现鞋子的大小并不能因果性地影响阅读能力。在这里辛普森悖论的本质是两种趋势分别反映了不同的关系，一种是因果关系，而另一种是相关关系。在我们这个例子里，总体样本由于没有控制混杂变量，因此只反映了相关关系；而分组样本由于控制了混杂变量，所以反映了因果关系。

严格来说，辛普森悖论并不是一个悖论，只是总体样本和分组样本反映了不同的关系，自然有可能出现看似矛盾的结果。

下面我们来看看历史上的辛普森悖论是怎么产生的（Pearl and Mackenzie，2018）。统计学家辛普森通过分析数据发现了一种奇妙的药物。在总体数据中，他发现这种药物可以降低人们患心脏病的概率。然而，在研究了分组数据（男性和女性）以后，他大跌眼镜，发现无论对男性还是女性来说，这种药物都会提高人们患心脏病的概率。这样，辛普森就得到了看似矛盾的结果，一种药物不利于男性，也不利于女性，但却会有益于人类。这种荒谬的结果就是辛普森悖论的雏形。与之前的例子相似，出现这种结果的关键在于混杂变量。在这个例子里，自变量是服药与否，因变量是患心脏病的概率，而性别成了混杂变量。原因是性别可以同时影响自变量和因变量。在这个研究中相比于男性，女性更倾向于服药，所以性别可以影响自变量。另外，根据医学知识，男性和女性患心脏病的概率是不一样的，所以性别也会影响因变量。正是由于存在着混杂变量，所以总体数据中的趋势体现相关性，而分组样本的趋势更多地体现因果性。辛普森悖论告诉我们当两种统计趋势出现矛盾的时候，很可能其中的一种趋势并不代表因果效应。

社交媒体中反射问题的实质就是辛普森悖论中的混杂变量问题。总体数据中朋友之间行为的高度相似性并不一定是因果性的，很有可能受到同质性的干扰。在这里，作为混杂变量的同质性可以同时影响自变量（我朋友的行为）和因变量（我的行为），原因在于我和我的朋友很可能有相似的兴趣爱好。由此可见，理解自变量、因变量和混杂变量的关系，并不是一个单纯的数据问题，它涉及数据背后的数据生成过程。即使是相同或类似的数据，如果数据的生成过程不同，所得到的因果关系也会截然不同。

数据生成过程是指在数据分析中产生我们观察到的数据的机制或系统。它本质上是生成我们分析的数据点或观测结果的基础过程。了解数据生成过程在统计分析中至关重要，因为它有助于我们对研究对象进行推断、建立模型并得出结论。例如，考虑一家生产智能手机的制造公司，该公司的数据生成过程涉及诸如生产效率、组件质量、市场需求和技术进步等各种因素，这些因素共同影响着生产的智能手机的数量、质量以及公司的收入。又如，天气预报的数据生成过程涉及大气压、温度、湿度、风向、风速以及地理特征等因素，通过了解这些因素是如何相互作用和影响的，气象学家可以对未来的天气情况进行预测。

在人工智能时代，我们不能只满足于数据驱动的方法。从数据中获得洞见固然很好，但是数据驱动的方法高度依赖于相关性，往往会忽视背后的数据生成过程和因果性，这就很容易导致辛普森悖论的出现，使我们不能很好地理解真实的商业世界。正如图灵奖获得者、贝叶斯网络之父珀尔强调的，真正的人工智能要求我们超越数据，打开数据背后的黑箱，深入了解数据生成过程（Pearl and

Mackenzie，2018）。这不仅需要统计学和机器学习的新方法，还需要行业知识和对真实世界的理解。下面我们以两个研究为例，展示如何避免同质性的干扰，识别因果性的社交影响。

辛普森悖论给我们的一个洞见是如果我们有混杂变量的问题，一种行之有效的解决方案是控制混杂变量。我们可以做分组样本分析或者把混杂变量当作一个控制变量放入回归方程中。然而在社交影响的背景下，同质性是理论概念，并没有现成的测度方法，所以一个挑战是如何使用数据测量同质性。我们的一项研究采用了文本挖掘的方法来测量社交媒体中的同质性（Lee et al.，2016）。我们的研究背景是以地理位置为基础的社交网络。各种移动设备（如智能手机和智能手表）通过全球定位系统（global positioning system，GPS）和 Wi-Fi 技术提供地理定位功能，这使得地理位置社交网络构建成为可能，用户可以通过签到活动与朋友分享自己的位置信息。人们可以使用特定的应用程序在餐厅或旅游名胜进行电子签到，然后发布到他们的社交网络账户上（如 Facebook、微信和微博）。我们的数据来自一个基于位置的社交网络——Gowalla①。数据包括全球超过 300 万个不同位置的约 38 万名用户的 3500 多万次电子签到活动。Gowalla 凭借其在主要平台上的移动应用程序，允许移动用户在他们访问的地点进行电子签到，并与朋友分享他们的签到活动。电子签到是用户在愿意与他人分享时创建的。因此，签到可以揭示个人的很多信息。例如，地点的类别（如餐厅）可以用来推断用户的口味。此外，签到点的地理位置显示了用户的移动模式，如家庭、工作场所和经常访问的地点。最后，签到时间可能揭示了用户的日常和每周的生活模式。

我们采用一系列方法来测度社交网络上的同质性。第一种度量同质性的方法基于用户自我介绍的文本。许多社交网络允许用户用简单的句子描述自己的兴趣。问题在于我们如何整合非结构化的文本信息并生成用户之间的相似性度量。我们的方法是将 LDA 主题建模应用于用户的自我介绍文本的语料库中。通过主题模型，每个用户可以被表示为一个主题向量，其中每个主题都是一个自动生成的用户特征维度，易于理解。然后，通过主题向量之间的余弦相似度构建用户之间的成对相似性。LDA 是一种在自然语言处理中使用的统计模型，尤其适用于主题建模。在 LDA 中，我们假设在一组文档中存在着隐藏的主题。这些主题不能被直接观察到，但可以从文档中的单词中推断出来。比如说我们有一系列新闻文章，每篇文章都是关于特定主题的，如体育、政治或科技，然而每篇文章可能包含与多个主题相关的单词。例如，一篇关于科技的文章如果讨论了政府对科技公司的监管，则可能也会提到政治。在 LDA 中，我们的目标是揭示这些文章中的隐藏主题，并了解它们对每篇文章的贡献。通过分析文章中出现的单词，LDA 可

① Gowalla 于 2009 年推出，并在 2012 年被 Facebook 收购三个月后关闭。

以帮助我们识别潜在的主题以及它们在每篇文章中的普遍程度。

第二种度量方法基于用户的地理位置,以捕捉基于位置的社交网络的独特性。具体而言,我们根据用户的家庭城市的坐标计算成对用户之间的距离。许多社交网络的研究都发现了地理距离和友谊形成之间的相关性证据(Kumar and Qiu, 2021)。除了家庭位置外,电子签到记录被用于第三种度量方法。用户签到的位置暗示了用户的兴趣爱好。两个用户的签到点的共同性可以很好地表明他们的兴趣爱好,比如他们去了同一个公园、博物馆或餐馆。

第三种度量方法基于推文。推文是用户用来表达自己的简短消息。如果两个用户使用相似的词并且发布相同的主题,那他们很可能有相似的兴趣爱好。我们通过采用与第一种度量方法相同的方法来操作基于推文的同质性度量。通过同质性的度量,我们发现背景相似的人更有可能互相建立社交联系。通过控制这些同质性的度量,我们会对识别因果性的社交影响更有信心。

在另一项研究中,我们基于对行业知识和真实世界的理解提出了一个检验行为相似是来源于同质性还是因果性的社交影响的统计检验方法(Qiu et al., 2018)。我们的数据来自一家基于地理位置的社交网络应用。和 Gowalla 类似,我们可以观察到用户的社交网络,而用户可以在餐馆进行电子签到以表示他们当前在那里。用户可以通过移动应用程序观察他们的网络好友的电子签到信息。这实际上意味着用户可以通过观察学习来进一步了解餐馆的品质。我们假想下面这一场景:我们没有去过一家餐馆,但是我们在移动应用程序上看到我们的网络好友在这家餐馆进行电子签到了,所以我们可能会推断这家餐馆的品质还不错,因为我们的朋友去了那里。越多的网络好友在这家餐馆进行电子签到表明他们去了那里,我们越会觉得这家餐馆的品质不错。这就是观察学习。观察学习与同质性的显著区别是:同质性是静态的,基于朋友之间的内在偏好的相似性,所以是相对稳定的。观察学习效应的强弱和消费者已经掌握的信息息息相关。如果我们已经去过这家餐馆一次,那么我们对这家餐馆的品质就有了基本的了解。这个时候我们就不需要依赖观察学习了,因为个人用餐经验代替了对网络好友的电子签到的观察学习。换句话说,消费者对餐馆越了解,观察学习的影响就越小。当消费者对餐馆一无所知时,观察学习的影响最大。根据这一结论,我们发展出一个统计检验方法:如果我们观察到在消费者从试用(没有去过餐馆)到重复(去过餐馆至少一次)的过程中,网络好友的电子签到对消费者的影响急剧下降,这就意味着行为相似的主要来源是观察学习;如果我们观察到在消费者从试用到重复的过程中,网络好友的电子签到对消费者的影响比较稳定,没有太大变化,这就意味着行为相似的主要来源是同质性。这样我们就可以识别出因果性的社交影响。

2.3 社会一致性

很多时候，由于同侪压力，人们都希望从众，而不希望与众不同。无论是"枪打出头鸟"的俗语，还是"木秀于林，风必摧之；堆出于岸，流必湍之；行高于人，众必非之"的古语，说的都是同样的道理。作为一种因果性的社交影响，社会一致性与其他四种因果机制最大的不同在于它代表的是一种心理上的影响，而不是实际的物质上的好处。

经典的社会一致性实验表明，个体的观点会受到大多数群体的影响。Asch（1951）进行的经典实验是旨在了解个体如何受到群体压力影响的研究。在这个实验中，参与者被要求判断线条的长度。然而，参与者不知道的是，大多数其他参与者都是研究者事先安排的，他们会给出错误答案。这个实验的关键发现是，许多参与者都遵循了大多数人的错误判断，即使他们知道答案是错误的。这种现象体现了社会压力对个体行为和决策的强大影响。这个实验凸显了个体倾向于遵循多数群体的意见或行为的趋势，即使他们自己不同意或知道正确答案。

前文提到我们的一项研究提供了一种检验行为相似是来源于同质性还是因果性的社交影响的统计检验方法（Qiu et al.，2018）。该统计检验方法不仅可以区分同质性和观察学习，还可以区分社会一致性和观察学习。许多研究表明，在重复决策中，社会一致性的影响可能会更强（Tolbert and Zucker，1983）。这种基本逻辑也适用于我们的研究情境。在我们的研究情境下，社会一致性意味着我们可能希望像我们的朋友一样去一家餐厅，因为我们可以通过展示和他们去同一家餐厅来感受社交团体中的归属感和接纳感。社会一致性被用来提高人们在社交团体中被接受的机会。这个论点也与马斯洛的需求层次论一致：当个体感到人类生存的基本生理需求得到满足时，社会归属感就变得更加重要。在我们的研究情境中，当消费者第一次去一家餐馆时，他们可能更关心"工具逻辑"，如食物的质量，与食物有关的考虑因素在这个阶段更为重要（马斯洛的需求层次中的低层次）。随着消费者从试用到重复，他们越来越多地考虑社会适当性和社会需求：通过展示他们去了同样的餐馆来寻求社会归属感。换句话说，消费者第一次去餐馆时，就已经品尝了那里的食物，他们的基本生理需求已经得到了某种满足。消费者随后会更加关注成为社群中被接受的成员的情感需求。他们与朋友行为一致，以便在他们的社群中更受欢迎。上文提及，如果我们观察到在消费者从试用到重复的过程中，网络好友的电子签到对消费者的影响显著变大，这就意味着行为相似的主要来源是社会一致性。然而，实际情况恰恰与此相反，证明在我们的研究情境下社会一致性不是行为相似的主要来源。

2.4　口碑营销、观察学习和知晓效应

我们把口碑营销、观察学习和知晓效应捆绑在一起介绍是因为它们的共性：让消费者获得了新的信息。不过，它们让消费者获得信息的方式是不同的：口碑营销是通过口口相传，让消费者了解质量或匹配信息；观察学习是通过购买行为让消费者推断产品质量；知晓效应是让消费者知道产品的存在。

电子商务的激增催生了口碑营销，它常常以在线产品评论的形式出现。关于在线产品评论对产品销量的影响有大量的文献（Chevalier and Mayzlin，2006）。这是因为消费者经常依赖其他消费者撰写的在线产品评论来降低产品的不确定性。在线产品评论是产品质量的重要信号。与公司发送的传统营销信号（如广告）不同，消费者通常将在线评论视为更可靠的产品质量信号，进而影响他们的购买决策。消费者通过阅读其他消费者的在线评论来考虑许多产品，以找到对他们而言最适合的产品。消费者在同一次购物过程中常常考虑多个相关产品，这被称为"购物篮选择"。当消费者搜索产品时，他们不仅会考虑感兴趣的焦点产品的在线评论，还会考虑其他相关产品的在线评论。我们的一项研究是使用点击流数据来探讨消费者的购买决策如何受到其他相关产品（包括替代品和互补品）的在线评论的影响（Kwark et al.，2021）。我们旨在回答消费者考虑集合中其他相关产品的在线评论是如何影响焦点产品的购买的。

信息搜索和评估产品替代方案被认为是购买决策的关键过程。替代品是指在满足相同或类似需求时可以相互替代的产品。当一种产品的价格上涨或可用性下降时，消费者可能会转向购买替代品。替代品之间通常具有正的交叉弹性，即当一种产品的价格上涨时，另一种产品的需求量会增加。举例来说，燃油车和新能源车互为替代品。当燃油车的价格上涨时，一些消费者可能会选择购买新能源车。互补品是指在一起使用时可以提供更高效益或更完整功能的产品。互补品之间通常具有负的交叉弹性，即当一种产品的价格上涨时，另一种产品的需求量会下降。举例来说，相机和相机镜头就互为互补品。购买了相机的消费者可能会购买多种不同类型的镜头，以满足不同的拍摄需求。因此，相机和相机镜头在一起使用时能够提供更好的拍摄体验，它们之间是互补关系。

我们面临的第一个挑战就是如何处理海量数据，从而确定两个产品是互为替代品、互补品，还是毫无关系。这是人工智能时代常见的任务。为了在数万种产品和数十万用户的在线评论中对相关（互补和替代）产品对进行分类，我们基于产品特征（如品牌匹配和类别匹配）及文本的相似度（如产品名称相似性和功能相似性）构建了监督式机器学习模型。当构建监督式机器学习模型时，首先需要

建立一个数据集，其中包含已知结果的样本数据。这些样本数据通常由特征和标签组成。特征是描述样本的属性或特性，而标签是我们想要模型预测的结果。监督式机器学习模型通过学习从特征到标签的映射来进行训练，以便在给定新的未标记样本时进行预测。

为了量化成对产品的功能相似性，我们对产品描述进行了主题建模。为了训练和验证我们构建的机器学习模型，我们使用了亚马逊的在线工人对产品做标签（如替代、互补和不相关）。我们进行了大量的交叉验证测试，涉及各种产品特征和相似性度量以及不同的分类算法。交叉验证评估结果显示，该模型在预测替代产品、互补产品和不相关产品方面的准确率分别可达 99.64%、95.75% 和 98.99%。研究结果显示，在购买一种产品时，它的替代产品的在线评论存在显著的负面溢出效应，而互补产品存在显著的正面溢出效应。这个发现是符合我们的直觉的。产品在线评论的平均评分对产品销量会产生积极影响。然而，对于替代产品，这种效应可能会相反。因为更高的平均评分意味着更好的产品评估，并传递出产品质量更高的信号，因此替代产品的相对吸引力可能会受到削弱。另外，一种产品的评价较高可以增加消费者对该产品的互补产品的需求，因为它们受益于共同消费。

有趣的是，我们发现相比于个人电脑，在移动设备上查看的在线评论的平均评分显著存在更高的溢出效应。其本质原因在于，作为一种信号，在线评论平均评分的效果受消费者的注意力以及信号的可见性和清晰度的影响。移动设备在在线购物中非常流行；然而，其功能有限，屏幕尺寸小，搜索成本高，这减少了消费者可以访问的信息总量。人们经常只考虑突出的信号，特别是当他们无法轻松处理多个信号的时候。因此，在移动设备上，消费者倾向于通过关注在线评论的数量特征（如平均评论评分）而不是仔细检查所有可用信号（如评论文本）来做出购买决策。所以，移动用户相对于个人电脑用户更多地依赖平均评分，使得平均评分在移动设备上的作用比在传统个人电脑上更具影响力。

营销从业者将口碑营销视为有影响力的营销工具。我们的研究表明，评论评分可以在消费者的购物篮中的其他产品之间产生溢出效应，并且这种溢出效应在媒体渠道（移动设备或个人电脑）之间存在差异。在线评论的影响不能孤立地确定，因为消费者的购买决策在产品之间相互关联。同时，评论评分对移动媒体的显著影响暗示了平均评分在媒体渠道之间的不均等作用，因此需要针对不同设备做差异化的营销。鉴于我们的发现，评论系统可以被重新设计，使消费者能够撰写比较评论，评估一起购买的多个替代产品。同时购买互补产品的购物篮还可以向其他消费者提供关于产品之间协同作用的信息，从而提高其需求水平。

正是由于网络口碑的重要性，企业需要最大限度地发挥正面口碑的影响，同时减轻负面口碑的损害。下面我们来探讨企业应该如何应对网络口碑以提高产品销量。我们近年来的研究揭示了企业可以从两个方面应对挑战：一是回应顾客的在线评论；二是在电商平台上建立企业声誉。我们先来看第一个方面。由于在线评论的激增和消费者对数字媒体的依赖，企业有了与消费者互动并影响他们的在线评分的强烈动机。消费者发布的负面评论可能会让企业受到伤害，因为其他消费者会对自己的选择产生疑虑。这种疑虑会导致购买行为的延迟，而积极的评论可以帮助企业提升其在线品牌声誉并增加销售额。因此，对于企业来说，与不太满意的客户进行互动，回应他们的在线评论，并积极影响他们未来的体验以提升满意度，对于增加产品销量来说是非常重要的。同时，与高度满意的客户进行在线互动可以提高客户的忠诚度，并帮助其提升在线评分。在这个背景下，我们研究了企业对消费者进行在线回复对销量绩效的影响（Kumar et al.，2018）。

在线评论平台，如大众点评网、Yelp 和 TripAdvisor（猫途鹰），为消费者提供了用户对企业和服务提供商的评论和评级。这些网站比如 Yelp 还推出了针对企业的新功能，使企业能够通过数字平台与消费者进行直接互动。我们的研究主要集中讨论在哪些情况下企业应该花费时间和资源来回复在线评论以保持竞争力。一般而言，企业对在线消费者评论的应对主要包括两种方式：一是在线评论回复，企业可以利用资源来回应消费者的评论或投诉；二是进行在线评论操纵，有策略地使用虚假账户或真实个人账户发布过于正面（偏颇）的信息，以提高产品需求水平（Lee et al.，2018）。操纵的目标是有意影响产品受欢迎程度的认知。第二种方式在很多时候都是非法的，而且在人工智能时代，越来越多的方法可以检测到在线评论操纵（Kumar et al.，2019）。我们将在下一章讨论这个问题。

尽管研究人员和从业者已经开始意识到企业回应消费者评论的重要作用，但他们的关注重点仅限于企业回应对消费者满意度的影响（Gu and Ye，2014）。关于在线管理回应和参与对企业绩效指标的影响，我们还知之甚少。本书研究的主要数据来源是 yelp.com。Yelp 是一个商户服务点评的社交媒体平台，提供消费者对本地商家和服务提供商的评论和评分，允许消费者撰写评论并分享他们对本地商家的体验。2009 年 4 月，Yelp 推出了一项新功能，允许商家回应顾客发布的个人在线评论。这一功能使商家能够通过回应顾客的评论或认可他们的体验来直接与顾客互动。商家的回应附加在评论末尾，所有阅读评论的用户都可以公开查看。

我们主要想研究餐厅的在线管理回应是怎样影响餐厅业绩的。顾客与供应商在情感维度的互动一直吸引着很多学者。早期的研究集中在离线环境下顾客与供应商的互动。顾客的情感可能会由多种店内特征和销售人员的反应而引发（Sherman et al.，1997）。销售人员反应的一个重要目标是防止顾客产生负面情绪——这样可以促进成功的互动并提高顾客满意度。社交媒体和数字平台的兴起正在改变传统的客户关系管理理念。与顾客互动变得越来越重要，因为他们可以在社交媒体粉丝页面上轻松地向广大受众表达和传播意见。与顾客的在线互动在影响品牌评价方面是行之有效的。显而易见，新的在线回应功能可以使那些拥抱新功能与消费者互动的餐厅受益。然而，一个实证的挑战在于如何识别在线管理回应对业务绩效的因果效应。因为决定是否回应消费者评论的行为是有选择性偏差的。回应消费者评论的餐厅可能与选择不回应的餐厅有系统性的差异。

在这里选择性偏差是指用于研究的数据样本不代表预期分析的总体，从而导致得出错误的结论。直观地解释，假设我们想确定一个城市成年人的平均身高，如果我们只测量篮球场上的成年人的身高，我们可能会发现平均身高要高于整个城市人口的实际平均身高。这是因为我们的样本存在偏差：打篮球的人往往更高。假设我们通过询问目前在职的员工来进行工作满意度调查，我们可能会遗漏那些因不满而休假或离职的员工的意见，从而高估工作满意度。另外，如果我们只阅读在线评论来评估产品质量，我们也可能会遇到选择性偏差，因为那些有极端积极或消极体验的人更有可能留下评论，而那些有普通体验的人可能不会。在历史上，选择性偏差屡见不鲜。1936 年《文学文摘》杂志的民意调查预测在美国总统选举中，堪萨斯州州长、共和党的候选人阿尔弗雷德·莫斯曼·兰登可能会压倒性地战胜时任总统、民主党的富兰克林·德拉诺·罗斯福，就是选择性偏差的一个典型例子。这个错误的预测，在美国调查研究史上是一件具有里程碑意义的事件，特别是在民意测验方面。《文学文摘》的调查惨败的一个可能的原因是选择性偏差：因为《文学文摘》主要从电话簿和汽车注册列表中选择样本，而在当时，拥有电话和汽车的人主要是那些会投票给共和党的富裕人士，因此杂志错误地预测了共和党的胜利。

另一个选择性偏差的例子是在第二次世界大战期间，美国海军分析中心的研究人员对执行任务后返回的轰炸机遭受的损失进行了研究。然后，他们建议在受损最严重的区域增加装甲，以最小化轰炸机在敌方火力下的损失。然而，数学家亚伯拉罕·瓦尔德（Abraham Wald）提出了不同的观点（Bergstrom and West，2020）。他指出，这项研究仅对幸存下来的轰炸机进行了调查，被击落的轰炸机没有出现在损伤评估中，使得样本不具有代表性。因此，返回的轰炸机上有弹孔的地方是不需要额外装甲的——因为轰炸机受到损坏但仍然安全返回。另外，返回的轰炸机未受损的区域则是那些如果被击中就会导致飞机坠毁的区域。瓦尔德随后提议，海军应针对这些区域，增加更多的装甲。

还有一个例子是 Bergstrom 和 West（2020）发现演奏老式流派音乐（比如爵士）的音乐家在去世时的年龄要远远大于从事新型流派音乐的音乐家，尤其是说唱和嘻哈方面的音乐家。基于统计的结果，他们得出了这样的结论：演奏老式流派音乐相对而言是一个比较安全的职业，而从事新型流派音乐看起来是异常危险的。这也是一个选择性偏差。

说唱和嘻哈是新型流派音乐，只有四五十年的历史（Bergstrom and West，

2020）。因此，在其研究期间，大多数说唱和嘻哈明星仍然活着，不在统计的样本里。相比之下，爵士、乡村等老式流派音乐已经存在了一个世纪，甚至更长的时间。这些流派音乐的许多已故表演者活到了八十岁甚至更高的年龄。因此，问题的实质并不是说唱明星很可能过早去世，而是那些已经去世的说唱明星必然过早去世（因为说唱是新型流派音乐，只有四五十年的历史）。

在我们的研究背景中，由于是否在线回复是由餐厅决定的，那些更重视顾客或者处于更大竞争压力下的餐厅更有可能在线回复顾客的评论。如果我们简单地将这些餐厅和那些没有在线回复顾客评论的餐厅做比较，我们就有可能陷入选择性偏差中。在我们的研究中，我们采用了倾向评分匹配来解决这个问题。倾向评分匹配是一种统计方法，旨在比较具有不同特征或暴露于不同条件的个体之间的效果（Chen et al.，2021；Pan and Qiu，2022）。这个方法的核心思想是通过建立"倾向评分"，即基于个体特征和条件的概率，来找到那些在特征和条件上相似的个体。然后，利用这些倾向评分，我们可以将具有相似概率的个体进行匹配，从而创建一组"对照组"和"处理组"，使它们在各种特征上更加均衡。

在进行倾向评分匹配时，通常会采取以下步骤。

（1）建立倾向评分模型。利用个体的特征和条件变量建立一个预测个体暴露于处理条件的概率模型。

（2）计算倾向评分。使用建立的模型，为每个个体计算出其暴露于处理条件的倾向评分，即个体被分配到处理条件的可能性。

（3）匹配对照组和处理组。根据倾向评分，将具有相似倾向评分的个体进行一对一或多对一匹配，形成匹配的对照组和处理组。

（4）进行比较分析。利用匹配的对照组和处理组进行效果比较分析，评估处理条件对结果的影响，从而更准确地推断因果关系。

倾向评分匹配方法能够有效地降低混杂变量的影响，并改进研究结果的因果关系推断。从直觉上说，倾向评分匹配就像在人群中找到一个镜像。想象一下，你在一个人很多的聚会上，想找一个和你长得很像的人。也许你找不到一个和你完全一样的人，但你可以找到一个非常相似的人。在研究中，倾向评分匹配可以帮助我们找到相似的个体。我们经常想要比较两个群体，看看某种因素，比如一种治疗或干预，是否会产生影响。但有时这些群体最初并不完全相同。倾向评分匹配通过匹配具有相似特征或特质的个体，比如年龄、性别或健康状况，帮助我们使它们更相似。一旦找到这些匹配对，我们就可以更准确地比较它们，看看这两个群体之间是否存在真正的差异。这就像将苹果与苹果进行比较，而不是将苹果与橙子进行比较。这种方法可以帮助我们更好地得出关于因果关系的结论，因为我们在比较更相似的群体，从而降低了混杂变量的影响。

在我们的环境里，我们为进行在线回复的餐厅找到一个类似的镜像。这个镜像是一个没有进行在线回复的餐厅，但是该餐厅在其他方面（如餐厅种类、价格、收到的在线评论数量等）都非常类似于进行在线回复的餐厅。这样我们就可以克服选择性偏差，更好地进行因果识别。我们的研究表明在线回复顾客评论可以显著提高餐厅的人流。商家通过在线社交媒体平台与消费者互动是非常有价值的。通过数字平台进行直接互动对于与消费者建立信任关系至关重要。未能通过数字平台与消费者建立联系的企业可能会逐渐失去优势。我们为希望通过在线互动改善顾客体验，从而提高关键业务绩效指标的企业提供了实际的建议。企业必须关注在线媒体提供的动态和不断发展的功能，以有效地与消费者互动。这一做法对那些可能没有足够资源或技术知识来使用社交媒体并与消费者在线互动的小企业尤为重要。这些企业应考虑投入资源，通过招聘人员或雇用第三方公关公司来管理社交媒体，回应评论和留言，从而与消费者互动。回应评论和留言的巨大影响不只局限在餐饮行业。我们的另一项研究发现医生回复病人的评论和留言以及提供线上咨询服务对线下挂号的数量有显著的正面影响（Fan et al.，2023）。

　　企业除了回应顾客的在线评论之外，还可以在电商平台上建立企业声誉。声誉系统一直是提高在线市场效率的重要组成部分，可以降低卖家质量的不确定性（Cheng et al.，2020）。但是在现实中大多数的声誉系统都反映了卖家长期积累的声誉（从卖家首次加入在线市场开始获得的声誉）。这种系统存在一些显著缺点，不能及时反映近期商家声誉的变化。2014 年 7 月 1 日，中国最大的在线市场淘宝网正式上线运营金牌卖家计划。根据卖家过去的短期表现，淘宝网决定是否授予其"金牌卖家奖"（声誉徽章）。金牌卖家计划的主要标准是基于卖家在 15 天内的综合表现，包括交易量、积极反馈比例、详细卖家评级、纠纷率等来制定的。金牌卖家徽章的有效期仅为授予后的 15 天，与评估期相同。我们研究发现，获得声誉徽章对销售有积极影响，而失去声誉徽章对销售有负面影响。更重要的是，获得和失去声誉徽章的信号价值是不对称的：失去声誉徽章的影响大于获得声誉徽章的影响。此外，连续保持声誉徽章是卖家质量更高的信号，对产品销售的积极影响比获得声誉徽章更大（Cheng et al.，2020）。

　　既然网络口碑和企业声誉都对销量有着重要的影响，那么一个很自然的问题就是网络口碑和企业声誉是如何互动的。我们的一项研究探讨了正面的和负面的在线评论对高声誉和低声誉卖家销售的影响（Wang et al.，2022a）。我们从 ebay.com 获取了数据，以实证方式回答研究问题。eBay 是世界上最大的在线市场之一。自 1995 年 9 月推出以来，eBay 一直致力于监管交易行为和保护消费者利益。许多基于平台的功能，如信誉系统和退款保证，都是在 eBay 上率先启动的，对整个行业的平台设计产生了深远影响。其他领先的电子市场（如亚马逊和淘宝网）都提供与 eBay 类似的功能，以防止市场充斥劣质产品。在 2016 年 5 月 6 日之前，eBay 仅提供信誉系统来帮助消费者做出购买决策。2016 年 5 月 6 日开通的产品评论系统（Wang et al.，2022a）为我们的研究提供了一个理想的环境。

　　我们先来看正面和负面的在线评论对高声誉卖家销售的影响。具体来说，拥有良好声誉的卖家通常会使消费者产生很高的期望，这成为消费者的参考点。参考点在决策过程中起着至关重要的作用。个人选择在很大程度上取决于人们是否认为某个选项高于或低于特定的参考点（Tversky and Kahneman，1991）。这个理论被称为展望理论，而丹尼尔·卡尼曼（Daniel Kahneman）也凭借这个理论获得了诺贝尔经济学奖。展望理论认为人们不是绝对地评估结果，而是相对于一个参考点，并且他们对潜在的损失和收益的权衡是不同的：与收益相比，人们更看重损失。这个理论强调个体的决策是基于相对于参考点的收益和损失的感知。这个参考点可能是他们当前的状态、期望或过去的经验。展望理论在很多方面都有应用（He et al.，2022）。让我们来看一些直观的例子。假设我们被提供了一份起薪为5万元的工作，我们可能会将这个报价与我们之前的薪水或行业标准进行比较。如果我们之前的薪水是4万元，我们可能会认为这是一笔1万元的收益。然而，如果行业标准表明我们应该赚6万元，我们可能会认为这是一笔1万元的损失。在这两种情况下，参考点（之前的薪水或行业标准）会影响我们对报价的感知。再比如我们投资了1000元的股票，然后它增长到1500元。如果我们的参考点是1000元的初始投资，我们可能会认为得到了500元的收益。然而，如果我们根据分析师的预测期望股价达到2000元，我们可能会认为损失了500元。同样，参考点（初始投资或分析师的预测）塑造了我们对投资结果的感知。换句话说，个体对结果的感知不仅受到结果本身的影响，还受到评估结果的上下文的影响。

　　同样地，在电商市场中，消费者不仅关注产品评论的分值，还会将评论评分放入上下文中进行解释。由于每个产品都属于特定的卖家，消费者在产品和卖家声誉方面都面临不确定性。产品不确定性可以由卖家不确定性塑造。如果消费者相信一个声誉良好的卖家，他们倾向于认为该卖家的产品可能具有高质量。从卖家到产品的延续效应意味着消费者可能将卖家声誉作为评估产品质量的参考点，进而将产品评论评分与卖家声誉（作为基准）进行比较。因此，如果高声誉卖家销售的产品收到负面评论评分，那么这种不一致性会让消费者感到震惊。这种负面的不一致性可能会向消费者传递一个强烈的信号，表明产品质量较差，从而降低销售额。相反，当高声誉卖家销售的产品收到正面评论评分时，消费者可能会认为这样的一致信息仅仅是对他们期望的简单确认。如果高声誉和正面评论之间没有明显区别，消费者可能不会对正面产品评论中呈现的新信息感到过分惊讶。因此，正面评论可能不会显著改善高声誉卖家的产品销售状况。正是由于这个逻辑，我们的研究发现，对于高声誉卖家，负面评论被视为巨大的负担，而正面评论则无足轻重。

　　沿着类似的思路，我们可以来探讨正面和负面评论对低声誉卖家销售的影响是怎样的。具体来说，当消费者处理产品评论信息时，消费者可能会对低声誉的卖家形成低期望，这可能会成为消费者的基准。当低声誉卖家销售的产品获得正面评论评分时，与低基准的对比向消费者传递了一个强烈的心理信号，表明产品的质量很高，消费者也更有可能做出购买决策。与此同时，对于声誉低的卖家而言，负面评论可能不会进一步降低其产品销售额，因为这些负面评论只是确认了消费者对声誉低的卖家的低期望。因此，我们发现对于低声誉卖家，正面评论有巨大的好处，而负面评论则无足轻重。

上面我们主要集中于口碑营销的影响，下面我们来探索观察学习。古人早就明白观察学习的重要性。南朝刘义庆的《世说新语·雅量》讲述了一个王戎识李的故事。王戎小时候和朋友们一起玩耍，看见路边有一株李子树，结了很多李子，枝条都被压弯了。那些孩子都争先恐后地跑去摘，唯独王戎没有动。有人问他为什么不去摘李子，王戎回答说："这棵树长在路旁，却有这么多的李子，这李子一定是苦的。"人们一尝，果然是这样。王戎看见路边李子树上的李子没有人摘，从中推断出李子是苦的，这就是观察学习。

《战国策》也讲了一个观察学习的故事：古之君人，有以千金求千里马者，三年不能得。涓人言于君曰："请求之。"君遣之，三月得千里马。马已死，买其骨五百金，反以报君。君大怒曰："所求者生马，安事死马而捐五百金！"涓人对曰："死马且买之五百金，况生马乎？天下必以王为能市马，马今至矣！"于是不能期年，千里之马至者三。用五百金买千里马骨的行为释放出了强烈的信号，马主们通过观察学习推断出国君有购买千里马的诚意，所以纷纷前来。

诺贝尔经济学奖得主罗伯特·希勒在他的著作《叙事经济学》中记载了一件趣事（Shiller, 2019）。有一次经济学中观察学习理论的先驱伊沃·韦尔奇开车送希勒去旅馆。韦尔奇知道旅馆的大概位置，但兜了一阵却找不到。这时他看到一辆没有乘客的出租车开过，他估计这辆出租车是开往旅馆的，所以就跟着这辆出租车，最终找到了旅馆。在这里，因为附近有一个大型旅馆，韦尔奇通过观察学习推断空的出租车最有可能是去旅馆接客人的。

当然，观察学习并不总是成功的。《战国策》里的另一个脍炙人口的故事《惊弓之鸟》就说明了这一点。从前有个神射手名叫更赢。一天，他对魏王说："大王，我只用弓，不用箭，就可以把大雁射下来。"魏王并不相信。过了一会儿，一只大雁飞来，更赢举起弓，没有用箭，只拉了一下弓弦，随着一声弦响，这只大雁就从空中掉了下来。更赢说："这并不是因为我有什么超人的本领，而是因为这只大雁受过箭伤。它惊魂未定，又听到弓弦响，就拼命想往高处飞，伤口又裂开了，所以就掉下来了。"在这个故事里，那只大雁就是观察学习。它听到弓弦响，推断出有人射箭，所以努力飞高，但实际上这个推断是错误的。再比如，人们在选择餐馆时，也会进行观察学习。如果看到某家餐馆排长队，他们往往会认为这家餐馆的食物一定很好吃，于是也会选择排队，尽管附近可能有其他没人排队但同样优秀的餐馆。

社交网络的流行使得观察学习变得更加普及。社交媒体用户前所未有的增长导致了个人特定信息的大量增加，如假期照片、在餐馆的移动签到和日常购物信息。通过社交网络渠道购物的消费者在做出购买决策时越来越多地使用这些信息。例如，很多 Instagram 用户在看到 Instagram 上的某些内容后做出了购买决策，最常见的类别是服装、化妆品、鞋子和珠宝。根据一项研究，大约 40% 的受访者表示，在看到 Instagram、Twitter、Vine①或 YouTube 上的影响者使用某件商品后，他们会在线购买该商品（Swant，2016）。这些行为在不同程度上反映了观察学习的影响。

正是由于观察学习在社交媒体时代的重要性，很多企业和品牌也开始使用创造性的方法来鼓励消费者在线分享他们的购买信息，如使他们的产品和包装更具美感或更"适合 Instagram"，并通过幽默等情感与客户联系。在线零售商有着前所未有的机会通过设计观察学习来提升参与度和增加销售量。例如，Kohl's（一家百货公司）有一个社交画廊，展示了来自 Twitter 和 Instagram 的产品帖子，并允许消费者通过直接链接到产品主页进行购买。这些功能使潜在消费者能够通过观察他人的购买决策来了解产品。

我们的研究揭示了零售商应如何针对不同类型的产品来增强观察学习效应（Qiu et al.，2021）。对于实用或功能性产品（如外部存储硬盘、小型电子产品如耳机、网络摄像头和厨房电器），质量可能比品位更重要，从朋友那里进行观察学习的效果和从陌生人那里进行观察学习的效果差别不大。零售商可以激励客户在社交网络上与其他陌生客户分享他们最近购买的产品。例如，美国音频设备制造商 Bose 在其网站上展示了客户（陌生人）所做的购买决策。另外，对于更注重品位或口味的产品（如不同颜色的服装、食品和饮料），从朋友那里学习的效果比从陌生人那里学习更显著。由于我们之前介绍过的同质性，朋友之间的口味和兴趣爱好可能会更相近。对于这些产品，零售商将受益于激励客户在他们自己的网络（即朋友）内分享他们购买的产品。例如，Dunkin' Donuts（唐恩都乐）使用纳米级影响者（拥有 1000 名追随者并愿意在社交媒体上宣传产品的人）来推广其"咖啡优先策略"。由于纳米级影响者在特定主题周围拥有小众追随者，他们的追随者更熟悉他们并拥有相同的口味。

另外，企业的产品定价策略也可能受到观察学习的影响。在设计最优定价的时候，企业可以通过不同的定价策略来潜在地控制观察学习在社交网络中的扩散。初期折扣通常被认为是进行新产品推广的一种有效策略，因为它会吸引很多

---

① Vine 于 2012 年被 Twitter 收购，但在 2016 年因用户流失和竞争压力而关闭。

最初购买者，然后通过口碑效应进一步提升销量。然而我们的研究发现初期折扣可能会阻碍观察学习，因此并不总是促进购买的有效方法（Qiu and Whinston，2017）。直观的原因是如果初期的折扣过高，价格过低，消费者就会知道他们的朋友购买该产品更可能是由于价格低廉而不是质量高。因此，观察学习的效果也会有限。

2.5　网　络　效　应

随着新产品不断涌入市场，消费者面临的选择集合已经非常庞大且迅速扩大。同时，消费者会接收到各种信息，这些信息会产生两种类型的外部性：信息外部性和收益外部性。外部性是指一个经济主体的行为对其他未参与该行为的第三方产生的影响，而这种影响没有通过市场交易反映在价格中。外部性可以分为正外部性（有益的影响）和负外部性（有害的影响）。正外部性是指一个人的行为给其他人带来了好处，而这些好处没有通过市场交易得到补偿。比如，一个人接种疫苗后，不仅保护了自己，还减小了疾病传播的可能性，从而对公共卫生产生积极影响。负外部性是指一个人的行为对其他人造成了损害，而这些成本没有通过市场交易得到补偿。比如，一个家庭开派对制造大量噪声，影响了邻居的休息和生活质量，这些负面影响没有通过任何形式得到补偿。我们前面所说的信息外部性和收益外部性在我们的语境中都是正的外部性。信息外部性是指一个人的收益依赖于他人私下持有的信息。因此，当关于产品质量的信息通过口碑或观察学习传播时，就会产生信息外部性。收益外部性则是指一个人的收益正向依赖于其他消费该产品的人数，我们通常也称之为网络效应（Qiu et al.，2015）。

对于具有强网络效应的产品，创建一个庞大的用户基础对于吸引新用户至关重要。相反，对于以信息外部性为主的产品，产生正面的口碑是关键。在许多情况下，这两种机制可能同时存在。哪种机制存在或占主导地位取决于具体的产品。在选择社交网络平台时，网络效应可能占主导地位。当更多的人注册并使用Facebook时，每个用户可以连接和互动的朋友、家人及同事也会更多。用户数量的增加使平台更有吸引力，因为人们可以找到更多的熟人、加入更多的群组、参与更多的活动。当Facebook用户基数足够大时，开发者会更愿意为其平台开发应用和工具，这可以进一步改善用户的使用体验、提升其依赖性。在购买高清电视时，信息外部性成为主要力量，因为消费者主要关心的是质量。如果传播主要由网络效应产生，那么确定最初目标消费者群体的种子策略将对市场营销的成功有很大影响。因此，公司可以通过提供初期折扣来扩大社会传播并加速产品购买。然而，如果信息外部性是主要作用，除非初期消费者产生正面的口碑，否则种子策略不会特别有效。消费者可能会推测，其他人的高需求是由初期折扣而非产品高质量引起的（Qiu and Whinston，2017）。我们的实证结果表明，网络效应和信息外部性都对社交媒体内容的传播有显著的影响，其中信息外部性对高质量内容有更大的影响，而网络效应对引人注目的内容有更大的影响（Qiu et al.，2015）。

2.6　社交媒体营销的新模式

人工智能时代的新技术使得社交媒体营销浴火重生，展现出很多新的商业模式。其中一个显著特点就是信息技术允许消费者通过图像与他人分享他们的经历。与文字相比，图像提供了更多的信息，观众可以直观地评估这些信息（"一图胜千言"），而新的人工智能和深度学习方法使得我们可以更有效地分析图像，获得商业洞见。下面我们就用一个美容行业的例子来说明图像分析的重要性。

据调查，全球美容行业的市场价值正以每年 9% 的平均速度增长。2020 年，全球整容手术市场规模达到了 491.4 亿美元（Yuan et al.，2024）。美容行业的繁荣体现在越来越多的人不仅关注日常生活中的身体素质的提升，还积极追求更高层次的自我提升。因此，美容行业无处不在，一些消费者为了高质量的整容手术而旅行。此外，美容文化的扩散不仅影响了女性，也影响了男性。传统上，美容产品供应商主要面向女性。然而，现在越来越多的男性也愿意使用美容服务。公众对美容的态度已经转变为希望"精雕细琢"他们的外貌，使之完美。这种观念的转变使得商业机会增加，并伴随着近年来美容行业的繁荣（Yuan et al.，2024）。

互联网的普及促进了在线美容行业的发展，新兴的数字美容平台引领了这一领域的发展，开辟了美容行业的新战场。一方面，美容行业在专业要求和相关风险方面属于医疗保健领域。尽管美容治疗是选择性的，通常不被健康保险覆盖，但这些风险可能影响健康和福祉。在电子健康背景下，许多医院使用在线平台提供在线预约和咨询服务。同样，美容机构也可以通过在线平台提供在线服务。

另一方面，美容行业的平台更像电子商务平台。美容平台上的机构旨在提升品牌知名度，吸引消费者购买其产品。传统的电子商务平台连接消费者和供应商，而美容平台连接消费者和美容机构。此外，美容行业提供的服务在线下消费之前很难评价。它们可以被分为两类：体验商品和信任商品。体验商品是指消费者在消费前无法准确估计质量的产品和服务。例如，整形手术就是体验商品的一个很好的例子。消费者在接受整形手术之前无法知道结果。信任商品指的是即使在消费后也无法确定其价值的商品。例如，激光换肤，通过激光改善皮肤外观，就是一个信任商品的例子。即使在手术后，消费者也很难确定激光换肤是否有效。由于美容治疗在线下消费之前很难评价，消费者努力寻找更多信息，并根据声誉和其他信息（如推荐）做出决定。

社交媒体平台是美容行业的新战场，创造了前所未有的机会，改变了传统的美容行业。消费者可以在线搜索特定机构的信息，并预订所需的服务或付款。对于传统医院和美容机构来说，消费者是重要的无形资产，与盈利能力直接相关。此外，与更注重社会责任的传统医院相比，美容机构更努力地吸引消费者。因此，对美容机构销售的研究对于美容行业的发展至关重要。专门讨论和分析美容的社交媒体平台为美容机构提供了新的机会，同时也带来了新的挑战。与医疗环境中的常规程序不同，数字美容平台使消费者能够在线购买美容机构的服务，然后进行线下消费。类似于电子商务平台，数字美容平台上的消费者通过评论分享他们的消费体验，积极贡献用户生成内容。

值得注意的是，美容平台上的用户生成内容与传统在线评论有显著区别，这是因为美容消费具有较高的可见性。由于美容服务往往产生永久或长期的结果，这超出了普通产品购买的范畴，具有深远的影响。更重要的是，在传统电子商务平台上，消费者评论大多是以文字的形式存在的。与传统行业不同，美容行业高度依赖视觉线索，所以用户生成内容不仅包括文字，还包括图像。在数字美容平台上，用于衡量消费者体验的一个独特指标就是图像展示。美容平台上的图像可以向潜在消费者传达直观的服务质量信息，从而影响他们的决策。我们的一项研究采用深度学习框架，从消费者分享的术后图像中提取美丽信息，并分析其与美容服务销售之间的关系（Yuan et al.，2024）。

与传统电子商务平台的消费者相比，美容消费者面临更高程度的信息不对称。尽管有些消费者已经收集了大量相关知识，但他们对美容产品和服务的了解仍然有限。美容机构与消费者之间仍存在严重的信息不对称，影响了消费者的决策过程。如前所述，许多美容服务可以被视为体验商品或信任商品。体验商品在消费前难以评估，而信任商品在消费后仍然难以评估。此外，美容服务不同于传统商品，因为它们属于专业服务，并且可能导致严重后果，所以消费者需要做出更加谨慎的决策。因此，为了避免风险和损失，消费者高度依赖其他用户发表的用户生成内容。在这种情况下，用户生成内容可以塑造消费者在决策过程中的认知。

在美容平台的背景下，图像作为一种特殊的用户生成内容脱颖而出。图像直观地展示了美容处理后的效果。如果图像中的美容效果很好，就表明美容手术的质量很高，潜在消费者可能因此选择相应的美容机构。具体地说，这些图像提供了关于美容服务的丰富信息，影响了消费者对这些服务的期望和感知价值。特别是，这些图像不仅提供了美容服务的视觉呈现，还传达了关于服务提供者专业知识的细节。通过展示服务效果，如前后对比照片，这些图像增强了消费者的信心，并帮助他们在选择美容服务时做出决策。因此，它们使消费者能够对所提供的美容服务的质量和吸引力进行更明智的评估。总体而言，这些图像传达的全面信息增强了消费者评估美容服务的能力，最终影响他们的购买决策。

我们的数据集来自中国一家连接美容机构和消费者的在线美容平台。消费者在该平台上可以浏览所有机构及其美容服务，并可以在线预付购买美容服务，然后在线下消费。消费者也可以在线下消费后发布带有图像的帖子，以分享自己的美容经历，这可以为潜在消费者提供丰富的信息。帖子的格式类似于电商平台如亚马逊和淘宝上的在线评论。消费者通常会在一个帖子中附上多张图像，以记录和分享接受美容后的变化，该平台会自动显示最后一张图像作为封面图像，因为它能够展示最终的美容效果。

在该平台上，每个美容机构都有一个主页，展示其基本信息、提供的美容服务、服务费用、资质及消费者的评分和帖子（即消费后评论）。当消费者浏览某个美容机构的帖子页面时，他们可以看到与该美容机构相关的所有消费后的帖子，每个帖子都有一张封面图像。在我们的研究中，我们选择每个帖子的封面图像进行视觉分析。选择的原因有：①封面图像可以展示美容的最终效果，从而向潜在消费者表明美容服务的效果；②在点击某个特定帖子之前，消费者会浏览并注意到所有相关帖子的封面图像。

评估图像中与美相关的语义特征，即美学评估，是计算机图像领域长期存在的问题。现有研究提出了衡量图像美学的框架。然而，现有方法仅关注摄影，无法直接应用于主要关注人体的美容领域。我们开发了一个领域特定的深度学习框架，以便进行更好的分析。具体而言，我们使用了一种最先进的深度学习框架，即神经图像评估（Talebi and Milanfar, 2018），以提取图像中的美学方面。神经图像评估是指使用神经网络（一种受人脑启发的机器学习模型）来评估图像质量的人工智能。目标是在没有人工干预的情况下，自动确定图像在视觉上是否吸引人或在技术上是否优秀。这可能涉及诸如清晰度、色彩平衡、构图甚至美学吸引力等方面。它的工作原理如下。

（1）训练神经网络：神经网络在一个包含大量人类评分图像的数据集上进行训练。这些评分可能包括美学吸引力、技术质量和其他属性的分数。

（2）特征提取：神经网络学习识别图像中与较高或较低质量评分相关的关键特征。例如，它可能会学习到清晰的边缘、平衡的颜色和良好的光线通常表示高质量图像。

（3）对新图像评分：一旦训练完成，神经网络便可以通过分析这些特征并预测质量分数来评估新图像。

我们采用了上面的深度学习框架来提取帖子中图像的美学信息。研究结果表明，图像中的美学信息反映了消费者对目标机构的感知质量，并正面影响了美容机构提供的美容服务的销量。根据这些研究结果，美容机构的管理者应认识到图像的经济价值。我们的研究还提供了一种在美容行业背景下提取图像美学信息的可行方法。图像包含丰富的信息，因此，从图像中提取有价值的衡量标准对于管理者而言是非常重要的。

除了图像，社交媒体平台上的用户生成内容里还有很多值得重视的线索，比如语言的情感度。我们的另一项研究就探讨了语言情感度对销量的影响（Wang et al., 2022b）。作为一种创新的服务模式，共享经济的独特性需要在管理这种颠覆性服务模式时理解情感和心理方面的问题。我们研究了市场营销者生成的内容对共享空间平台（如 Airbnb）的销售的影响。我们发现服务提供者的情感表达与其服务销售之间存在曲线关系，即情感表达在其低水平时对销售有积极影响，但在高水平时其效果会减弱甚至出现消极效应。这正是《论语》中说的过犹不及：当情感表达非常强烈时，表达的真实性会受到怀疑，变得不太可信。这与鲁迅先生对《三国演义》的评论——"欲显刘备之长厚而似伪，状诸葛亮之多智而近妖"是异曲同工的。

比静态图片更有说服力的是动态的视频，这也代表着社交媒体营销的另一个新发展：直播营销。直播电商作为直播与营销活动无缝结合的典范，极大地改变了电子商务行业的格局。与静态图片或文字相比，消费者可以通过生动的直播节目来评估产品质量，降低不确定性，并做出更明智的购买决策。实时互动还使销售人员（或者准确地说是主播）能够创造真实的体验，提高品牌认知度，并满足消费者的更详细的需求。毫无疑问，直播已经成为另一种提升销量的营销策略。自 2016 年 3 月淘宝推出淘宝直播以来，其商品交易总额在 2020 年飙升至 1080 亿美元（Wang et al., 2024）。此外，直播不仅限于传统的电子商务巨头。许多社交媒体平台，从快手、抖音到 Facebook 和 Instagram，都急切地将直播销售作为其业务策略的重要组成部分（Wang et al., 2024）。

事实上，有着直播功能的电商平台与整合商业活动的社交网络在引导潜在消费者购买的方式上有根本的不同。与通过被动在线推荐吸引消费者的淘宝卖家不同，抖音的主播可以通过发布短视频主动吸引直播观众，并通过短视频植入产品。尽管这种营销方式具有积极意义，但单次直播中从短视频访问到产品购买的转化率平均不到 1‰（Wang et al., 2024）。可能的原因包括消费者对广告的警惕以及对由短视频创作者发起的直播的反感，或者消费者沉浸于娱乐内容中，以至没有时间观看实际的销售节目。在我们的一项研究中，我们探讨了短视频和直播这两种具有影响力的流媒体服务对直播销售的影响。

我们的数据来源于抖音，抖音在国际市场上被称为 TikTok。虽然抖音直到 2016 年 9 月才推出，但它迅速获得了关注。目前，抖音已发展成为一个功能齐全的流媒体服务平台，为用户提供短视频和直播两种服务。我们的研究结果表明，没有产品推广的短视频可以有效加强直播与销售之间的正向联系。那些在短视频中加入产品推广的创作者，其直播销量会下降。这种商业短视频的负面蚕食效应甚至足以抵消非商业短视频的正面协同效应。具体而言，短视频在直播与销售之间扮演着双重角色。虽然非商业短视频与现有的直播产生协同效应，但过多的产品推广会蚕食直播销售。所以持续投资于商业推广内容的创作对于主播来说可能是不明智和徒劳的。我们的研究结果还提供了一个关键的见解，即主播可以利用细化的流量数据来更好地预测消费者的购买路径。感知可能构成威胁或带来机会的动荡环境能使主播领先于竞争对手。

参 考 文 献

Asch S. 1951. Effects of group pressure on the modification and distortion of judgments[M]// Guetzkow H. Groups, Leadership and Men. Pittsburgh: Carnegie Press: 177-190.

Bergstrom C T, West J D. 2020. Calling Bullshit: the Art of Skepticism in a Data-Driven World[M]. New York: Random.

Chen T, Cheng H K, Jin Y, et al. 2021. Impact of competition on innovations of IT industry: an empirical investigation[J]. Journal of Management Information Systems, 38(3): 647-666.

Cheng H K, Fan W G, Guo P P, et al. 2020. Can "gold medal" online sellers earn gold? The impact of reputation badges on sales[J]. Journal of Management Information Systems, 37(4): 1099-1127.

Chevalier J A, Mayzlin D. 2006. The effect of word of mouth on sales: online book reviews[J]. Journal of Marketing Research, 43(3): 345-354.

Fan W J, Zhou Q Q, Qiu L F, et al. 2023. Should doctors open online consultation services? An empirical investigation of their impact on offline appointments[J]. Information Systems Research, 34(2): 629-651.

Gu B, Ye Q. 2014. First step in social media: measuring the influence of online management responses on customer satisfaction[J]. Production and Operations Management, 23(4): 570-582.

He S, Qiu L F, Cheng X S. 2022. Surge pricing and short-term wage elasticity of labor supply in real-time ridesharing markets[J]. MIS Quarterly, 46(1): 193-228.

Kumar N, Qiu L F, Kumar S. 2018. Exit, voice, and response on digital platforms: an empirical investigation of online management response strategies[J]. Information Systems Research, 29(4): 849-870.

Kumar N, Venugopal D, Qiu L F, et al. 2019. Detecting anomalous online reviewers: an unsupervised approach using mixture models[J]. Journal of Management Information Systems, 36(4): 1313-1346.

Kumar S, Qiu L F. 2021. Social Media Analytics and Practical Applications: the Change to the Competition Landscape[M]. Boca Raton: CRC Press.

Kwark Y, Lee G M, Pavlou P A, et al. 2021. On the spillover effects of online product reviews on purchases: evidence from clickstream data[J]. Information Systems Research, 32(3): 895-913.

Lee G M, Qiu L F, Whinston A B. 2016. A friend like me: modeling network formation in a location-based social network[J]. Journal of Management Information Systems, 33(4): 1008-1033.

Lee S Y, Qiu L F, Whinston A B. 2018. Sentiment manipulation in online platforms: an analysis of movie tweets[J]. Production and Operations Management, 27(3): 393-416.

Pan Y, Qiu L F. 2022. How ride-sharing is shaping public transit system: a counterfactual estimator approach[J]. Production and Operations Management, 31(3): 906-927.

Pearl J, Mackenzie D. 2018. The Book of Why: the New Science of Cause and Effect[M]. New York: Basic books.

Qiu L F, Chhikara A, Vakharia A. 2021. Multidimensional observational learning in social networks: theory and experimental evidence[J]. Information Systems Research, 32(3): 876-894.

Qiu L F, Shi Z, Whinston A B. 2018. Learning from your friends' check-ins: an empirical study of location-based social networks[J]. Information Systems Research, 29(4): 1044-1061.

Qiu L F, Tang Q, Whinston A B. 2015. Two formulas for success in social media: learning and network effects[J]. Journal of Management Information Systems, 32(4): 78-108.

Qiu L F, Whinston A B. 2017. Pricing strategies under behavioral observational learning in social networks[J]. Production and Operations Management, 26(7): 1249-1267.

Sherman E, Mathur A, Smith R B. 1997. Store environment and consumer purchase behavior: mediating role of consumer emotions[J]. Psychology & Marketing, 14(4): 361-378.

Shiller R J. 2019. Narrative Economics: How Stories Go Viral and Drive Major Economic Events[M]. Princeton: Princeton University Press.

Swant M. 2016. Twitter says users now trust influencers nearly as much as their friends[EB/OL]. [2025-03-14]. https://www.adweek.com/performance-marketing/twitter-says-users-now-trust-influencers-nearly- much-their-friends-171367/.

Talebi H, Milanfar P. 2018. NIMA: neural image assessment[J]. IEEE Transactions on Image Processing, 27(8): 3998-4011.

Tolbert P S, Zucker L G. 1983. Institutional sources of change in the formal structure of organizations: the diffusion of civil service reform, 1880-1935[J]. Administrative Science Quarterly, 28: 22-39.

Tversky A, Kahneman D. 1991. Loss aversion in riskless choice: a reference-dependent model[J]. The Quarterly Journal of Economics, 106(4): 1039-1061.

Wang H, Du Q, Qiu L, et al. 2024. Effects of the streaming service mix on live commerce: how, why, and when streamers channel traffic from short videos to live streams[R]. Working Paper.

Wang H P, Du R, Shen W Q, et al. 2022a. Product reviews: a benefit, a burden, or a trifle? How seller reputation affects the role of product reviews[J]. MIS Quarterly, 46(2): 1243-1272.

Wang X Y, Jiang M L, Han W C, et al. 2022b. Do emotions sell? The impact of emotional expressions on sales in the space-sharing economy[J]. Production and Operations Management, 31(1): 65-82.

Yuan H, Xu W, Wang Q L, et al. 2024. Does beauty truly matter? Examining the impact of beautiful images in service operations using deep learning analytics[EB/OL]. [2025-03-14]. https://sage.cnpereading.com/paragraph/article/?doi=10.1177/10591478241303663.

第3章　企业社交媒体与虚假评论检测

庞葱与太子质于邯郸，谓魏王曰："今一人言市有虎，王信之乎？"王曰："否"。"二人言市有虎，王信之乎？"王曰："寡人疑之矣。""三人言市有虎，王信之乎？"王曰："寡人信之矣。"庞葱曰："夫市之无虎明矣，然而三人言而成虎。今邯郸去大梁也远于市，而议臣者过于三人，愿王察之。"王曰："寡人自为知。"于是辞行，而谗言先至。后太子罢质，果不得见。

——《战国策·魏策二》

昔者曾子处费，费人有与曾子同名族者而杀人，人告曾子母曰："曾参杀人。"曾子之母曰："吾子不杀人。"织自若。有顷焉，人又曰："曾参杀人。"其母尚织自若也。顷之，一人又告之曰："曾参杀人。"其母惧，投杼逾墙而走。

——《战国策·秦策二》

3.1　引子：三人成虎和曾参杀人

三人成虎和曾参杀人的故事说的都是众口铄金、积毁销骨的道理。谎言重复多次也会被当作事实。"三人成虎"这个成语来源于战国时期魏国庞葱的故事。他问魏王，如果一个人说市场上有老虎，魏王是否相信，魏王说不信；如果两个人说，魏王有点犹豫；如果三个人说，魏王就相信了。庞葱用这个故事说明，谎言多次传播就容易被当作事实。类似的，曾参杀人的故事也反映了谣言和误传的危害。曾参是孔子的学生，因孝顺和品德高尚而闻名。一天，曾参的母亲听到邻居说"曾参杀人了"，起初她不信；接着又有邻居传来相同的消息，曾母开始怀疑；直到第三个邻居告诉她，曾母才惊慌失措，去找儿子。实际上，杀人犯与曾参同名，并不是曾参本人。这些故事说明了虚假言论的力量，即使再荒谬的谣言，重复多次也能让人相信。

在社交媒体和平台经济大行其道的今天，虚假言论更容易传播，也有更大的影响力。例如，网络水军是利用网络平台或社交媒体进行舆情操纵、评论操纵或虚假宣传的群体。他们可能是被雇用的个人或团体，旨在通过发布大量虚假评论、点赞、转发等方式，来影响公众舆论或改变公众对特定事件的认知。举例来说，一家公司雇用网络水军在社交媒体上发布大量赞美其产品的虚假评论，以提升产品形象和销售量。网络水军的行为通常是隐蔽的，他们可能会利用多个假账号、自动化工具或其他技术手段来隐藏其真实身份，并试图模仿真实用户的行为。然而，网络水军的行为一旦被发现，通常会受到舆论谴责，并可能承担法律责任。

许多经济活动涉及理解消费者的偏好以及随后向他们推荐感兴趣的产品，这对于产品销售的业绩至关重要。由于其有接触不同群体的能力，互联网平台已经成为消费者寻找信息并相互交流以及与卖家互动的最佳场所。这些在线平台包括电子商务网站（如亚马逊、京东和淘宝），社交媒体（如微博、微信和Facebook），以及推荐和评论网站（如 Yelp、TripAdvisor 和大众点评网）。这些平台的共同点在于，消费者可以表达他们的意见，卖家可以通过各种方式告知潜在消费者他们的产品或服务的质量。消费者和卖家都能从这些平台上受益，因为这些平台为消费者提供了更详细的产品信息，同时为企业提供了接触目标消费者的机会。

然而，受欢迎的在线平台容易被企业滥用和操纵，这些操纵可能会造成严重后果（Mayzlin et al.，2014）。在第 2 章，我们提到企业对在线消费者评论的应对主要包括两种方式：一是在线评论回复，企业可以利用资源来回应消费者的评论或投诉；二是进行在线评论操纵，有策略地使用虚假账户或真实个人账户发布过于正面（偏颇）的信息，以增加消费者对产品的需求。在这里，企业可能会通过添加正面评价来操纵平台数据，从而促进产品销售。此外，由于许多在线平台的目标是增加访问量并鼓励更多用户参与，消除这些由企业生成的数据污染并不一定是优先事项。

总体而言，虚假评论是由缺乏验证机制以及平台所选择的商业模式的性质所导致的。在线平台常常没有适当的验证机制来过滤虚假评论。另外，平台采用评论/推荐的业务模式，通常提供免费的内容，并主要依靠广告商的广告收入来维持业务运营。尽管理论上平台本身应该作为公正的主持者，仅仅汇总和组织大量用户生成的信息，但它们仍然需要在信息可信度和与广告商的关系之间找到平衡。不仅评论平台受到操纵的困扰，社交媒体也深受虚假信息和策略行为的影响。在这个背景下，我们主要探讨三个问题：①在什么样的外部环境下，企业更有动机进行在线评论操纵，发布虚假评论？②在线评论操纵对市场竞争会产生什么影响？③在人工智能时代，如何采用机器学习的方法来识别企业的在线评论操纵？

3.2　企业发布虚假评论的动机

市场竞争会促使企业从事不道德的行为，如作弊、撒谎和破坏。诺贝尔经济学奖得主乔治·阿克洛夫和罗伯特·席勒合著的《钓愚：操纵与欺骗的经济学》探讨了自由市场竞争在带来好处的同时，也带来了利用和欺骗（Akerlof and Shiller，2015）。市场竞争在本质上充满了"钓愚"的机会，企业通过操纵和欺骗消费者来牟利。他们创造了"愚人"这个词来形容那些成为这些策略牺牲品的人并展示了利用消费者的心理和行为弱点来操纵和欺骗是普遍存在的。这一断言在互联网的背景下得到了广泛的证实：企业在竞争加剧时往往会发布更多有利于自己的虚假在线评论。比如，我们的一项研究考察了电影行业中的正向操纵（发布关于自己电影的正面推文）和负向操纵（发布关于竞争对手电影的负面推文），发现正向操纵比负向操纵更为常见和普遍（Lee et al.，2018）。更重要的是，面临更高竞争水平的电影公司会进行更高水平的正向和负向操纵。近年来，越来越多的平台采用反操纵系统，如 Yelp 的评论过滤器。如果我们知道主要任务是检测正向或负向操纵（正向和负向操纵可能具有不同的写作风格和特点），检测算法可能会更精确。我们的结果可以向平台设计者或政策制定者提供关于在特定市场条件下他们应该特别关注的情感操纵的具体类型的建议。比如，根据我们的发现，总体上，正向操纵占主导地位，但在竞争更激烈的情况下，负向操纵变得更为相关。平台可以根据这些结果修改其反操纵系统中的检测算法。

竞争效应的潜在逻辑是，竞争不仅加剧了不道德行为倾向，还促进了冒险行为的发生。值得注意的是，在以往的研究中，竞争者通常被视为争夺同一稀缺资源的同质行为者（Luca and Zervas，2016）。然而，并非所有竞争者都是一样的。在某些情况下，竞争者之间体现了相互认可和尊重的深厚关系元素。比如，"魔术师"约翰逊和拉里·伯德分别是洛杉矶湖人队和波士顿凯尔特人队的职业篮球运动员和关键成员。他们在篮球运动中的标志性互动超越了一般性竞争者的概念。将这种关系视角纳入竞争领域，一些研究提出了"对手"这一术语，以表示这种独特的竞争形式（Kilduff，2019）。

本质上，对手是一个与竞争相关但不同的概念，具有许多特质。首先，对手涉及关系因素。与可以在不熟悉或匿名者之间进行的竞争不同，对手集中于具体、可识别且熟悉的竞争者。其次，对手的本质不仅限于当前的冲突目标状态，还包括历史交互。类似于友谊的发展，对手通常通过反复的交互逐渐演变。对手之间的历史交互有助于相互认可和尊重。最后，虽然竞争可能涉及水平不匹配的比赛，其中一个竞争者可能明显优于其他竞争者，但对手本质上涉及水平匹配的比赛。

我们的一项研究探讨了对手是否像竞争一样推动了虚假评论的发布（Wang et al.，2024）。

为了回答这个问题，我们从中国两个领先的预订平台——携程网（ctrip.com）和去哪儿网（qunar.com）——收集了酒店评论。我们选择携程网和去哪儿网的原因有三点。首先，竞争，尤其是竞争对手之间的竞争，在住宿行业中无处不在，使住宿行业成为理想的研究背景。其次，酒店是典型的体验产品，消费者评论在影响旅行者决策中起着至关重要的作用。最后，携程网和去哪儿网作为中国领先的预订平台，因其广泛的酒店评论而深受认可。这些在线平台由于具有独特的评论政策，为识别评论操纵提供了一个很好的自然实验。携程网是一个"封闭"的预订平台，意味着只有住过该酒店的消费者才能为该酒店发布评论。去哪儿网是一个"开放"的住宿论坛，任何人都可以发布关于任何酒店的评论。当酒店寻求发布虚假评论时，理性的选择是在具有"开放"评论政策的平台上进行。已有的研究证实了这一推测（Mayzlin et al.，2014）。我们通过比较同一家酒店在去哪儿网和携程网上的积极评论分布的差异来量化企业虚假评论的强度。

在研究中，我们发现了一个反直觉的结果：与一般竞争者不同，对手的存在抑制了企业发布虚假评论的动机。由于对手集中于具体、可识别且熟悉的竞争者，企业能够审查对手的不道德行为，从而能在从事不道德行为时进行自我约束。此外，对手之间的相互认可和尊重减轻了通过不公平手段超越对手的倾向。换句话说，与竞争相比，对手引发的威慑力是抑制酒店发布虚假评论的关键力量。

3.3　在线评论操纵与市场竞争

电子商务平台通常是一个双边或多边市场。一方面，平台通过收取用户在平台上的交易佣金等方式盈利。另一方面，平台需要提高自身服务质量，并维护各方信息的可靠性。从这个角度来看，平台可能有多个目标，是否优先考虑某一目标取决于平台的发展阶段或其竞争环境。例如，亚马逊最初允许卖家通过发送免费产品来生成评论，以激励消费者并正面影响消费者的意见，可能是因为这样做可以增加卖家的收入并帮助亚马逊盈利（Pu et al.，2022）。这些激励性评论使卖家能够歪曲产品质量。2016 年 10 月，亚马逊实施了一项严格政策，全面禁止激励性评论，以建立一个信息真实可靠的评价系统。为了保证向消费者提供的信息的真实性，平台采取不同措施来阻止卖家的质量误导。例如，TripAdvisor 允许消费者标记可疑评论，亚马逊、沃尔玛、Yelp 等平台则通过开发高级算法来检测虚假评论并打击虚假销售行为。

鉴于虚假评论和质量误导的普遍存在，我们的一项研究关注了以下问题（Pu et al.，2022）：在什么样的市场条件下，竞争卖家会选择进行评论操纵？评论操纵的存在对竞争卖家和平台有什么影响？卖家在发布虚假评论时会遇到两种成本。第一种是直接成本，例如注册虚假社交媒体或平台账户的成本以及雇用网络水军的成本。第二种是间接成本：虚假信息不可避免地会提高产品退货率。消费者在购买产品前可能会被虚假评论误导，收到产品后才可以更准确地评估产品质量，这样可能会导致更高的产品退货率。因此，平台可以通过采用更宽松的退货政策来减少卖家发布虚假评论的动机。

我们的研究发现，卖家是否选择发布虚假评论取决于平台退货政策的宽松程度。当退货政策不够宽松时（消费者很难要求退货），由于市场竞争激烈，卖家可能会选择发布虚假评论。这一结果意味着平台需要认真考虑采取更宽松的退货政策并简化退货流程。我们也探讨了平台反虚假评论的策略。总的来说，平台可以采取多种措施来打击虚假评论和网络水军的行为。

（1）人工审核和技术过滤：平台可以通过人工审核和技术过滤系统来识别和删除虚假评论。人工审核可以检查评论内容是否合乎规定，以及是否存在明显的违规行为，而技术过滤系统可以使用算法识别模式，检测大量相似内容或不断更换的账号等。

（2）验证用户身份：平台可以要求用户进行身份验证，例如，通过手机号码、邮箱或其他社交账号进行验证，以确保用户身份的真实性。这可以减少虚假账号的创建和使用。

（3）限制账号操作：平台可以限制用户账号的操作频率和数量，防止用户一次性发布大量评论或创建大量账号进行滥用。

（4）监控系统：平台可以建立监控系统来检测异常行为，例如，评论数量突然增加或频繁更换 IP 地址等，并及时采取相应措施。

（5）社区参与和举报机制：平台可以鼓励用户参与社区监督，设立举报机制，让用户举报虚假评论和网络水军，以便平台及时处理。

（6）数据分析和机器学习：平台可以利用数据分析和机器学习技术来识别与预测虚假评论及网络水军的行为模式，从而更有效地应对和防范。

我们的研究发现了一个反常识的结果：严格的反虚假评论策略可以同时影响高质量和低质量卖家的激励，并可能意外地激励低质量卖家更多地发布虚假评论。主要原因就是卖家之间的自由竞争。卖家之间不仅在价格上进行竞争，还在发布虚假评论方面进行竞争。当更严格的反虚假评论策略使高质量卖家更少地发布虚假评论的时候，低质量卖家反而有激励投入更多的资源在虚假评论上。

3.4　识别在线评论操纵

在平台的评论发布区里分辨真实用户和虚假用户是一个具有挑战性的、持续存在的问题，因为这里常常会有"道高一尺，魔高一丈"的现象：一旦虚假用户知道了算法是通过什么特征来区分真实用户和虚假用户，他们就会改变这些特征，从而更好地模仿真实用户的行为。在人工智能时代，涌现出了大量识别虚假评论的机器学习方法。我们的一项研究探讨了特征工程在识别虚假评论中的作用（Kumar et al.，2018）。特征工程是数据科学和机器学习中的一个关键步骤，指的是从原始数据中提取、转换和创建有意义的特征，以便机器学习算法能够更好地理解和利用这些数据。特征工程在欺诈检测和预测中起着关键作用：它是将原始数据转化为更能代表所研究现象的特征的过程。特征工程的质量直接影响模型的性能，因此是模型开发过程中至关重要的一部分。以下是一些特征工程的常见方法和例子。

1. 特征提取

从原始数据中提取出有用的信息。例如：

（1）文本数据——从文本中提取关键词、词频、情感分数等。

（2）图像数据——提取边缘、纹理、颜色直方图等特征。

例子：从一篇新闻文章中提取出最常见的词语和它们出现的频率，以进行文本分类。

2. 特征转换

将原始特征转换成新的特征，以便更好地反映数据的本质。例如：

（1）归一化——将特征缩放到相同的范围，如 0 到 1 之间。

（2）标准化——将特征转换成均值为 0、方差为 1 的标准正态分布。

（3）对数变换——对数据取对数，常用于处理偏态分布的数据。

3. 特征创建

通过组合或衍生现有特征来创建新的特征。例如：

（1）多项式特征——创建原始特征的多项式组合。

（2）交互特征——创建两个或多个特征的交互项。

我们利用了虚假评论者特征的分布特性来识别虚假评论者。具体来说，我们提出了一种层次化的监督机器学习方法来检测潜在的虚假评论者。监督机器学习是一种机器学习方法，其中模型在训练过程中使用带有标签的数据进行学习。这些标签是数据的已知答案或结果。监督学习的目标是学会依据输入数据预测输出标签。监督学习的主要过程如下。

（1）训练数据：训练数据由输入特征和对应的标签组成。输入特征是用于描述数据的属性，而标签是数据的目标变量或结果。

（2）模型：模型是一个数学函数，它接受输入特征并输出预测结果。在监督学习中，模型的参数通过训练过程进行调整，以最小化预测结果和实际标签之间的误差。

（3）训练过程：在训练过程中，模型通过不断调整参数来提高其预测能力。常用的方法包括梯度下降法等优化算法，目的是最小化损失函数，该函数用于衡量模型预测值与真实标签之间的差异。

（4）验证与测试：为了评估模型的性能，通常会将数据集分成训练集、验证集和测试集。训练集用于训练模型，验证集用于调整模型参数，测试集用于评估模型在未见过的数据上的表现。

（5）应用场景：监督学习广泛应用于各种任务，包括分类（如垃圾邮件检测、图像分类）和回归（如房价预测、股票价格预测）。假设我们有一个包含不同动物图像的数据集，每张图像都标注了动物的种类（如猫、狗、鸟等）。我们的任务是训练一个模型，通过输入一张新图像，预测它属于哪种动物。这就是一个典型的分类问题。

我们的应用场景也是一个分类问题：在 Yelp 的在线餐馆评论的真实数据中区分虚假评论者和真实评论者。由于我们使用的是监督学习，所以我们需要带有标签的数据。也就是说我们需要一个小的数据集：在这个小的数据集里，我们需要知道哪些是虚假评论者，哪些是真实评论者。在这里，Yelp 的过滤机制提供了一个非常好的研究机会，它会过滤那些被怀疑是虚假的评论，也为我们提供了有标签的数据。具体来说，Yelp 使用一种过滤算法来管理其平台上显示的评论。虽然由于对操纵的担忧，Yelp 尚未披露其算法的确切细节，但有一些已知因素可能会影响其对评论的过滤。

（1）质量和可靠性：Yelp 会过滤掉那些看起来虚假、有偏见或不可信的评论。该平台通过分析评论者的活动、使用的语言以及评论者与企业之间的关系等因素来进行过滤。

（2）评论者的活动：那些发布过评论、上传过照片与其他用户有互动历史的用户更有可能是真实评论者。这有助于过滤掉一次性或虚假的评论者。

（3）评论频率：如果一个企业在短时间内突然收到大量评论，Yelp 可能会过滤掉其中一些，以防止操纵。

（4）评论者位置：Yelp 可能会优先显示来自当地或最近访问过该地区的用户

的评论。

（5）内容重复：重复或非常相似的评论可能会被过滤掉，以避免冗余。

（6）垃圾信息检测：Yelp 使用自动化工具来检测和过滤垃圾或促销内容。

（7）语言分析：Yelp 的算法可能会分析评论中使用的语言，以识别可疑模式或试图操纵评分的行为。

虽然这些因素被普遍认为影响了 Yelp 的过滤算法，但这些因素的确切组合和权重并没有被公开披露，以防止系统被操纵。因此，偶尔会有一些合法的评论被过滤掉，而一些可疑的评论也可能会通过审核。但总的来说，这套过滤算法是成熟可信的。例如，一家餐馆突然收到了大量来自从未在 Yelp 上发表过其他评论的用户的五星级评论，这些评论可能会被过滤，因为它们看起来很可疑。相反，如果一家餐馆收到了一系列来自经常在其他餐馆留下评论并提供详细反馈的用户的积极和消极评论，那么这些评论更有可能被显示出来，因为它们看起来更真实可信。

我们基于监督学习构建了一个更稳健的分类器，该分类器考虑了用户的整体评论行为。首先，我们导出与评论行为相关的若干用户特征，并从单变量分布族中拟合参数分布，这些分布能够较好地解释这些特征的经验分布。其次，我们考虑用户评分的联合分布，将原始特征值的空间转换为一个由这些特征的概率密度值组成的新特征空间。我们的方法优于传统模型的原因主要有两个：①它使我们能够学习本质上非线性的模型；②它使我们能够清楚地理解单变量和联合行为。

我们的研究表明，不同特征对检测虚假评论者的能力有不同程度的影响。首先，平台可以优先考虑虚假评论者最具影响力的特征，其次，将其作为对策引入适当的干预措施。由于我们的方法是根据关键特征提供虚假评论者的概率信息，数字平台可以为每个评论者开发一个评分，并与企业和消费者共享，而且我们的方法特别有助于那些希望在其平台上实施检测过程但又无法投入大量资源或时间开发复杂的分析解决方案的企业。因此，我们易于实施的方法为企业提供了统一的框架来检测虚假评论者，从而提高了在线产品和服务评论信息的可信度。这些虚假评论者随后可以被标记或过滤。最后，从商业角度来看，市场营销人员可以利用我们的设计工具来检测和删除其产品和服务的虚假评论。这样他们可以基于大量真实的消费者评论来制定更有效的营销策略。这也使得消费者可以浏览真实的产品评论，从而拥有更好的在线购物体验。

以上所说的监督学习虽然很有用，但却有一个显著的缺点：需要被标记的数据。在很多情况下，获得带有标签的数据是相当困难的。在另一项研究中，我们开发了一个非监督的机器学习模型来识别虚假评论（Kumar et al., 2019）。非监督学习是一种机器学习方法，其中算法被设计用于从未标记的数据中发现模式、结构或关系，而不需要事先给定目标变量或标签。与监督学习不同，非监督学习的训练数据集中只有输入数据，没有相应的输出标签。因此，该算法必须依靠数据本身的特征和结构来学习。在非监督学习中，常见的任务包括聚类（将数据分组成具有相似特征的集合）、降维（减少数据的维度以便更好地理解数据）、异常检测（识别与大多数数据不同的不寻常模式）等。非监督学习的一个重要特点是其灵活性和广泛的应用范围。由于它不需要标记数据，因此可以应用于许多实际场景，如数据探索、模式发现、推荐系统、数据压缩等。我们的研究关键是提取与评论行为相关的单变量和多变量特征的独立概率分布，并使用无监督学习来获得更稳健的异常检测系统。

在现实世界的环境中检测虚假评论者是一项非常复杂的任务。即使在开发出性能最佳的机器学习算法之后，将检测虚假评论者的模型部署到社交媒体平台的环境中也可能面临挑战。对模型是否能成功检测虚假评论者的持续监控是至关重要的。如果基于历史的标记数据训练的监督模型在社交媒体平台上长时间运行，那么失去可信度的风险就会逐渐变大，因为虚假评论者一旦熟悉了已有的检测系统，就可以不断地想出新方法来钻系统的漏洞。当虚假评论者动态改变行为时，监督学习模型可能会失效。社交媒体平台也随之无法得到最新的标记数据集。另外，当使用监督学习技术时，周期性地标记大量数据所需的高成本和工作量成为一个重要的限制因素。持续使用新标记数据集更新模型参数的额外开销也会显著增加模型部署成本。在这些情况下，使用不依赖于标记数据的非监督学习技术可能更具成本效益，并且更容易在很多环境中部署和维护。此外，当使用非监督学习模型时，社交媒体平台无须定期处理烦琐的数据标记任务。这些都是非监督学习模型的优越之处。

参 考 文 献

Akerlof G A, Shiller R J. 2015. Phishing for Phools: the Economics of Manipulation and Deception[M]. Princeton: Princeton University Press.

Kilduff G J. 2019. Interfirm relational rivalry: implications for competitive strategy[J]. Academy of Management Review, 44(4): 775-799.

Kumar N, Venugopal D, Qiu L F, et al. 2018. Detecting review manipulation on online platforms with hierarchical supervised learning[J]. Journal of Management Information Systems, 35(1): 350-380.

Kumar N, Venugopal D, Qiu L, et al. 2019. Detecting anomalous online reviewers: an unsupervised approach using mixture models[J]. Journal of Management Information Systems, 36(4): 1313-1346.

Lee S Y, Qiu L F, Whinston A B. 2018. Sentiment manipulation in online platforms: an analysis of movie tweets[J]. Production and Operations Management, 27(3): 393-416.

Luca M, Zervas G. 2016. Fake it till you make it: reputation, competition, and yelp review fraud[J]. Management Science, 62(12): 3412-3427.

Mayzlin D, Dover Y, Chevalier J. 2014. Promotional reviews: an empirical investigation of online review manipulation[J]. American Economic Review, 104(8): 2421-2455.

Pu J C, Nian T T, Qiu L F, et al. 2022. Platform policies and sellers' competition in agency selling in the presence of online quality misrepresentation[J]. Journal of Management Information Systems, 39(1): 159-186.

Wang L, Luo X, Qiu L F, et al. 2024. Win by hook or crook? Self-injecting favorable online reviews to fight adjacent rivals[EB/OL]. [2024-09-18]. https://pubsonline.informs.org/doi/10.1287/isre. 2023.0179.

第 4 章　企业社交媒体与客户关系管理

石崇与王恺争豪，并穷绮丽，以饰舆服。武帝，恺之甥也，每助恺。尝以一珊瑚树高二尺许赐恺，枝柯扶疏，世罕其比。恺以示崇。崇视讫，以铁如意击之，应手而碎。恺既惋惜，又以为疾己之宝，声色甚厉。崇曰："不足恨，今还卿。"乃命左右悉取珊瑚树，有三尺四尺、条干绝世，光彩溢目者六七枚，如恺许比甚众。恺惘然自失。

——刘义庆《世说新语·汰侈》

4.1　引子：石崇和王恺的斗富与信号理论

《世说新语》里记载了石崇和王恺比阔斗富的故事。石崇和王恺都用华丽的物品装饰车辆和服装。晋武帝常常帮助舅舅王恺，曾送给他一棵二尺高的珊瑚树。王恺拿给石崇看，石崇却用铁如意敲碎了它。王恺既惋惜又生气，认为石崇嫉妒自己。石崇冷静地说："不必生气，马上赔给你。"然后命人拿出家里更多珍贵的珊瑚树，甚至比王恺的更大更美。王恺看到后感到失落。石崇的行为传达了他更富有、宝物更多的强烈信号。类似的，企业在社交媒体的客户关系管理方面的一个关键就是发送信号，表明企业非常在意和重视客户。

表面看来，信号理论似乎非常直观，但它却有深刻的内涵。信号理论的创始人是诺贝尔经济学奖得主迈克尔·斯彭斯。斯彭斯在 1973 年发表了经典论文《工作市场中的信号传递》（Spence，1973），这篇论文奠定了信号理论的基础。在这篇论文中，斯彭斯探讨了在劳动力市场中，教育作为劳动者能力的信号，如何减少信息不对称现象。简单来说，信号理论指的是一方（发送方）可信地向另一方（接收方）传达有关自身的一些信息。这一理论通常适用于信息不对称的情况，即一方拥有比另一方更多或更好的信息。信号的主要功能是减少信息不对称现象，从而使接收方能够更有效地做出决策。信号可信的关键在于其难以伪造或代价高昂。比如，斯彭斯 1973 年发表的经典论文（Spence，1973）讨论的是在劳动力市场中，受教育程度可以作为候选人能力和生产力的信号。雇主可能会把它作为衡量候选人技能的信号。这是因为获得学位通常需要一定的智力、勤奋和能力，这些都是雇主所期望的特质。另外一个例子是当企业为其产品提供保修服务时，它向消费者传递了该企业对产品质量和耐用性的信心。更长期限或更全面的保修服务可以作为产品质量更高的信号，因为这意味着企业对产品不会出现故障有信心，并愿意承担出现故障的成本。生产低质量产品的企业无法效仿给出全面的保修服务，因为保修的成本对于它们来说更高。古代中国和欧洲的女性常以长可及地的长裙为美，也是因为它是区别贫富的一个可靠信号。长裙不方便田间劳作，穿上长裙表明不需要劳作也衣食无忧。

在石崇和王恺比阔斗富的故事中，石崇敲碎珊瑚树是一个关于他的财富的可信信号，因为这代价高昂。王恺因为财富不如石崇，所以无法效仿他的行为。《三国演义》里脍炙人口的三顾茅庐的故事，也是一个关于信号的故事。故事讲述的是刘备为了请诸葛亮出山辅佐自己，三次亲自前往诸葛亮的茅庐拜访，最终感动了诸葛亮，使其决定辅佐自己，共同成就大业。诸葛亮出山并不是因为刘备三顾茅庐的行为本身，而是三顾茅庐这个信号背后体现的诚心诚意。同样的道理，企业在社交媒体上与客户互动也是"三顾茅庐"，发送一个信号：企业诚心诚意地重视客户。信号理论不仅适用于人，也适用于动物。比如，信号理论解释了动物为什么会展示昂贵的或者看似浪费的特征，如孔雀的尾羽。这些特征被视为个体能力、健康或遗传优势的信号，用来吸引异性或者威慑竞争者。雄孔雀的尾羽就是一个经典的例子。这些羽毛笨重且昂贵，它们通过其色彩斑斓和形态吸引了雌性孔雀。信号理论认为，这种展示昂贵特征的行为表明了雄鸟具备良好的基因质量和健康状态，因为只有身体素质较好的个体才能承受得起这种负担并展示出这种特征。

4.2　企业和客户的在线互动

企业如何和客户进行在线互动，从而提高客户的满意度，是企业社交媒体战略的一项核心内容。在第1章中我们介绍过企业如何采用社交媒体来处理品牌危机。下面我们主要探讨在日常经营中服务提供商是如何通过社交媒体和问答平台来发送信号并与消费者沟通的。我们通过几项研究来展示在医疗领域，医生是如何通过在线医疗问答平台与患者互动，并提高其满意度的。

在线医疗问答平台正迅速被用户和专业医生所接受（Khurana et al.，2019）。患者和其他用户利用这些平台的便利性、匿名性以及低搜索成本寻求专家意见。医生和医疗服务专业人员不仅在平台上与用户进行问答交流，还提供付费服务。在知识或专业密集型的专科服务（如医生选择）中，这类用户生成内容对利益相关者很有吸引力。初级医疗市场在大多数国家是受到监管的。医疗服务的提供受当地法律的约束，这些法律不鼓励或禁止医生进行宣传。为了使患者能够做出知情决策，在线医疗问答平台作为有用内容的供应方，可以降低信息不对称程度。

我们的一项研究集中探讨了在线平台上医生的问题回答对患者推荐的影响，这凸显了医生免费回答患者问题的动机（Khurana et al.，2019）。换句话说，我们希望了解医生在线回答功能的引入是否会对患者的满意度产生影响。正如我们前面提到的信号理论，医生的回答可以传递质量和声誉的信号，因此预期会获得更多的推荐。我们的数据来自印度的一家在线医生搜索和预约平台。该平台将医生与客户连接起来：它列出了印度城市地区约 10% 的注册医生，涵盖 47 个顶级城市和所有专业。用户可以根据城市、位置和专业搜索医生。搜索结果包含每位医生的概览以及每位医生在网站上的主页链接，这些医生被按照距离、费用、推荐、医生经验、资格和预约体验评分等综合标准进行排名。这个医疗平台于 2016年 4 月在医生主页引入了一个独特的医生回答功能。积极采用在线回答功能的医生可以通过回答问题与患者互动，这些回答（连同问题）显示在医生的主页上。

虽然各种个性化医疗技术的发展日新月异（Chen et al.，2021），但值得注意的是，医疗市场深受政府管制和政策影响（Qiu et al.，2022）。更根本的是它存在着信息不对称的固有缺陷（Kumar et al.，2022a）。医生比患者拥有更多的信息，所以医生可能会向患者推荐不必要的治疗。尽管这可能对患者没有任何好处，但可以增加医生的收入。医生还可能因与生产商的财务关系而推荐某种药物或医疗设备。由于知识有限，患者无法可靠地评估他们所获得建议的质量，在医疗服务提供后，患者可能仍无法评估服务的质量。

在这种特定的医疗背景下，医生在线回答的角色变得重要，原因如下。首先，尽管在酒店和餐厅等其他行业中也存在信息不对称现象（Kumar et al.，2018），但其程度较轻。因此，医生不仅能通过在线回答与患者进行社会互动，还能传递他们的专业知识和对患者的关心。这一策略与博弈论中的信号理论一致（Spence，1973）：一方可以通过发送信号向另一方可信地传递一些关于自己的私人信息。在我们的研究背景下，优秀的医生可以通过提供有见地的在线回答，可信地传递医疗服务质量的信息，从而受到更多患者推荐。信号的信息价值取决于能否将高水平医生与低水平医生区分开来。

其次，印度医疗市场有着独特的制度背景。在美国和一些欧洲国家，患者需要先看家庭医生，然后再转诊到其他专科医生。相比之下，在印度，许多患者可以直接在医疗市场上找到他们的专科医生。原则上，如果患者由全科医生进行正确的专科识别和相应的转诊，医生转诊系统将更有效和准确。然而，在印度，任何人都可以在没有转诊的情况下进入任何层级的医疗系统。在印度，估计有 60%到 75% 的专科转诊是自我转诊。此外，印度的家庭医生数量正在减少。随着"超级专科医生"和"超级专科医院"文化在过去 30 年中的出现，这一趋势变得更加显著（Khurana et al.，2019）。没有家庭医生的推荐，其他患者的在线推荐对于患者的决策过程异常重要。因此，在印度医疗市场的具体背景下，医生在线回答患者问题对于医生的声誉管理至关重要。

虽然引入医生回答的功能可能显而易见地对医生有利，但从实证上精准衡量医生回答的因果影响是具有挑战性的。我们前面提到的选择性偏差在这里也起到了重要的作用：是否回答患者的在线问题是由医生决定的。决定回答的医生可能和那些决定不回答的医生有显著的不同。比如，决定回答的医生可能更加关心患者，或者有更多的闲暇时间。在人工智能时代，克服选择性偏差，打开因果推断的黑箱变得越来越重要。不考虑因果推断和选择性偏差的机器学习常常会得到错误的结论。下面这个有趣的例子就强有力地揭示了这一点（Bergstrom and West，2020）。

2016 年 11 月，有学者在在线研究论文库 arXiv 上发布了一篇题为"基于面部图像的自动犯罪概率推断"（*Automated Inference on Criminality using Face Images*）的论文。这篇论文探讨了使用机器学习技术检测与"犯罪行为"相关的人脸特征的可能性，并声称这个算法可以通过简单的头像照片高精度地区分罪犯和非罪犯。这让人想起了很多科幻电影或小说，比如《少数派报告》。这一研究并不是孤例，而是有着面相犯罪学的理论传统。在 19 世纪，一位叫切萨雷·龙勃罗梭的意大利医生研究了数百名罪犯的解剖学结构。他认为，罪犯是天生的，同时他对从面部特征中可以了解到的东西尤其感兴趣。他认为，下颌的形状、前额的倾斜度、眼睛的大小以及耳朵的结构都包含了关于一个人道德构成的重要线索（Bergstrom and West，2020）。然而，这些理论并没有可靠的科学基础，也得不到经验证据的支持。

上述 2016 年在 arXiv 上发布的论文是龙勃罗梭计划的机器学习版本。本质上，这篇论文想要使用先进的机器学习的图像处理方法来揭示人眼容易错过的细微线索。为了验证这一假设，作者采用了多种机器学习算法，以确定人类面部的哪些特征与"犯罪行为"相关。这篇论文的结论是，根据一个简单的头像，机器学习程序可以以接近90%的准确率区分罪犯和非罪犯的面孔。这篇论文的一个关键性问题在于训练数据的选择性偏差。在这里，训练数据指的是教算法识别非罪犯面孔与罪犯面孔差异的图像。该论文作者收集了约1800张18～55岁的男性照片，其中约 1100 张是通过互联网抓取的非罪犯的照片。这些照片大多来自某些专业求职网站。另外 700 多张照片是警察部门提供的罪犯照片，主要是这些人的身份证照片。

在该论文中，训练数据存在严重的选择性偏差，它们是不可比的。非罪犯图像来自专业求职网站，因此大多数图像可能是被照片主人自己精心选择的，以传递积极的印象。相比之下，犯罪分子的图像是身份证照片，往往没有展现个人最好的形象。值得注意的是，机器学习算法发现罪犯的鼻子和嘴角之间的角度较小，上嘴唇的弯曲度较高。这是为什么呢？当一个人微笑时，嘴角会展开（鼻子和嘴角之间的角度变大），上嘴唇会变直（上嘴唇的弯曲度变小）。这实际意味着大多数罪犯的照片都皱着眉头或板着脸，而求职网站照片中的人是微微笑着的。这样，我们有了一个替代性的而且更合理的解释。重要的不是罪犯和非罪犯之间的面部结构有所不同，而是在网上抓取的照片中非罪犯更有可能微笑，而警察部门提供的照片中罪犯没有微笑。

在我们的研究中，我们需要解决的选择性偏差的问题是决定回答的医生可能和那些决定不回答的医生有显著的不同。我们主要采取了前瞻性倾向评分匹配的方法：针对每一个在处理组的医生（已经在线回复的医生）找到一个与他非常类似但在控制组的医生（没有在线回复的医生）做配对。前瞻性倾向评分匹配的核心在于控制组的医生需要现在没有在线回复，但在将来会在线回复，而且在其他特征（经验和职称等）上与处理组的医生非常接近。这样匹配的好处在于无论是控制组的医生还是处理组的医生最终都会进行在线回复，这保证了他们非常类似，具有可比性，最大限度地减少了选择性偏差。我们的研究发现，对于医疗服务的消费者来说，问答功能为选择医生提供了额外的区分变量：在线问答使得医生的患者推荐有了显著的增长。

正如前面提到的，在信号理论的框架中，医生的在线回答可以作为医疗服务质量的信号。信号的信息价值在于接收者相信信号与较高的能力正相关，并且低能力的信号发送者难以获得。因此，信号使接收者能够可靠地区分高能力和低能力的信号发送者。在我们的研究背景下，周到的在线回答与较高的专业知识正相关，且低水平的医生难以提供。信号理论中有两个关键的均衡概念：分离均衡和混同均衡。在分离均衡中，高能力和低能力的信号发送者选择不同的信号。在我们的研究背景下，这意味着高水平的医生选择在线回答，而低水平的医生选择不在线回答。在混同均衡中，低能力的信号发送者试图模仿高能力的信号发送者并发送相同的信号。在我们的研究背景下，这意味着低水平的医生可以模仿高水平的医生，撰写周到的在线回答。

当我们考虑信号中的两个均衡概念时，我们更有可能在主流医学中（如心脏病学、耳鼻喉科、皮肤病学等）观察到分离均衡：高水平的医生可以通过在线回答将自己与低水平的医生区分开来。原因是主流医学有更严格的科学证据和框架，可以在简短的在线回答中给出合理和符合逻辑的解释。主流医学中医生的知识结构相似，一位医生的在线回答可以被另一位医生验证或反驳。换句话说，主流医学中周到的在线回答的标准相对明确。因此，主流医学中，低水平的医生难以模仿高水平的医生并撰写周到的在线回答，因为低水平的医生没有相应的专业知识。结果，提供周到的在线回答能够在一定程度上帮助患者区分高水平的医生和低水平的医生。

与主流医学相比，传统/替代医学（在印度，主要指阿育吠陀、瑜伽和自然疗法、尤纳尼、悉达和顺势疗法）往往依赖历史证据而不是科学证据来支持或否定某种疗法。传统/替代医学的医生可能有不同的知识结构并使用不同的术语。换句话说，传统/替代医学没有严格的科学基础，有时在简短的在线回答中无法提供有逻辑的解释。例如，许多类型的传统/替代医学（如冥想和通过触摸进行治疗）严重依赖面对面的互动，难以在书面在线回答中解释。因此，在传统/替代医学中，周到的在线回答的标准不那么明确，在线回答不太可能帮助患者区分高水平的医生和低水平的医生。实际上，在传统/替代医学中，医生的在线回答作为医疗服务质量信号的作用比面对面的互动要弱。因此，在传统/替代医学中，我们更可能观察到混同均衡，在线回答对于专攻传统/替代医学的医生而言，预期效益低于主流医学。我们的研究结果也验证了这个猜测。

总的来说，随着在线搜索和交易市场的普及，在线医疗平台连接了医生和潜在的医疗服务消费者。作为在线搜索和交易市场，这些平台将市场的两侧——服务需求和供应——连接到了一起。

我们的一项研究聚焦于中国的一个在线医疗平台上心理咨询师和患者的互动（Yan et al., 2022）。心理健康障碍是一个巨大且不断增加的全球负担。然而，专门用于心理健康服务的人力和财力资源有限，尤其是在低收入和中等收入国家。心理健康服务的电子平台化可以缩小心理健康服务需求与供给之间的差距。心理健康服务提供者可以在线提供咨询服务，与面对面咨询相比，时间和空间上的限制较少。尽管在线心理健康平台的出现为患者提供了一种新的获取服务的途径，但人们对心理健康知识较低的了解程度带来了严重的信息不对称问题。

参与亲社会活动，尤其是提供免费服务，是在线服务提供商（包括在线心理咨询师）广泛采用的策略，以降低信息不对称程度，从而增加交易量。然而，免费服务可能导致需求的蚕食化，即对免费服务满意的消费者将不再购买付费服务。与几乎没有可变成本的数字商品不同，在医疗保健行业，每项医疗咨询服务都需要服务提供者付出时间和精力成本。此外，由于这些高昂的服务成本，免费医疗服务只能提供给有限数量的人。因此，高昂的服务成本和医疗服务的稀缺性可能会使人们将医疗服务提供者提供免费服务视为一种亲社会行为。

我们收集了来自中国心理保健平台壹点灵（https://www.yidianling.com/）的数据：该平台使心理咨询师能够为患有心理障碍的个人提供电子咨询服务。壹点灵是中国最大的在线心理健康平台之一。心理咨询师为用户提供抑郁、焦虑和其他心理咨询等服务。心理咨询师可以自愿加入该平台。该平台上的心理咨询师经过了心理保健专业人士的验证。也就是说，心理咨询师在该平台上注册时，必须提交一系列身份证明文件来证明其真实性，例如身份证的正反面照片和资格认证证书（心理咨询师、心理治疗师或精神病医生）。平台审核身份证和资格认证证书，并与心理咨询师确认，然后心理咨询师签订合同加入该平台。用户可以按城市、专业领域、费用、推荐、任职时间和付费咨询的数量搜索心理咨询师。用户可以通过两种方式在平台上与心理咨询师互动。用户可以在平台上预约咨询服务，并通过在线聊天或在线视频会议等方式直接向咨询师咨询。咨询服务是收费的，一次咨询通常需要 50 分钟。每位心理咨询师都有个人主页，显示他们的个人信息以及他们开展的付费咨询服务。除了付费咨询外，用户还可以发布关于感情问题和工作压力的问题或思考，一些咨询师可能会在个人的帖子下免费提供建议。

当个人接受免费服务而不向服务提供者进行货币补偿时，他们可能希望或感到有义务通过其他形式来回报免费服务的提供者，例如，传递对服务的积极看法并与服务提供者建立紧密的社会关系。我们关注到心理健康服务提供者的亲社会行为与其关系资本的关系。关系资本是指个人或组织在社会网络中建立的互信、合作和支持关系（Bapna et al., 2017）。这种关系可以带来各种好处，包括信息共享、资源获取、互惠互利等（Qiu et al., 2013）。一个例子是，假设我们在工作中建立了一个良好的合作关系网络，我们可以从这些关系中获得许多好处。比如，当需要帮助时，我们可以向合作伙伴寻求支持和建议；当我们有一个新的想法或项目时，可以在合作关系网络中寻找合作伙伴或资源；当我们需要了解某个行业的最新动态时，我们的合作伙伴可能会与我们分享信息。另外一个例子是，在社交媒体上建立关系资本。如果我们在社交媒体上拥有许多粉丝和关注者，我们就可以通过与他们互动来建立良好的关系资本。这些关系可以在各种方面帮助我们，例如，推广我们的产品或服务，获得反馈和建议，甚至建立长期的合作伙伴关系。总的来说，关系资本是建立在信任、合作和支持的基础上的社会关系网络，可以为个人和组织带来各种好处和机会。通常来说，关系资本是通过供应商和买方对相互尊重、信任和互动水平的感知来衡量的。将这一概念应用到在线平台的情境中，我们将心理咨询师的关系资本定义为实际的社会关系形成行为。与之前的文献一致，我们将心理咨询师在平台上获得的关注者数量作为关系资本的衡量标准（Moqri et al., 2018）。

在我们的情境中，用户从心理咨询师的亲社会活动（免费咨询）中获得好处，然后受到这些好处的激发，用户可能会继续参与，和平台上的心理咨询师进行社交活动，如与心理咨询师建立密切关系。心理学上的承诺理论很好地刻画了这一过程（Bateman et al., 2011）。承诺理论旨在解释个体对组织或关系中的承诺程度以及这种承诺对行为的影响。该理论认为，个体在组织或关系中表现出的承诺程度取决于三种类型的承诺：情感承诺、持续性承诺和规范性承诺。

（1）情感承诺：指个体对组织或关系的情感投入程度。当个体对组织或关系产生情感依恋时，他们倾向于积极投入并愿意为其付出更多的努力。情感承诺涉及个体对组织或关系的认同感和归属感。

（2）持续性承诺：指个体对继续留在组织或关系中的意愿程度。当个体认为离开组织或关系会带来较大的损失时，他们更有可能保持承诺，并继续留在其中。持续性承诺涉及个体对组织或关系的满意度和依赖程度。

（3）规范性承诺：指个体对在组织或关系中履行义务的承诺。当个体认为他们有义务履行某种承诺时，他们更有可能遵守这种承诺。规范性承诺涉及个体对组织或关系中的道德和道义责任的认同程度。

承诺理论认为，这三种类型的承诺共同影响个体在组织或关系中的行为，进而影响其绩效和表现。通过理解和管理这些承诺类型，组织可以更好地提升员工的忠诚度和工作绩效，从而提高组织的整体效能。当心理咨询师免费向用户提供关于心理或情感问题的建议时，用户可能会很容易地与心理咨询师建立情感联系，因此可能更愿意在平台上与心理咨询师建立社交关系。在其他条件相同的情况下，接受心理咨询师的免费信息和社会支持会使用户感觉得到其他心理咨询师无法提供的好处。用户会对心理咨询师产生持续性承诺，并期望未来对方继续提供服务以获得更多支持。至于规范性承诺，心理咨询师的志愿工作是不收费的。因此，用户可能会感到有义务回报和支持无偿工作的心理咨询师，如关注该心理咨询师。对于心理咨询师来说，拥有更多的关注者意味着他们在平台上具有较高的影响力。总之，这三种承诺类型意味着，当心理咨询师进行更多的亲社会行为时，他们将与用户建立更高级别的关系资本。

关注者的数量反映了心理咨询师的受欢迎程度，这对销售绩效具有较大影响。正如我们在前几章中提到的，在面临高程度的信息不对称时，个体很可能做出与大多数人相同的决定。此外，基于信号理论，心理咨询师的受欢迎信息（即平台上的关注者数量）可以被视为他们所提供的咨询服务质量的可信信号，因为心理咨询师无法操纵显示在平台上的受欢迎信息。在线心理保健平台上的用户可以使用这一信号区分高质量的服务提供者和低质量的服务提供者。所以我们的研究发现，心理咨询师的免费答复数量与新关注者数量呈正相关关系，进而使心理咨询师的销售业绩增加。

我们的另一项研究主要着眼于在线健康社区的互动（Wang et al.，2024）。近年来，随着社交媒体和信息技术的发展，在线健康社区成为增强患者医疗知识、促进医疗决策和改善医患关系的有效工具。尽管在线健康社区的重要性体现在其对健康相关生活质量的显著影响上，但人们对在线健康社区的最佳设计尚无共识。鉴于医生参与的重要性，在线健康社区开发了各种功能以鼓励和促进健康相关知识的共享，其中之一是允许患者向医生发送数字礼物（包含小额货币）以表示感谢。从直觉上说，数字礼物可以促进形成良好的医患关系，这是提升医生满意度的一个重要因素。此外，患者赠送数字礼物可以让医生感受到其努力得到了认可，鼓励他们的亲社会行为。然而，我们的研究发现在在线健康社区中引入货币礼物对医生的在线咨询产生了负面影响：患者额外的货币奖励导致医生回复的数量减少且更简短。也就是说，患者额外的货币奖励对医生内在动机的贡献有挤出效应。当引入外部奖励时，内在动机会被削弱（Zhang et al.，2024）。这种现象通常被称为挤出效应，即货币奖励的引入会改变人们对执行任务的动机的感知——从内在的满足感或利他主义转变为外部的奖励。下面是一些关键原因。

1）目的感知的转变

当引入货币奖励时，个人可能会认为他们的行动是由外部奖励驱动的，而不是由内在的满足感驱动的。这种转变可能会削弱内在动机。比如，为献血提供经济激励实际上会降低人们献血的意愿。通常，献血者出于利他主义或社区责任感进行献血。当提供金钱奖励时，这种行为的感知从慈善变成了交易，从而减少了纯粹出于善意而献血的内在动机。

2）自主感的减少

货币奖励会让个人觉得他们的自主性受到了限制，因为他们可能认为自己的行为是由外部力量驱动的，而不是出于自己的自由意志。比如，对于那些因工作而有内在动机的员工，如果他们的表现与金钱奖金紧密相关，则他们可能会觉得自己的创造力和承诺被奖励系统所强制，从而降低对工作的内在满意度和参与度。

3）社会规范的削弱

引入货币奖励会削弱与某些行为相关的社会规范和个人价值观。比如，在一个人们出于责任感或社区精神自愿帮助他人的社区中，若引入志愿服务的报酬，则会减少志愿者的总数。志愿服务的社会规范被市场规范取代，人们期望自己的努力能获得报酬。

4）心理抗拒

人们可能会对金钱激励带来的外部控制感产生抵触，反而会削弱其内在动机。比如，那些出于对环境的关心而参与回收或保护活动的人，如果获得金钱奖励，就可能会削弱继续参与这些活动的动机。奖励会让他们觉得自己的行为被外部力量控制，导致出现心理抗拒，并削弱保护环境的内在动机。

总的来说，内在动机植根于个人的满足感、兴趣和利他主义。引入货币奖励会将注意力转向外部奖励，削弱与任务相关的内在喜悦或责任感。理解这一动态对于设计能够增强而非削弱内在动机的激励系统至关重要。

4.3　企业的社交媒体新策略

如前所述，社交媒体平台已成为企业和消费者相互沟通和互动的重要渠道。

通过社交媒体与消费者互动有助于企业降低信息不对称程度，深入了解其消费者群体，将高度不满意的客户转化为满意的客户，并将满意的消费者提升为忠实买家，从而提高销售额和品牌盈利能力。为了吸引和激励消费者评价企业的产品或服务，企业通常会采用不同类型的信号。借助这些信号，消费者可以推断出企业特征的质量，而这些特征在很多情况下是无法直接观察到的。传递可信信息给消费者的一个传统例子是商标。通常，企业使用商标来保护其知识产权，并将其产品或服务与竞争对手区分开来，鼓励品牌推广，并提升股东价值。商标接受度的提高使其成为衡量企业创新及其未来产品开发和市场战略的标准。

商标反映了一组复杂的属性或特征，这些属性或特征可能并不容易被观察到。商标通常要经过商标管理机构设立的严格审查过程的审查。不同国家的商标法都要求申请人提供支持申请的证据，并由所有者或经适当授权代表所有者签署。对于知识产权（如专利和商标）不当申请所施加的处罚可能远远超过仅仅失去该知识产权。例如，它可能正式排除某方作为律师、通信人、国内代表和/或签署人向商标管理机构提交事项。因此，企业有内在动机向商标管理机构提供准确信息并遵循程序以避免面临处罚。由于严格的申请和审查程序，对于持有商标的企业，消费者可以确定他们收到的信息具有真实来源，这进一步保证了企业传达的信号是可靠的。

尽管"使用商标"已被广泛研究，但主要集中在商标品牌的作用上。近年来，企业开始为社交媒体上的标签（hashtags）注册商标，以保护这一宝贵的知识产权形式（Kumar et al., 2022b）。标签在社交媒体上用作对话的开端、营销活动的工具和品牌的符号。使用标签的好处包括提升企业的品牌认知度、为新产品生成话题并吸引新客户，同时确保高度参与。原创标签使企业能够控制社交媒体空间，展示其行业专长，并向感兴趣的消费者推广特殊活动。我们接下来探讨一种特定形式的企业端社交媒体信号策略——标签商标化（Kumar et al., 2022b）。

美国专利商标局在 2013 年确认社交媒体上的标签可作为商标注册。商标通常被认为是企业拥有的主要无形资产。越来越多的企业正在为标签注册商标并利用这种额外保护。根据美国专利商标局发布的《商标审查程序手册》，标签只有在作为申请人商品和服务的标识符时，才能成为注册商标。这种注册使企业能够获得竞争优势，并在社交媒体上建立声誉价值。我们集中于回答以下问题：商标化标签对社交媒体平台上受众参与度的影响是什么？在使用在线平台时，消费者分析产品及其质量的能力有限，因为他们没有直接的手段去感受、触摸或检查产品。这些限制导致在线渠道的信息不对称性更高，这使得在线平台相比于线下渠道更需要发送可信信号，如商标注册。一旦企业注册了商标，消费者可能就会识别特定的商品和服务或感知品牌之间的差异。因此，商标可以通过将复杂的含义压缩成简洁、易记且明确的标签来降低消费者的搜索成本。此外，由于许多消费者知道某个特定品牌拥有的商标,商标的专有权最终可能会对企业施加压力,促使其保持产品或服务的一致质量。这使得消费者可以将企业的商标作为一种心理捷径,从而进一步降低总体搜索成本。因此,商标有助于企业与消费者建立更强的联系,并进一步降低信息不对称性。

之前我们提到企业会使用各种类型的信号来影响社交媒体上的消费者。消费者会根据信号的类型来调整对企业的看法。没有任何公正的第三方背书或通过不可靠来源直接由企业透露的信号,可能不会被消费者视为可信的信号。另外,来自公正来源的信号,如商标管理机构的信号,获得困难、昂贵且耗时。然而,由于商标管理机构建立的严格申请和审查程序,这些信号被认为是可信的,对消费者形成对企业的看法以及消费者在社交媒体上的反应有更积极的影响。更具体地说,由美国专利商标局等机构颁发的商标被认为向消费者发送了更可信和真实的信号。这些为标签注册商标的企业投入大量资源来建立其品牌资产,这作为一个可信的信号,将它们与那些不愿意在品牌资产上投资的企业区分开来。根据信号理论,企业可以通过标签商标化发送信号以向消费者传达其建立和保护品牌资产的承诺,并澄清消费者对其品牌的任何混淆。这种信号传递进而会增加消费者与企业的互动并强化消费者购买其产品或服务的意图。

具体来说,通过为标签注册商标可能会向消费者发送可信信号,从而降低社交媒体上的信息不对称程度。一方面,标签商标化的信号传达了企业在新产品、服务和营销努力方面的重要信息。标签商标化这一现象可能有助于传递企业在建立品牌知名度、忠诚度和消费者信任方面的信息。在我们的研究背景下,企业在社交媒体上(如 Twitter)公开宣布标签商标化,以确保信号被消费者接收。因此,企业的商标注册行为可能作为企业可信度的信号,并增加社交媒体上的受众参与度。此外,标签的商标保护向竞争对手发送可靠信号,并防止他们使用类似标签误导消费者。

另一方面,有人可能认为,标签商标化并未直接在企业的财务报表中报告或作为单独的绩效衡量指标,其经济价值也不易估计。此外,有时很难起诉竞争对手的商标侵权行为。因此,标签商标化可能无法减少社交媒体上的信息不对称现象,因为受众可能不了解这些企业新获得的无形资产。换句话说,企业的标签商标化行为可能无法发送可信的信号,且对社交媒体上的受众参与度没有显著影响。

如上所述,关于标签商标化的影响存在两种相互矛盾的观点。我们在信号理论的视角下,通过实证分析来研究企业标签商标化是否能带来社交媒体参与度的提升。仔细的实证分析将为研究人员和从业者提供工具和证据,以帮助企业在持续努力中最大化其社交媒体策略的有效性。我们的数据来源于美国专利商标局和社交媒体。美国专利商标局维护着一个可以追溯到 1884 年的商标数据库。该数据库存储了数百万个寻求知识产权保护的个人、团体和企业的商标申请和注册的详细信息。具体来说，它包含以下信息：商标内容、所有权、分类、申请日期、注册情况、续展或放弃情况、审查商标申请的审查员姓名等。

我们使用由美国专利商标局支持的商标电子搜索系统。我们在整个商标数据集中搜索关键字"hashtag"或"#"符号，以寻找潜在的匹配项。我们检索每个商标的以下信息：序列号、注册号、注册年份、所有者名称、商标描述和状态（有效或失效）。我们手动识别每家注册了商标标签的公司的网站。从公司的网站中，我们确定每家公司的 Twitter 账户。我们从每家公司的官方 Twitter 账户中提取商标标签批准前后的数据。在我们的研究中，我们专注于公司社交媒体活动：由公司官方 Twitter 账户创建的标签。我们收集每家公司的推文以及每条推文收到的点赞数、评论数和转发数。我们的研究结果表明，企业在社交媒体上的知识资产（即商标化标签）在社交媒体参与策略中起到了可信的质量信号的作用。换句话说，标签商标化的行为可以显著提升企业的社交媒体受众参与度（每条推文收到的点赞数、评论数和转发数）。

在全面考察商标化标签对企业社交媒体受众参与度的信号效应之后，我们进一步探讨在不同类型企业之间这些效应的大小是否存在差异。我们通过信号理论，研究在社交媒体环境下商标化标签信号效应的异质性。一般来说，商标化标签所带来的可信的信号效应对于某一类企业来说可能比另一类企业更为重要。信号的强度取决于信息不对称的程度。信号的价值（信号效应的大小）在信息不对称程度较高时更大。在我们的研究背景下，消费者可能对拥有较少 Twitter 粉丝的企业及其产品和服务不熟悉，这是因为信息不对称程度较高。因此，粉丝较少的企业通过商标化标签进行信号传递的正面效应可能更大。我们使用 Twitter 粉丝的数量来衡量消费者对企业的熟悉程度，如果一家企业拥有大量 Twitter 粉丝，这表明消费者对该企业更为熟悉。原因可能是该企业在社交媒体上的投入更多，或者企业规模较大。实际上，企业规模和社交媒体投入密切相关。我们通过实证研究发现，商标化标签对社交媒体参与度的正面影响仅对于信息不对称问题严重的企业（如粉丝数量较少的企业）来说是显著的。因此，通过商标传递的信号效应对这些企业更为重要，因为消费者对它们了解有限。

尽管从长远来看，注册、监控和更新商标化标签成本高昂，但商标化标签的有益效果仍然存在，并帮助企业在社交媒体上推广和区分产品与竞争对手。如果商业决策者不了解商标化标签的有益效果，他们将不会在商标化标签和管理标签上投入足够的资源。我们的研究结果对小型企业的社交媒体战略具有重要意义。商标化标签的有益效应对于粉丝较少、不太知名的企业更强烈。一个可能的原因是，消费者可能对小企业及其品牌不熟悉。因此，商标化标签的信号对于粉丝较少的企业具有更大的信息价值。小型和不太知名的企业更应考虑通过商标化标签进行信号传递，这是一种行之有效的社交媒体策略。

除了商标化标签以外，语言文字在企业的社交媒体战略中也起着重要的作用。尽管社交媒体平台在客户关系的管理中非常重要，但在企业与消费者沟通时提供图片或视频的可能性很低，这使得语言文字成为企业与消费者交流的基本要素。此外，大多数社交媒体平台，如 Twitter 和微博，实施了帖子的字数限制。这一限制可能会影响企业在社交媒体上对消费者的在线回复策略。因此，企业需要在特定词类和语言模式的使用上进行选择，以克服帖子字数长度的限制，并在限制内影响客户在社交媒体上的看法。

多年来，许多社交媒体平台不断更改其帖子字符限制规则。例如，Facebook 在 2011 年将状态更新的字符限制从 500 个字符增加到 63 000 个字符。2016 年，微博将其消息字符限制从 140 个字符增加到 2000 个字符（Balawi et al.，2024）。增加字符数对用户在社交媒体平台上的参与度有不可避免的影响。然而，在基于社交媒体的客户服务背景下，虽然语言选择在塑造客户的看法方面非常重要，但是我们仍不清楚更改帖子字符限制如何影响公司回复中的语言特征选择。因此，我们的一项研究集中于回复以下问题（Balawi et al.，2024）：放宽帖子字符限制如何在语言特征方面影响公司对客户的回复？

我们研究放宽字符限制对语言特征的影响有以下几个原因。第一，放宽帖子字符限制为公司提供了更多空间和自由，使其能够通过语言特征的变化来改变对客户的回复语气。第二，语言特征与帖子或消息的内容同样重要。两条消息可能包含类似的内容，但它们的效果可能因特定词语的选择而不同。第三，语言的使用方式是印象管理和人物感知的重要部分。根据言语行为理论，言语行为不仅旨在传递信息，还旨在传达说话者的意图并对听众或接收者产生预期效果。为了回答放宽帖子字符限制如何在语言特征方面影响公司对客户的回复这一问题，我们利用了一组涉及十家北美航空公司官方或客户服务账户的用户发起的 Twitter 对话数据。2017 年 11 月 7 日，Twitter 意外地将其帖子（推文）字符限制从 140 个字符增加到 280 个字符（Balawi et al.，2024）。我们使用文本分析和语言询问与词汇计数（Linguistic Inquiry and Word Count，LIWC）词典来测量公司回复中的语言特征。

LIWC 是一款文本分析软件，它可以量化文本中的特定语言和心理类别。这款软件在心理学和语言学的研究中广泛使用，用于分析书面或口头语言，以理解情感、认知过程和社会动态。LIWC 的工作原理如下。

（1）基于词典的分析：LIWC 使用一个内部词典，该词典将单词分类为各种语言和心理类别。文本中的每个单词都会与这个词典进行比较，以确定它属于哪些类别。

（2）文本输入：用户将文本（或多个文本）输入软件。这些文本可以是文章、社交媒体帖子、采访记录，或者任何形式的书面或转录的口头语言。

（3）分类：软件扫描文本并统计与其词典中的类别匹配的单词频率。这些类别包括但不限于：①语言维度，如代词、冠词、动词等。②心理过程，如情感（积极、消极）、认知过程（洞察、因果）、社会关注（家庭、朋友）等。③个人关注，如工作、休闲、金钱等。④其他维度，如时间取向（过去、现在、未来）、相对性（运动、空间）等。

（4）输出和解释：LIWC 提供详细的输出，显示每个类别中单词的百分比。研究人员通过这些百分比来得出关于文本作者或上下文的心理状态、社会动态或其他相关方面的结论。

举例来说，假设研究人员想分析与特定事件相关的博客文章的情感基调。他们可以将这些博客文章输入 LIWC，LIWC 将分析这些文本，并提供显示积极和消极情感、认知过程及其他相关类别的单词百分比的输出。研究人员可以利用这些数据推断对该事件的总体情感反应，以及不同个人或群体如何处理它。

在我们的研究中，基于公司努力影响消费者感知评价的动机，我们关注三种可能影响消费者感知的语言特征：①可读性；②具体性；③心理亲近感。我们考察的第一个语言特征是可读性，即理解一段文本所需的努力和教育水平。基于给定文本的句法元素和风格，已经开发出不同的可读性测量方法来衡量文本的可理解程度和易读性。理论上，当信息的句法和风格与接收者的信息处理策略相匹配时，会产生认知契合。在线评论的可读性是影响评论感知有用性的重要因素：消费者更喜欢内容可理解的评论，而不是内容复杂的评论。在帖子字符限制的约束下，帖子通常较短，包含简单的词语和结构。例如，Twitter 上字符受限的帖子（即受到 140 个字符限制的帖子）包含更多简短或缩写形式的词语。因此，当帖子字符限制放宽时，新限制可能使公司以更长的句子回应，其中包括更复杂的词语，以表明公司的知识和专业水平。因此，公司可能会降低其回复的可读性。这一猜测也被我们的研究所证实。

我们考察的第二个语言特征是具体性。与抽象性相对，具体性体现为词语的明确指代或行为的具体程度。具体语言与抽象语言相比，更少受不同解释的影响，从而允许更快的信息处理。具体语言可以增强客户服务对消费者具体需求的感知，从而提高客户满意度和未来购买量。具体语言可以缩短心理距离感，提升参与度，并塑造听众的行为和态度。我们发现当撰写较长评论时，用户倾向于使用更具体的语言，而在帖子字符数受限时，人们倾向于使用更抽象的语言。所以我们发现企业在放宽帖子字符限制后会增强其客户回复的具体性。

我们考察的最后一个语言特征是心理亲近感。它测量的是企业回复中第一人称代词（比如我、我们）的使用次数。使用个人代词已被证明可以反映说话者的心理和社会状态。例如，个人代词可以反映对话伙伴之间关系的亲密度，并可以表示群体认同感。更频繁使用个人代词表明听众或接收者有更高的参与度，这是影响消费者互动感知的重要因素。我们特别关注第一人称代词的原因如下。在公司与客户的互动中，第一人称代词可以影响对互动中情感和行为参与度的感知，从而增加客户的实际和意向购买量。在字符数受限的情况下，对话不太可能表达出心理亲近感。相比之下，较长的帖子更容易表达出这种亲近感。此外，在 140个字符的限制下，第一人称代词"我"很可能被省略。因此，随着帖子字符数的增加，我们发现公司更频繁地使用第一人称代词，表示它们希望建立心理亲近感，从而影响客户对公司行为的感知。我们进一步的分析表明这些语言特征的变化有效地影响了客户满意度。

我们的研究对企业和社交媒体平台具有重要的实践意义。航空业是最早将社交媒体平台作为其客户服务和营销策略一部分的行业之一。我们的发现强调了放宽帖子的字符限制可能会使航空公司的回复发生变化。放宽字符限制可能会为企业提供更多的空间，以支持其在沟通互动中的策略。我们的研究结果表明，在提供客户服务时，语言是非常重要的。企业回复和客户服务中使用的语言在传达企业的人际行为和影响客户满意度方面起着重要作用。

参 考 文 献

Balawi R, Hu Y H, Qiu L F. 2024. Get a word in edgewise: post character limit and social media-based customer service[EB/OL]. [2025-03-14]. https://hdl.handle.net/10125/103334.

Bapna R, Qiu L F, Rice S C. 2017. Repeated interactions versus social ties: quantifying the economic value of trust, forgiveness, and reputation using a field experiment[J]. MIS Quarterly, 41(3): 841-866.

Bateman P J, Gray P H, Butler B S. 2011. Research note: the impact of community commitment on participation in online communities[J]. Information Systems Research, 22(4): 841-854.

Bergstrom C T, West J D. 2020. Calling Bullshit: The Art of Skepticism in a Data-Driven World[M]. New York: Random.

Chen W, Lu Y X, Qiu L F, et al. 2021. Designing personalized treatment plans for breast cancer[J]. Information Systems Research, 32(3): 932-949.

Khurana S, Qiu L F, Kumar S. 2019. When a doctor knows, it shows: an empirical analysis of doctors' responses in a Q&A forum of an online healthcare portal[J]. Information Systems Research, 30(3): 872-891.

Kumar N, Qiu L F, Kumar S. 2018. Exit, voice, and response on digital platforms: an empirical investigation of online management response strategies[J]. Information Systems Research, 29(4): 849-870.

Kumar N, Qiu L F, Kumar S. 2022b. A hashtag is worth a thousand words: an empirical investigation of social media strategies in trademarking hashtags[J]. Information Systems Research, 33(4): 1403-1427.

Kumar S, Qiu L F, Sen A R, et al. 2022a. Putting analytics into action in care coordination research: emerging issues and potential solutions[J]. Production and Operations Management, 31(6): 2714-

2738.

Moqri M, Mei X W, Qiu L F, et al. 2018. Effect of "following" on contributions to open source communities[J]. Journal of Management Information Systems, 35(4): 1188-1217.

Qiu L F, Kumar S, Sen A R, et al. 2022. Impact of the Hospital Readmission Reduction Program on hospital readmission and mortality: an economic analysis[J]. Production and Operations Management, 31(5): 2341-2360.

Qiu L F, Rui H X, Whinston A. 2013. Social network-embedded prediction markets: the effects of information acquisition and communication on predictions[J]. Decision Support Systems, 55(4): 978-987.

Spence M. 1973. Job market signaling[J]. The Quarterly Journal of Economics, 87(3): 355-374.

Wang Q L, Qiu L F, Xu W. 2024. Informal payments and doctor engagement in an online health community: an empirical investigation using generalized synthetic control[J]. Information Systems Research, 35(2): 706-726.

Yan Z J, Kuang L N, Qiu L F. 2022. Prosocial behaviors and economic performance: evidence from an online mental healthcare platform[J]. Production and Operations Management, 31(10): 3859-3876.

Zhang D C, Jiang H C, Qiang M S, et al. 2024. Time to stop? An empirical investigation on the consequences of canceling monetary incentives on a digital platform[EB/OL]. [2025-03-14]. https://pubsonline.informs.org/doi/10.1287/isre.2022.0017.

第二篇　企业社交媒体应用与知识管理

第5章 企业社交媒体与分散知识汇总

> 三个臭皮匠，抵个诸葛亮。我说我这主意不错不是？要去你这就去，趁着四姑爷还没有出门，事情总有八分成功。
>
> ——张恨水《金粉世家》

5.1 引子：群体智慧、误差抵消机制与企业预测市场

"三个臭皮匠，抵个诸葛亮"的俗语说的是群体智慧的力量。群体智慧的经典例子是英国学者弗朗西斯·高尔顿爵士的观察：在乡村集市上的一个比赛中，参与者被要求猜测一头牛的重量。大约有 800 人参与了这个猜测比赛。高尔顿起初认为普通人不具备做出准确判断的能力，但令他惊讶的是，当他计算所有猜测值的平均值时，结果与这头牛的实际重量非常接近。平均猜测值是 1197 磅①，而实际重量是 1198 磅（Surowiecki, 2004）。这个例子表明，尽管个体猜测差异很大，但群体的集体判断非常准确，也说明汇集来自不同个体的信息可以形成比单个专家更准确的预测。群体智慧存在的原因是在个人做出估计的时候，有些人倾向于做出正误差，而另一些人则倾向于做出负误差。当我们汇总不同个体的估计数值时，这些误差可以相互抵消。换句话说，由于误差抵消机制，以正确的方式汇总来自群体的分散信息可能会产生准确的预测。

群体智慧在我们的日常生活中有很多例子。

维基/百度百科和知乎：维基/百度百科和知乎依靠众多个人的贡献来创建和更新词条。尽管个别贡献者可能会出错，但汇集了众多贡献者的知识通常会产生准确且全面的条目（Cao et al., 2023；Shi et al., 2021, 2024）。

股票市场：股票的价格反映了投资者对公司的价值的集体判断。虽然个别投资者可能会出错，但整体市场价格往往会综合所有可用信息，提供共识估值（Nimalendran et al., 2024）。

众包评论：像大众点评网、Yelp 和 TripAdvisor 这样的平台汇总了许多人的

---

① 1 磅约等于 0.454 千克。

评论，为餐馆、酒店和其他商业机构提供评级和评论。这些汇总的评论往往比单一评论更能准确反映质量。

开源软件开发：像 Linux 这样的开源软件项目是由来自世界各地的许多贡献者开发的。这些开发者的集体努力促使了高质量软件的产生（Petryk et al.，2023）。

在本章中，我们将聚焦于群体智慧的一种特殊形式——企业预测市场（Qiu et al.，2017）。企业预测市场是一种专门用于企业内部的预测市场，用于预测与业务运营、战略决策或市场趋势相关的结果。这些市场利用员工的集体智慧来预测对组织有重要影响的未来事件或趋势。企业预测市场主要包含以下几个方面。

（1）内部关注：与公共预测市场不同，企业预测市场仅限于公司的员工参与，关注的是内部事件和决策，例如产品发布、销售预测、项目完成日期或市场表现。

（2）激励措施：为了鼓励参与，公司通常会提供财务奖励、奖品或对准确预测进行表彰。这可以激励员工贡献他们的知识和见解。

（3）匿名性：参与者通常匿名提交预测，以鼓励诚实行为并减少偏见。这有助于确保预测反映真实的情况，而不是员工认为管理层想听到的内容。

（4）汇总智慧：市场汇集了来自公司各个部门和级别员工的多样化信息和见解。这种集体投入通常比少数高管的预测更准确。

（5）决策工具：公司使用这些市场的结果来辅助决策。例如，如果预测市场表明项目可能会延迟，管理层可能会分配额外资源以确保按时完成。

企业预测市场的优点主要有以下几点。

（1）提高预测准确性：通过利用员工的集体智慧，相比于传统方法，预测市场通常能产生更准确的预测。

（2）加强沟通：这些市场可以帮助发掘员工通过常规渠道可能不会传达的宝贵见解。

（3）员工参与：企业预测市场可以通过让员工参与战略决策并认可他们的专业知识来提升员工的参与度。

（4）风险管理：早期识别潜在风险和问题，使公司能够采取主动措施进行缓解。

下面是企业预测市场在商业中的应用。

（1）谷歌：谷歌使用内部预测市场来预测产品发布日期、产品预期需求和其他战略决策。

（2）惠普：惠普使用预测市场比传统方法更准确地预测打印机销售情况。

（3）微软：微软利用预测市场收集有关项目完成时间和其他内部预测的见解。

企业预测市场的工作原理如下。

（1）设置：公司定义自身想要预测的问题或结果，范围可以从具体的项目时间表到更广泛的市场趋势。

（2）参与：企业通常通过一个在线平台邀请员工参与，员工可以购买和出售不同结果的股份。

（3）交易：类似于金融市场，员工根据他们对不同结果可能性的信念进行交易。股票价格反映了集体分配给某一结果的概率。

（4）结果：一旦实际结果已知，市场就会结算，并根据预测的准确性奖励参与者。

企业预测市场提供了一种强有力的工具，可以利用组织的集体智慧，形成更明智的和更准确的预测。

5.2　决策的独立性

确保群体智慧的一个关键条件是决策的独立性，这意味着一个人的预测不会影响其他人的预测（Lorenz et al.，2011）。然而，在真实世界中，这一条件很难得到满足。生物具有从众的本能。比如，羊群效应最初是指羊群中的个体倾向于模仿或跟随其他羊的行为或移动方向，而不是依据个体的独立判断。当羊群中的一部分羊开始移动或改变方向时，其他羊往往会迅速跟随，形成整体的群体移动。与羊群效应类似，蚁群存在着蚁环效应。尽管蚂蚁经常展示群体智慧，但当决策独立性不满足的时候，群体行为也会有失败的可能。具体来说，蚁环效应是指当一群陆军蚁与主要的觅食队伍分离后，它们开始沿着一个连续的圆形运动并互相追随。出现这种现象是因为蚂蚁在导航时严重依赖信息素路径，当它们迷失主要路径时，它们就开始追随前面的蚂蚁，可能会陷入互相追随形成的循环中。这种行为可能会持续到蚂蚁因筋疲力尽而死亡。首次有记录的蚁环观察是由美国昆虫学家威廉·比比于 1921 年进行的。他观察到一圈蚂蚁中每只蚂蚁都在追随前面的一只蚂蚁，环的周长约为 1200 英尺[①]，每只蚂蚁走完一圈需要两个半小时。一旦形成了环路，它会自我延续，因为每只蚂蚁都继续追随前面的蚂蚁，无法打破循环。蚁环中的许多蚂蚁因为无法逃离环路，持续移动直至精疲力竭或饥饿而死亡（Surowiecki，2004）。

虽然人类是高等智慧的生物，但是羊群效应或蚁环效应的例子也屡见不鲜。在康妮·威利斯著名的科幻小说《领头羊》中，主角桑德拉·福斯特博士通过对一群羊的实验研究如何预测时尚潮流。小说中揭示了所有潮流的秘密："群体本能。人们想要看起来和别人一样。这就是他们购买白色运动鞋、小脚裤和比基尼的原因。"（Willis，1996）由于决策的独立性得不到满足，人类的从众本能可能

---

① 1 英尺等于 0.3048 米。

会导致群体的疯狂，而不是群体的智慧。例如，研究者向一些顾客展示了最受欢迎菜品的排名信息，结果这些菜品的需求量显著增加（Cai et al., 2009）。从众本能在郁金香狂热（有记录以来的第一个投机泡沫）中也起到了很大作用。1637 年 2 月，一些单个郁金香球茎的价格超过了一名熟练工人年收入的十倍（Mackay, 1980）。在这里，一个反直觉的结果是个体之间的信息共享往往会破坏群体智慧。原因是当一个人的预测影响其他人的预测时，这个人的一个小错误就会被放大。之前提到的误差抵消机制将不再起作用。

在社交媒体时代之前，新事物不容易流行起来，因为人们的互动水平较低。即使有"领头羊"可以引领群体，他所能触及的群体规模也相当有限。社交媒体不仅通过强烈的互动放大了群体本能，还增加了"领头羊"或社交媒体名人的数量。事实上，由于社交媒体的密集互动，个体的预测正变得越来越相关。在社交媒体时代之前，社交互动相当有限，主要建立在面对面的交流、电子邮件和电话沟通基础上。社交媒体和在线社交网络彻底改变了我们与他人互动的方式。

人们越来越受社交媒体的影响，消费者也转向社交媒体进行新产品探索。例如，社交商务已成为主流零售渠道之一，使消费者更容易看到他人的购买决策并相互影响。许多研究表明，在社交媒体时代，朋友之间的影响越来越大。当读者评价书籍时，他们的在线评级受到他们社交网络中朋友评级的影响（Wang et al., 2018）。类似的现象也发生在数字音乐的消费中（Hendricks et al., 2012）。在这些情况下，平均评级所代表的综合意见并不一定能反映群体的智慧，因为社交影响可以放大任何微小的初始误差。

在社交媒体时代，企业员工之间的联系越来越紧密，这也意味着决策独立性很难得到满足。与公共预测市场不同，企业预测市场的参与者是公司内部员工，他们通过办公室内的私人讨论和社交媒体平台进行社会连接。由于社交技术的爆炸性增长，员工在企业内部的社交媒体平台上也越来越活跃（Mello, 2014）。因此，在社交媒体时代，企业预测市场很可能是一个社会网络嵌入型的市场：参与者经常与他们的社交朋友分享信息。按照我们前面的逻辑，由于决策独立性在企业预测市场中很难得到满足，关键的误差抵消机制将不再起作用，群体智慧的有效性将会被削弱。事实真是如此吗？我们的研究发现了一个惊人的神反转：在一些情况下，决策独立性的丧失反而会提高预测市场的有效性。其原因在于真实世界的复杂性：预测市场的绩效不是由单一力量决定的，而是多种力量权衡的结果。

5.3　预测市场和隐藏资料效应

在第 1 章，我们提到企业的科层制会导致出现一种隐藏资料效应：企业内部的社会压力可能导致员工盲从现有的信息，例如官方报告或一些高级管理人员的意见。总而言之，隐藏资料指的是对公共信息进行过度加权的现象，通常认为企业预测市场的一个优势是可以缓解隐藏资料效应。企业预测市场可以发掘员工通过常规渠道可能不会传达的宝贵见解。在企业预测市场中，低级别员工如果不同意官方报告或高级经理的意见，将有经济激励与之对赌。就像在金融市场交易一样，这种匿名方式可能会给那些由于隐藏资料效应而不愿发声的员工提供表达意见的机会。在匿名交易的情况下，员工会有动机纠正对公开信息或上级领导的盲从，从而使得管理者更容易发现员工的真实意见。所以，企业预测市场似乎有助于缓解决策机制对现有公共信息的过度反应。

然而，我们的研究发现企业预测市场并不能完全消除隐藏资料效应。其内在原因在于预测市场的信息汇总机会天然地对公共信息进行过度加权（Qiu et al.，2017）。换句话说，企业预测市场虽然在个体层面上缓解了决策机制对公共信息的过度反应（隐藏资料效应），但在汇总层面上加剧了决策机制对公共信息的过度反应。正如我们之前提到的，组织内有两种类型的信息。第一种是公共信息，例如公司官方报告和高级经理的意见，这些信息是所有内部员工都知道的。在谷歌的预测市场中，项目状态的在线摘要通常对所有谷歌员工可见，可以视为公共信息（Coles et al.，2007）。第二种是私人信息，仅由个别员工获得，例如他们从工作经验中获得的隐性知识。谷歌搜索团队的一位经理提到，当预测市场与她自己的项目相关时，她拥有私人信息（Coles et al.，2007）。

如前所述，企业预测市场的匿名性可以在个人层面上纠正隐藏资料效应，并激励员工通过市场交易机制表达他们未经筛选的意见。然而，企业预测市场中的信息汇总机制往往会对公共信息赋予比实际有效性更大的权重，从而在整体层面上导致出现另一种隐藏资料效应。原因在于公共信息的存在可能会扭曲预测市场价格的形成。在预测市场中，所有参与者都接收到相同的公共信息，这些信息传递了有关不确定预测事件的有用信息。所有参与者都倾向于将公共信息作为他们最佳预测的一部分而赋予一定权重。然后，市场机制会汇总所有参与者的预测。因此，公共信息会被多次重复计算，信息汇总机制为公共信息赋予了比实际有效性更大的权重。任何包含在公共信息中的噪声往往都会因公共信息的过度权重而被放大。我们用下面这个例子，直观地解释我们的逻辑。

假设有一家公司正在开发一款新智能手机，公司希望预测这款手机能否畅销。公司建立了一个企业预测市场，让员工根据自己的预测买卖企业预测市场的股票。具体步骤如下。

1）个人层面

（1）匿名参与：员工匿名参与预测市场。这种匿名性鼓励员工诚实，不必担心被评判或受到影响。

（2）未经筛选的意见：例如，一名工程师知道一些尚未解决的技术问题，因此可以下注手机不会成功。在正常会议中，这名工程师可能会因害怕与上级意见相左而保持沉默，但在企业预测市场中，他有动机做出真实的预测，因为准确的预测可以带来交易利润。

2）整体层面

（1）公共信息影响：公司内部发布了一份关于这款手机的积极报告，声称它具有突破性功能和很高的市场潜力。这份报告是公开的，所有员工都知道。

（2）市场反应：所有员工都看到了这份报告，即使是那些私下心存怀疑的员工在做出预测时也会考虑到报告中的乐观前景。大多数员工在下注时会高度重视这条公共信息。

（3）价格形成扭曲：当市场汇总这些下注时，积极的报告被多次计算。例如，如果100名员工下注，每个人都受到了积极公共报告的影响，对智能手机畅销的预测会显得过于乐观。

（4）噪声放大：如果公共报告中包含了一些高估的声明或乐观的噪声，那么这些噪声就会被放大。市场价格反映了对智能手机畅销的夸大信念，因为相同的公共信息被过度加权。

3）结果

个人层面修正：匿名性有助于在个人层面上纠正隐藏资料效应，允许诚实和多样化的意见表达。

整体层面扭曲：由于给公共报告赋予了过大的权重，整体的市场价格仍然会出现偏离，导致产生另一种形式的隐藏资料效应。

这个例子显示了匿名性如何帮助个体表达真实意见，但市场汇总机制可能仍然对公共信息反应过度，导致整体层面上的偏差。那么，如何缓解企业预测市场中市场机制对公共信息过度反应的问题呢？我们上一节讨论的决策的独立性和决策的相关性就起到了关键性的作用。在公共信息没有被过度加权的情况下，决策独立性的丧失总是不好的，它会使误差抵消机制不再起作用，群体智慧的有效性将会被削弱。然而，在公共信息被过度加权的情况下，决策独立性的丧失可以在一定程度上缓解市场机制对公共信息过度反应问题，从而提高预测市场的有效性。这就是俗语所说的"以毒（决策独立性的丧失）攻毒（公共信息被过度加权）"。具体来说，我们的研究发现，企业预测市场参与者之间的社交互动（决策独立性的丧失）有助于纠正市场机制对公共信息的过度反应，并改善预测市场的表现（Qiu et al.，2017）。如前所述，对公共信息过度加权的问题是由信息汇总过程中多次重复计算公共信息并放大了公共信息中包含的噪声导致的。参与者之间的社交互动促进了私人信息的交流，从而增大了私人信息的权重，减小了公共信息的权重。因此，预测市场参与者之间的社交互动有助于纠正对公共信息过度加权的问题。

　　近年来，企业内部社交媒体蓬勃发展。善于应用这些企业社交媒体工具可以缓解市场机制对公共信息过度反应问题，从而提高预测市场的有效性。下面是企业内部社交媒体平台的例子。

　　（1）Microsoft Teams：这是微软提供的一个协作平台，集成了聊天、视频会议、文件共享和应用集成功能。它常用于团队内部沟通和项目协作。

　　（2）Slack：这是一个流行的团队沟通工具，允许创建不同的频道来组织对话。员工可以在公共频道或私人群组中交换信息、共享文件和协同工作。

　　（3）Yammer：这是微软旗下的企业社交网络平台，类似于公司内部的Facebook，员工可以在上面发布状态、分享信息、参与讨论和创建群组。

　　（4）Workplace by Facebook：这是 Facebook 推出的企业版社交平台，具有类似于 Facebook 的界面，适用于公司内部的沟通和协作。

　　（5）Jive：一个企业社交平台，帮助员工在整个组织中进行交流、协作和知识分享。

　　（6）Chatter：这是 Salesforce 提供的一个企业社交网络平台，员工可以在上面分享信息、发布状态更新和协作。

　　（7）钉钉：一个企业移动办公平台，集成了项目管理、任务管理、办公流程管理等一站式团队协作功能，常用于团队内部的沟通、协作与管理。

　　（8）企业微信：一个企业通信与办公平台，具有与微信一致的沟通体验，丰富的办公自动化（office automation）应用，可帮助企业连接内部及生态伙伴，适用于企业内部的专业协作和管理。

　　（9）飞书：这是一站式的协作平台，员工可以在该平台上实现高效的沟通和流畅的协作。

　　下面我们简单介绍企业员工如何在这些平台上交换信息。这些社交互动可以促进私人信息的交流，从而增大私人信息的权重，减小公共信息的权重。

　　（1）项目讨论和协作。

　　团队频道：员工可以在特定项目或团队的频道内分享进展、讨论问题和协作提供解决方案。例如，在 Microsoft Teams、Slack 或钉钉上创建一个专门的项目频道，所有相关成员都可以在其中进行讨论和共享信息。

　　文档共享：通过这些平台，员工可以共享和共同编辑文档。例如，在 Microsoft Teams 或飞书中上传项目计划、报告和其他文件，并允许团队成员进行评论和编辑。

　　（2）问题和解答。

　　问答论坛：员工可以在平台上提出问题，寻求其他同事的帮助。例如，在 Yammer 或 Chatter 上创建一个问答群组，员工可以发布问题并得到同事的回答。

　　知识共享：员工可以分享他们的专业知识和经验，帮助其他同事。例如，在 Workplace by Facebook 上发布关于某个技术或流程的详细说明。

（3）非正式交流。

社交互动：员工可以在平台上发布个人状态、分享新闻和参与非正式讨论，这有助于建立团队关系和增强公司文化。例如，员工可以在 Yammer、Workplace by Facebook 或企业微信上分享公司的新闻、团队活动照片或个人成就。

兴趣群组：员工可以创建或加入与工作或兴趣相关的群组。例如，Jive 或企业微信上的专业兴趣群组可以让员工讨论行业趋势、分享见解和相互学习。

这些内部社交媒体平台提供便捷的沟通和协作工具，可以促进员工之间的信息交换和协同工作，有助于提高工作效率和加强团队凝聚力。在这些员工基础上组织企业预测市场有助于缓解隐藏资料效应。

总而言之，群体智慧假设认为预测市场价格可以有效地汇总个人的多样化信息。然而，这一假设主要关注私人信息的汇总，而没有考虑公共信息的作用。事实上，公共信息是一把双刃剑。一方面，它传递了关于预测事件的有用信息。另一方面，由于对公共信息的过度反应，公共信息中的噪声在企业预测市场中被放大。将企业预测市场与社交媒体相结合有助于避免这种低效状况出现并提高预测市场的表现。企业预测市场设计者可以通过使用公共社交媒体或公司内部社交媒体平台来促进员工之间的信息交流。

5.4　预测市场和搭便车问题

前面我们提到，在一个日益互联的世界中，企业预测市场与社交媒体被联系在一起，企业员工之间的社交互动也越来越频繁（Qiu et al.，2013）。在上一节中，我们解释了预测市场参与者之间的社交互动有助于纠正市场机制对公共信息的过度反应，并改善预测市场的表现。然而，如果获取私人信息的成本很高，预测市场参与者之间的社交互动可能会有一个副作用：搭便车效应。如果预测市场参与者能够从他们的社交关系中免费获得信息，他们就不太愿意自己花费高昂的成本去获取私人信息（Qiu et al.，2014a）。假设所有预测市场参与者都想搭便车（自己不花费成本去获得私人信息，而依赖从社交关系中免费获得他人的私人信息），那么私人信息的总输入量将会大大减少，这对预测市场的表现是有不利的。

搭便车问题是经济学中的一个重要问题。它指的是个体在享受公共产品或资源的好处时，却没有为其生产或维护做出贡献的情况。简而言之，这描述了人们在不承担成本或责任的情况下获益的行为。以下是一些直观的例子。

（1）团体项目：在教育或工作环境中，团体项目通常需要合作，每个人都应该公平地贡献自己的工作。然而，搭便车者可能只做了少量工作或没有做工作，但项目成功时仍然分享到了成果。

（2）公共物品与税收：就国防或公共安全等公共物品而言，每个人都从税收提供的安全和服务中受益。搭便车者在没有自己支付税款的情况下，也享受到了这些好处。

（3）在线平台：在社交媒体或讨论论坛上，搭便车者可能在不提供有价值内容的情况下，消费其他人分享的内容或参与讨论。他们享受到了他人分享知识带来的好处，却没有积极贡献。

在每个例子中，搭便车问题都揭示出某种不公平现象：部分个体未与他人共同投入（努力/时间/资源），却享受他人努力产生的效益。这种情况可能会导致效率低下、产生不满，并在维护公共物品或实现共同目标时带来挑战。企业预测市场上的搭便车问题指的是员工自己不努力去获得私人信息，而想要从社交关系中免费获得他人的私人信息，从而提高自己的预测绩效。因此，一方面，预测市场参与者之间的社交互动可能有助于缓解对公共信息过度加权的问题（对预测市场表现有正面影响）。另一方面，如果信息获取成本高昂，社交互动可能会导致出现搭便车现象，这可能会损害预测市场的表现（对预测市场表现有负面影响）。一个自然的问题是：预测市场参与者的社交互动何时有益于预测市场的表现？换句话说，社交互动的正面效应何时会主导负面效应？

我们通过控制实验室实验来探讨这个问题（Qiu et al.，2014a）。在前面几章中，我们提到评估社交互动的因果性影响是一个挑战，因为存在很多混杂因素。在这个背景下，社交互动可能是过去预测表现的结果：过去预测表现越好的员工可能会有越多的社会联系。这成了一个明显的混杂因素。之前的研究通过不同的方法来应对这个实证挑战。第一种方法是依赖自然实验的方法。例如，在研究大学室友之间的社交影响时，一种有效的自然实验是借助外生冲击：新生随机分配室友。

第二种方法是使用外生工具变量。例如，可以通过使用同龄人父母的平均行为（如教育水平或收入水平）来修正同学之间社交影响的虚假估计（Gaviria and Raphael，2001）。工具变量是计量经济学中一种实现因果推断的方法。正如我们在之前几章中提到的，在我们研究自变量对因变量的因果关系时，常常会出现一些不可观察的混杂变量。这些不可观察的混杂变量严重威胁了因果推断。就数据而言，自变量和因变量之间的相关关系很可能并不是因果关系，而是由于自变量和因变量同时受到了混杂变量的影响而形成的伪因果关系。工具变量的目的就是引入外生冲击从而实现因果推断。工具变量最早的想法来源于英国医生约翰·斯诺在 1854 年伦敦发生霍乱疫情时的工作（Pearl and Mackenzie，2018）。下面我们用这个例子来直观地介绍工具变量。

1854 年，伦敦苏豪区爆发了严重的霍乱疫情。霍乱是一种通过污染水源传播的致命疾病，但当时人们对其确切的传播方式并不了解，很多人认为是由不洁的空气造成的。斯诺是一位英国医生，被认为是现代流行病学的奠基人之一。他在1854 年伦敦发生霍乱疫情时的工作尤为著名。当时，伦敦的用水由多家公司提供。苏豪区由两家主要的供水公司供水。斯诺注意到由一家公司供水的家庭的霍乱发病率远高于由另一家公司供水的家庭。斯诺观察到一家公司从伦敦水道上游取水（未受污染的水），而另一家从伦敦水道的下游取水，所以他推测水源不清洁可能是霍乱发生的直接原因。但是这里仍然存在着很多混杂因素：这两家供水公司服务伦敦城内不同的地区，而不同地区的贫富状况、空气清洁程度等都有很大的不同。斯诺创造性地选取了那些两家公司都服务的地区，并把两家不同的供水公司视为工具变量。这两家公司为同一地区的不同家庭提供水源服务，其中一家公司的水源被污染，另一家则没有。在同一地区的这些家庭在贫困和空气质量方面并无差异。通过比较这两家公司的霍乱病例发生率，斯诺能够排除其他可能的混杂因素，确定污染水源与霍乱暴发之间的因果关系。这种工具变量方法类似于实验设计中的对照组实验，帮助斯诺证明了污染水源是导致霍乱传播的主要原因之一。这项研究成果对当地政府采取切断污染水源的措施产生了重要的推动作用，有效地遏制了疫情的蔓延。斯诺在流行病学和公共卫生研究中的方法贡献被广泛认可，他的想法不仅揭示了疾病传播的机制，还奠定了现代流行病学研究中实验设计和因果推断的基础。斯诺将两家供水公司作为工具变量的研究案例，展示了如何通过实验设计和对比研究来解决流行病学中复杂的因果关系问题，对公共卫生实践产生了深远的影响。

简单地说，一个有效的工具变量必须与自变量（感兴趣的变量）相关，但不直接与因变量相关（除非通过自变量）。在斯诺的例子里，两家不同的供水公司影响水源的清洁程度（自变量），但与霍乱病例发生率（因变量）并无直接联系（除非通过自变量）。我们现在可以回到对同学之间社交影响的研究（Gaviria and Raphael，2001）。研究者的主要目的是想看同学之间的行为是不是存在具有因果性的影响。这里最重要的混杂因素就是我们第 2 章介绍的同质性：同学之间可能有类似的偏好和习惯。为了隔离这些混杂因素，我们可以将同学父母的平均行为作为工具变量。因为同学父母的平均行为会影响该同学的行为（自变量），但与另外一个同学的行为（因变量）并无直接联系（除非通过自变量）。在这里，通过工具变量，我们可以引进外生冲击，从而更好地实现因果推断。

我们研究预测市场中搭便车行为的方法属于第三种方法：控制实验（Qiu et al.，2014a）。控制实验也称随机实验。在我们的控制实验中，参与者被随机分配到预测市场中不同的社交网络位置。实验室实验的方法使我们能够排除许多混杂因素，但也存在明显的缺陷：实验室不能完全模拟现实中的预测市场。我们在下一节中会探讨如何通过实地实验的方法来弥补这一缺陷。随机实验的方法之所以可以有效地识别因果效应，最主要的原因在于随机分配。在随机实验中，参与者被随机分配到不同的组（比如处理组和对照组）。这一随机化过程确保了在实验开始时，各组在统计上是等效的（处理组和对照组在其他方面都非常类似）。因此，处理后各组之间观察到的任何差异都可以归因于处理本身，而不是组间预先存在的差异。换句话说，随机分配有助于控制混杂变量。通过将这些混杂变量均匀分布在所有组中，随机化降低了它们对结果的潜在影响，从而隔离了处理效果。

我们可以通过以下例子为随机实验提供更直观的解释。想象一下，我们是教师，我们想知道一种新的教学方法是否能帮助学生更好地学习。我们有两组学生：一组使用新方法，另一组使用传统方法。以下随机实验可以帮助我们确定新方法是否真的有效（因果关系）。我们将学生随机分配到使用新方法的组和使用传统方法的组。这种随机性就像为每个学生掷硬币一样。因为这样做，两组之间的任何差异（如动机、先前知识或学习习惯）可能都会均匀分布。因此，我们可以更有信心地认为，学习成果的差异是由教学方法本身引起的，而不是其他因素。通过随机分配，我们控制了可能影响学习的其他变量。例如，如果其中一组仅仅因偶然因素而有更多的高动机学生，那么很难确定是教学方法还是学生的动机促使产生了更好的结果。随机分配使得这种不均匀分布的可能性降低。因此，随机实验就像是两组之间的一场公平且受控的比赛。通过随机分配参与者，控制其他变量，我们可以看到哪种方法真正产生了不同，从而建立因果关系。

统计学中随机实验的想法最早源于著名的统计学家罗纳德·费希尔爵士。他在实验设计和假设检验领域里的贡献卓绝。费希尔喝茶的故事也是一个著名的轶事，用来说明统计学中实验设计的原理，特别是与随机化和对照组概念相关的内容。故事说费希尔与同事讨论在茶中加牛奶的效果问题。费希尔假想了一项实验，以说明随机实验的原则。为了严格测试这一假设，费希尔提出了一项实验，其中茶加牛奶的顺序是随机的。换句话说，有时先加牛奶再倒茶，有时先倒茶再加牛奶，确保倒茶的顺序不受任何外部因素的偏见影响。通过这个简单而方法论严谨的实验，费希尔展示了随机化和对照组在做出有效统计推断中的重要性。这凸显了实验设计如何能够最大限度地减少偏见和混杂因素，从而使研究者能够根据收集到的数据得出可靠的结论。

下面我们回到预测市场的控制实验（Qiu et al.，2014a）。我们的实验结果表明，只有在信息获取成本较低时，社交互动才能提高预测市场的绩效。我们还通过数值模拟研究了更大、更复杂的社交网络，结果依然相同。如前所述，社交互动有两个潜在机制。第一个机制是社交互动可以缓解对公共信息过度重视的问题，从而提高预测市场的绩效。第二个机制是搭便车效应，导致每一个参与者都不想自己花费成本去获得信息，而想要从社交关系中免费获得他人的信息。当信息获取成本较低时，搭便车问题不大，大多数参与者愿意支付成本以获取有价值的私人信息。在这种情况下，第一个机制（纠正对公共信息的过度反应）占主导地位,而搭便车效应次之,整体上社交互动能够改善预测市场的预测效果。相反,当信息获取成本较高时,由于可能存在搭便车机会,社交互动会阻碍预测市场参与者获取信息,从而降低预测市场的准确性。

我们的发现对预测市场的商业实践有直接的影响。当预测事件相对简单时,通常更容易获得有用的信息。在这种情况下,鼓励参与者建立社交网络和进行信息交流对预测市场的表现是有益的。然而,如果预测事件涉及复杂问题,则促进参与者之间的社交互动对预测市场的表现是不利的。我们在后续研究中进一步探讨了社交网络结构是如何影响预测市场的表现的(Qiu et al., 2014b)。我们区分了两种类型的社交网络结构。一种是平衡的社交网络,其中参与者有相似数量的社交连接;另一种是类似星状网络的结构,中心参与者的连接远多于外围参与者。我们发现,更平衡的社交网络结构有助于预测市场的成功,而类似星状网络的结构不适合预测市场。这些结果表明,当一些参与者的连接显著多于其他人时,星状网络中的信息汇总是低效的。尽管中心参与者在汇总外围参与者信息方面处于完美的位置(信息枢纽),预测市场仍未能高效地聚合所有的猜测。换句话说,当存在显著的意见领袖时,群体智慧可能会失效(Golub and Jackson,2010)。在我们的研究中,由于中心参与者比外围参与者更有影响力,他们信息中的任何噪声都会被放大。此外,中心参与者有更多的社交连接,这会导致更严重的搭便车问题,从而减少信息提供的总量。在更平衡的社交网络结构中,较少遇到这种低效问题。

这些实验结果提醒预测市场的设计者在构建企业预测市场时要了解员工之间的社交网络结构。当然,在大型组织中识别员工的潜在社交网络结构并不容易。研究发现,一些主要因素,如办公地点、共同工作关系或共享一种非英语母语,能显著影响谷歌员工之间的信息交流(Cowgill and Zitzewitz,2015)。预测市场设计者可以深入挖掘这些接近度指标,以推断组织内部员工的社交网络结构,从而改进企业预测市场的设计。

5.5　预测市场和社会形象

在预测市场中,另一个关键问题是如何激励用户提供高质量的预测。一种经典的方法是使用货币激励。然而,由于许多国家的法律禁止在线赌博,大多数预测市场使用的是"虚拟货币"而不是"真钱"。因此,经典的货币激励方法无法直接应用于预测市场,而预测市场的参与主要依赖于自愿贡献。在这种情况下,非金钱激励对于预测市场的设计至关重要。特别是在基于社交媒体的预测市场中,我们可以将社会形象作为非货币激励来提高个人预测的准确性。在许多不同的背景下,研究人员已经表明社会形象可以激励用户生成内容(Pu et al., 2020)。例如,社会形象可以显著影响开源软件社区上的个人贡献(Moqri et al., 2018)。更普遍地,神经科学家发现,获得社会地位和社会形象会产生与货币刺激类似的脑网络反应(Payne, 2017)。这方面的研究表明,人类大脑在回应社会奖励(如地位和形象)和物质奖励(如金钱)时,会激活相似的脑区,这些脑区主要涉及奖励和动机系统。功能性磁共振成像等脑成像技术已经被用来研究这种现象。具体来说,大脑的奖励系统,包括伏隔核、腹侧被盖区和前额叶皮质,是处理奖励和动机的主要区域。这些区域在获得金钱奖励时被激活,但研究表明,在获得社会认可、地位或形象提升时,它们也同样会被激活。例如,当人们在社交媒体上获得点赞或积极评论时,他们的大脑奖励系统会像收到金钱奖励一样活跃。另外,多巴胺是一种在奖励处理中起关键作用的神经递质。当我们获得金钱或社会奖励时,多巴胺水平会提高,增强我们的愉悦感和动机。因此,社会地位和形象的提升也会引发多巴胺的释放,类似于物质奖励的效果。综上所述,社会地位和社会形象的奖励会激发大脑中的奖励和动机系统,产生与金钱奖励类似的神经反应。这一发现解释了为什么非金钱奖励(如社会形象)在某些情况下可以有效激励人们的行为,并且在设计预测市场中具有重要意义。

为了考察社会形象的作用,我们研究了一个基于社交媒体的预测市场,在这里,个体参与者的预测被推送到他们的 Twitter 粉丝的时间线上(Qiu and Kumar, 2017)。在这个预测市场中,参与者可以通过 Twitter 登录平台,并通过点击“YEA”(事件可能发生)或“NAY”(事件不太可能发生)按钮来进行预测。参与者的预测会自动发布为推文,并推送到他们粉丝的时间线上。当预测的事件发生时,第二条推文(“您的预测正确!”或“您的预测错误!”)会自动发布,并推送到粉丝的时间线上。在这种基于社交媒体的预测市场中,粉丝们知道参与者是否准确预测了事件,这可能激励参与者更加谨慎地进行预测,以维护自己的声誉。我们估计了受众规模(即 Twitter 粉丝数量)和在线认可(即 Twitter 上的转发和点赞)对用户预测准确性的影响。一个有趣的发现是,用户的粉丝数量的增加促使了社交媒体预测市场中个体预测准确性的提高。此外,在线认可水平的提高也促使了个体预测准确性的提高。

这些有趣的结果展示了社会形象在群体智慧中的作用。在没有任何货币激励的情况下,仅仅将预测广播给更多的粉丝会促使人们更加谨慎地进行预测。粉丝数量或社交认可并没有增加新信息,但它们改变了预测市场参与者的社会激励,使他们在获取私人信息和提高个体预测准确性方面投入更多时间和精力。换句话说,受众规模扩大和社交认可提高了向粉丝广播正确预测的社会形象价值,因此驱动了更多的预测努力,进一步提高了个体预测表现水平。

社会形象指个体受他人感知影响的倾向。在基于社交媒体的预测市场中,参与者可以通过准确预测并广播这些预测，获得他人的社会认可和钦佩。相反，向他人广播错误预测可能会导致社会不认同，引发尴尬和羞耻。由于社会形象反映了个体在他人眼中的看法，它在很大程度上取决于可见性（受众规模）。如果提供准确预测能够给参与者带来社会奖励，那么更大的受众规模将增加这种社会奖励。在这种社会环境中，预测市场参与者希望被视为"预测大师"，并受到粉丝的尊重。社会形象激励这些参与者更多地投入预测中。此外，当人们之间的社交互动密度更大时，社会形象的激励显得更为重要。因此，像受众规模一样，社交认可也增强了准确预测的社会奖励，并驱动了更多的预测努力。

在估计受众规模对用户预测准确性的因果效应时，受众规模可能受到许多混杂因素的影响，如个人能力（预测市场参与者倾向于尊重并与那些具有高预测能力的人成为朋友）。为了更好地识别因果性，我们外生地操控了受众规模和在线认可水平。具体而言，我们从预测市场的参与者中随机选择了一些用户。在这些用户中，四分之二被分配到对照组，四分之一被分配到具有受众规模效应的处理组，另外四分之一被分配到既有受众规模效应又有在线认可效应的处理组。为了产生受众规模效应，我们管理了一些虚假的 Twitter 账户，并逐步让这些账户关注两个处理组的参与者。

在这个随机化实地实验中，我们测量了受众规模和在线认可对预测市场参与者预测准确性的因果效应。实地实验与实验室实验相比具有几个优势。

（1）现实世界的适用性：实地实验在真实的环境中进行，因此其结果直接适用于实际情况。这提高了研究结果的外部有效性，因为它们反映了自然环境中的实际行为和反应。

（2）情境相关性：实地实验允许研究人员在自然情景中研究现象，捕捉在控制实验室环境中可能被忽视的复杂性和相互作用。这种情境丰富性有助于理解变量在日常设置中的运作方式。

（3）降低人为性：与实验室实验不同，实地实验降低了人为性。参与者通常不知道他们正在被研究，这降低了实验者偏见影响结果的可能性。

总体而言，实地实验之所以宝贵，在于它弥合了控制实验室研究和复杂的现实环境之间的鸿沟，提供了既科学严谨又实际相关的见解。我们的实地实验的一个重要含义是，将社交媒体整合到预测市场系统中能有效地激励参与者提高预测绩效，而无须提供货币激励。先前的研究表明，货币激励可以鼓励预测市场的参与者寻找最佳信息（Plott and Chen，2002）。令人惊讶的是，社交媒体中的社会形象也可以有效地激励预测市场的参与者进行准确预测。这些结果展示了将社交媒体整合到预测市场中的实用性。

参 考 文 献

Cai H B, Chen Y Y, Fang H M. 2009. Observational learning: evidence from a randomized natural field experiment[J]. American Economic Review, 99(3): 864-882.

Cao Z K, Zhu Y P, Li G, et al. 2023. Consequences of information feed integration on user engagement and contribution: a natural experiment in an online knowledge-sharing community[J]. Information Systems Research, 35(3): 1114-1136.

Coles P A, Lakhani K R, McAfee A P. 2007. Prediction markets at Google[R]. Boston: Harvard Business School.

Cowgill B, Zitzewitz E. 2015. Corporate prediction markets: evidence from Google, Ford, and Firm X[J]. The Review of Economic Studies, 82(4): 1309-1341.

Gaviria A, Raphael S. 2001. School-based peer effects and juvenile behavior[J]. Review of Economics and Statistics, 83(2): 257-268.

Golub B, Jackson M O. 2010. Naïve learning in social networks and the wisdom of crowds[J]. American Economic Journal: Microeconomics, 2(1): 112-149.

Hendricks K, Sorensen A, Wiseman T. 2012. Observational learning and demand for search goods[J]. American Economic Journal: Microeconomics, 4(1): 1-31.

Lorenz J, Rauhut H, Schweitzer F, et al. 2011. How social influence can undermine the wisdom of crowd effect[J]. Proceedings of the National Academy of Sciences of the United States of America, 108(22): 9020-9025.

Mackay C. 1980. Extraordinary Popular Delusions and the Madness of Crowds[M]. New York: Harmony Books.

Mello J A. 2014. Strategic Human Resource Management[M]. 4th ed. Stamford: Cengage Learning.

Moqri M, Mei X W, Qiu L F, et al. 2018. Effect of "following" on contributions to open source communities[J]. Journal of Management Information Systems, 35(4): 1188-1217.

Nimalendran M, Pathak P, Petryk M, et al. 2024. Informational efficiency of cryptocurrency markets[J]. Journal of Financial and Quantitative Analysis: 1-30.

Payne K. 2017. The Broken Ladder: How Inequality Affects the Way We Think, Live, and Die[M]. New York: Viking.

Pearl J, Mackenzie D. 2018. The Book of Why: the New Science of Cause and Effect[M]. New York: Basic Books.

Petryk M, Qiu L F, Pathak P. 2023. Impact of open-source community on cryptocurrency market price: an empirical investigation[J]. Journal of Management Information Systems, 40(4): 1237-1270.

Plott C R, Chen K Y. 2002. Information aggregation mechanisms: concept, design and implementation for a sales forecasting problem[R]. Working Paper 1131.

Pu J C, Chen Y, Qiu L F, et al. 2020. Does identity disclosure help or hurt user content generation? Social presence, inhibition, and displacement effects[J]. Information Systems Research, 31(2): 297-322.

Qiu L F, Cheng H K, Pu J C. 2017. Hidden profiles in corporate prediction markets: the impact of public information precision and social interactions[J]. MIS Quarterly, 41(4): 1249-1274.

Qiu L F, Kumar S. 2017. Understanding voluntary knowledge provision and content contribution through a social-media-based prediction market: a field experiment[J]. Information Systems Research, 28(3): 529-546.

Qiu L F, Rui H X, Whinston A B. 2013. Social network-embedded prediction markets: the effects of information acquisition and communication on predictions[J]. Decision Support Systems, 55(4): 978-987.

Qiu L F, Rui H X, Whinston A B. 2014a. Effects of social networks on prediction markets: examination in a controlled experiment[J]. Journal of Management Information Systems, 30(4): 235-268.

Qiu L F, Rui H X, Whinston A B. 2014b. The impact of social network structures on prediction market accuracy in the presence of insider information[J]. Journal of Management Information Systems, 31(1): 145-172.

Shi C C, Hu P, Fan W G, et al. 2021. How learning effects influence knowledge contribution in online Q&A community? A social cognitive perspective[J]. Decision Support Systems, 149: 113610.

Shi C C, Hu P, Fan W G, et al. 2024. Competitive peer influence on knowledge contribution behaviors in online Q&A communities: a social comparison perspective[J]. Internet Research, 34: 1577-1601.

Surowiecki J. 2004. The Wisdom of Crowds: Why the Many Are Smarter Than the Few and How Collective Wisdom Shapes Business, Economies, Societies, and Nations[M]. New York: Doubleday.

Wang C A, Zhang X M, Hann I H. 2018. Socially nudged: a quasi-experimental study of friends' social influence in online product ratings[J]. Information Systems Research, 29(3): 641-655.

Willis C. 1996. Bellwether[M]. New York: Bantam Books.

第6章　企业社交媒体与知识生成

范进不看便罢，看了一遍，又念一遍，自己把两手拍了一下，笑了一声，道："噫！好了！我中了！"说着，往后一跤跌倒，牙关咬紧，不省人事。

——吴敬梓《儒林外史》

6.1　引子：企业与科层制

罗纳德·科斯的开创性论文《企业的性质》解决了经济学中的一个基本问题：企业为什么存在？在经典经济理论通常关注市场交易的背景下，科斯的工作具有开创性，因为它引入了交易成本的概念，并解释了这些成本如何影响企业的结构和边界。科斯因其关于交易成本和企业理论的工作，于1991年获得诺贝尔经济学奖。他发展的交易成本的概念是指使用市场机制的成本。这些成本包括寻找相关价格和信息的成本、谈判和执行合同的成本，以及与在开放市场进行经济交换的其他成本。科斯认为，当这些交易成本很高时，在企业内部通过科层命令进行某些活动比通过市场交易更加高效。由此，科斯可以解释企业的性质和边界：企业的存在是为了最小化交易成本。在企业内部，资源通过科层命令进行分配，而不是通过市场的价格机制。这种内部协调在交易成本高的情况下可以比外部市场交易更加高效。

从这个意义上说，企业科层制是现代社会中实现高效管理的重要工具。它是一种层级分明、职责明确的管理结构和运作模式。这种模式强调标准化、规则和程序，旨在通过系统化的管理来提高效率和稳定性。科层制的特点包括明确的分工、等级制度、正式的规章制度和非个人化的管理方式。在科层制中，权威来源于法律和制度，而非个人的魅力（如魅力型权威）或传统习惯（如传统型权威）。科层制中的职位是职业化的，员工基于自己的专业技能和资格被选拔和晋升，而不是依赖个人关系或特权。企业科层制主要有以下几个特点。

（1）明确的分工：各个职位和岗位有明确的职责和任务，每个人只需专注于自己的工作领域。

（2）层级结构：企业内部有明确的等级制度，从上到下分为多个层级，每个层级都有不同的权责。

（3）规章制度：企业有一套正式的规章制度和流程，员工必须遵守这些规则和程序来完成工作。

（4）非个人化：管理决策基于正式的规章和程序，而不是个人的喜好或关系，强调公平和客观。

（5）职业化：职位通常根据专业能力和资格进行任命，员工通过培训并依照正确的职业发展路径提升自己。

企业科层制有明显的降低交易成本的优点：明确的分工和标准化流程能够提高工作效率和生产力，同时明确的规章制度使得组织行为和决策更加可预测。然而，它的僵化和缺陷也是与生俱来的，过于强调规章制度可能导致组织缺乏灵活性和创新能力。

首先，科层制中的严格等级制度可能导致信息和知识在不同层级之间的流动受到限制。更重要的是，上下级之间的沟通往往是单向的，从上到下传达指令，而不是双向的互动和知识交换。这将会导致员工在低层级可能无法轻易获取高层级的战略信息和知识，而高层管理者可能缺乏来自基层员工的创新建议和反馈。简单来说，低级别员工更有可能感受到层级不对称的压力，并通过隐瞒他们的真实意见来回应。低级别员工在面对高级管理层的时候，常常表现得唯唯诺诺，类似《儒林外史》里中举前的范进面对他的岳父胡屠户：

"范进进学回家，母亲、妻子俱各欢喜。正待烧锅做饭，只见他丈人胡屠户，手里拿着一副大肠和一瓶酒，走了进来。范进向他作揖，坐下。胡屠户道：'我自倒运，把个女儿嫁与你这现世宝，历年以来，不知累了我多少。如今不知因我积了甚么德，带挈你中了个相公，我所以带个酒来贺你。'范进唯唯连声，叫浑家把肠子煮了，烫起酒来，在茅草棚下坐着。母亲自和媳妇在厨下做饭。胡屠户又吩咐女婿道：'你如今既中了相公，凡事要立起个体统来。比如我这行事里，都是些正经有脸面的人，又是你的长亲，你怎敢在我们跟前装大？若是家门口这些做田的，扒粪的，不过是平头百姓，你若同他拱手作揖，平起平坐，这就是坏了学校规矩，连我脸上都无光了。你是个烂忠厚没用的人，所以这些话我不得不教导你，免得惹人笑话。'范进道：'岳父见教的是。'胡屠户又道：'亲家母也来这里坐着吃饭。老人家每日小菜饭，想也难过。我女孩儿也吃些。自从进了你家门，这十几年，不知猪油可曾吃过两三回哩！可怜！可怜！'说罢，婆媳两个都来坐着吃了饭。吃到日西时分，胡屠户吃的醺醺的。这里母子两个，千恩万谢。"

而当范进中举后，他在等级制中的级别就远远高于他的岳父胡屠户了，于是场面发生了逆转：

"胡屠户上前道：'贤婿老爷，方才不是我敢大胆，是你老太太的主意，央我来劝你的。'"

中举之前，范进是胡屠户口里的"现世宝"，中举之后，范进还是范进，但在胡屠户口中，他已变成了"贤婿老爷"。正是由于等级制的森严，范进才会因中举喜极而疯。与《儒林外史》中描述的等级制相比，某些企业里科层等级的森严也是不遑多让的。员工因害怕与上级意见不一而不愿意分享新的想法和知识，只能学范进"唯唯连声"了。在 6.2 节，我们将集中探讨企业的在线知识共享社区如何加强信息和知识在不同层级之间的流动。

其次，科层制通常将组织划分为多个职能部门，每个部门都有其特定的职责和任务。不同部门之间的协作可能受到阻碍，导致出现"信息孤岛"现象：部门之间缺乏协作和沟通，知识和信息难以跨部门共享。创新和问题解决需要跨部门的协作，但部门壁垒可能使这一过程变得缓慢且低效。在 6.3 节，我们将集中研究部门壁垒如何影响企业的在线知识共享。

6.2　层级分明的等级制和企业在线知识共享社区

随着数字平台的兴起，企业知识分享的格局已经发生了显著变化。传统上，企业内部的知识分享常常受到层级结构的阻碍，在不同级别的员工之间产生了障碍。然而，企业在线知识共享社区的崛起，特别是在线问答平台，提供了一种打破这些传统障碍的新方法。我们的研究探讨了层级结构对企业问答社区内知识分享的影响，并提供了坚实的经验证据（Pu et al.，2022）。

知识生成和分享是组织成功的关键因素，但它仍然是一个持续的挑战。在上一节中，我们提到传统的层级结构往往阻碍了这一过程，因为低级别员工可能不愿意与上级分享知识。这种不愿意源于各种顾虑，包括对负面评价的恐惧、职业风险以及符合层级期望的压力。

首先，在层级分明的组织中，低级别员工通常担心自己的意见和知识可能不被上级认可或接受。这种对负面评价的恐惧主要表现在以下几个方面。

（1）批评和责难：员工担心他们的观点或建议可能会被上级批评，甚至被责难。这种批评不仅是针对内容本身的，更可能是对他们的能力和专业水平产生了怀疑。

（2）形象和声誉受损：在一个竞争激烈的工作环境中，负面的评价会直接影响员工在同事和上级心目中的形象和声誉。员工可能担心因一次不理想的回答或建议而被贴上"能力不足"或"不够专业"的标签。

（3）信心打击：重复的负面反馈可能会打击员工的信心，影响他们未来的工作表现和意愿。他们可能会变得更加谨慎，甚至选择不再分享自己的知识和见解，以避免再次受到负面评价。

其次，分享知识也可能带来职业风险，尤其是在层级结构严格的组织中。以下是一些具体的职业风险。

（1）职业发展受阻：员工担心他们分享的知识或建议如果被认为是不合适的或错误的，则可能会影响他们的晋升和职业发展。他们害怕给上级留下负面印象，从而在未来的职业发展机会中被排除在外。

（2）工作安全性：在某些情况下，分享过多的知识可能会被视为越权或不守本分。这可能会导致员工被认为是不安分的或者不忠诚的，从而影响他们的工作安全性，甚至可能导致被解雇。

（3）责任和负担增加：分享知识后，员工可能会被要求承担更多的责任，或者被分配更多的任务。这种责任的增加可能会超过他们的能力范围，进而影响他们的工作表现和职业稳定性。

最后，在传统的层级组织中，员工感受到的符合层级期望的压力也会影响他们的知识分享行为。具体表现如下。

（1）角色认同和职责划分：员工在层级组织中有明确的角色和职责，他们可能认为某些知识或信息的分享不属于他们的职责范围，认为这一职责应该由特定的角色或更高级别的人来承担。跨越这些职责边界可能会被视为不合规或不恰当。

（2）遵守规章制度：许多组织有明确的规章制度和流程，规定了知识和信息的分享方式和渠道。员工可能会因害怕违反这些规章制度而选择不分享或有限制地分享他们的知识。

（3）维护和谐关系：员工可能担心在分享知识时会无意中挑战上级的权威或与同事产生冲突。为了维护和谐的工作关系，他们可能会选择保留自己的知识，避免潜在的摩擦和冲突。

综上所述，对负面评价的恐惧、职业风险以及符合层级期望的压力，都是传统层级结构中阻碍知识分享的主要因素。理解这些障碍，可以帮助组织设计更有效的知识管理和分享机制，促进全员参与和做出贡献，从而提升整体生产力和创新能力。

随着企业问答社区的日益普及，我们有机会重新评估层级对知识分享的影响。这些平台允许员工在开放的论坛中提问和回答问题，可能会减少传统层级结构带来的某些障碍。我们探讨了员工是否更愿意在这种环境中与高层分享知识，以及这些互动的影响。我们的数据来源于一个公司的大型企业问答社区。该公司的层级结构明确划分为八个不同的职位级别。在我们的研究背景中，企业问答社区的所有用户都是公司营销部门的员工。在这个社区里，员工就公司的产品、营销策略、管理问题以及休闲相关的话题进行提问和回答。每个问题页面都包含了提问者的问题详情以及一个或多个回答者为该问题提供的答案。

　　我们探讨了用户是否更愿意回答高层提出的问题,以及回答这些问题的努力程度是否随知识寻求者的级别而变化。尽管在线下员工不太可能自愿与上级分享知识,但我们发现在问答社区中,员工更愿意回答高层提出的问题。这加强了信息和知识在不同层级之间的流动。这种行为归因于在线问答形式的独特,在这种形式中,提问行为降低了回答者的感知风险。问答社区的三个特征可能会使用户更倾向于与上级分享知识。首先,在问答社区中,知识分享行为只有在知识寻求者发布问题时才会发生。与其他知识分享渠道相比,回答者可能对犯错的顾虑较少,因为互动始于寻求者的询问,而寻求者在期望范围内允许存在不完美的答案。例如,一个新员工可能不会担心自己的回答不够完美,因为他只是对上级的提问做出回应。其次,用户在问答社区中做出贡献的动机之一是对未来互惠行为的期望。更高级别的知识寻求者能够提供更有价值的互惠利益,因为更高的职位级别通常意味着更多的资源和更强的能力。例如,一个高级经理可能在未来为回答者提供职业发展机会或资源支持,这种潜在的回报会激励员工积极参与回答。最后,问答社区中的回答可以帮助用户提高声誉。为了获得更高的声誉,用户倾向于战略性地参与更有影响力的帖子,并与有影响力的个人更多地互动。例如,一个员工可能会优先回答公司高层的问题,因为这不仅可以展示他的专业知识,还能提升他在社区中的知名度和声誉。企业问答社区的这些特征有可能缓解层级不对称的压力,使得用户更愿意与上级分享知识,而不是因担心层级差异而选择沉默。

　　另外我们发现员工在回答高层问题时会投入更大的努力。这通过包括回答的长度和质量等在内多种指标进行衡量。更有趣的是,我们发现回答高层问题与未来晋升之间存在正相关关系。经常回答上级问题的员工更有可能得到晋升,这表明在这些社区中的积极参与得到了认可和奖励。

　　在回答这些问题的时候,我们面临一个因果关系识别上的挑战。一些不可观察的混杂因素可能会同时影响用户的回答决策(即我们的因变量)和他们的相对职位等级(即我们的自变量)。比如,我们发现在问答社区中,员工更愿意回答高层提出的问题。这个发现有可能只是相关性,而不是因果性。一个可能的混杂因素是高层提出的问题可能更好、更值得回答(问题的质量)。如果真是这样,这里真正的因果性就是员工更愿意回答那些值得回答的好问题,而不是员工更愿意回答高层提出的问题。

　　一个经典的关于混杂因素的例子是棉花糖实验(Bergstrom and West, 2020)。棉花糖实验是由心理学家沃尔特·米歇尔在 20 世纪 60 年代设计和进行的经典心理学实验之一。这个实验旨在研究儿童的自控能力和延迟满足的能力。实验包括以下步骤。一个儿童被带到一个安静的房间,桌子上摆放着一块棉花糖。研究人员告诉这个儿童，如果他能等待一段时间（通常是几分钟），他将得到两块棉花糖作为奖励。如果他不愿意等待，他可以随时吃掉桌子上的那块棉花糖，但那时就只能得到一块棉花糖。这个实验的核心在于观察儿童是否能够克服即时的满足冲动，选择等待更大的回报。这涉及自控力、延迟满足的能力以及对即时和长期奖励的权衡。这项实验最初在斯坦福大学进行，随后进行了多个后续研究，以探索儿童延迟满足能力与成年后的各种结果（如学业成绩、健康状况、社会关系等）之间的关系。实验的结果显示，能够延迟满足的儿童通常表现出更好的长期成就和更高的适应能力，而无法延迟满足的儿童则更容易面临自控困难和成就挑战。需要注意的是，棉花糖实验的结果本质是相关性，或者说是预测性的。也就是说儿童时期的延迟满足与将来的长期成就和适应能力相关，我们可以通过儿童时期的延迟满足来预测将来的长期成就和适应能力。然而，很多媒体错误地将这种相关关系理解为因果关系：通过训练延迟满足的能力可以提高长期成就。这里被忽略的混杂因素是家庭背景。后续的研究发现来自富裕家庭的孩子更能够延迟满足，同时来自富裕家庭的孩子更容易取得较高的长期成就（Bergstrom and West，2020）。所以儿童时期的延迟满足与将来的长期成就并不具有因果关系。它们之间的相关关系是由混杂因素家庭背景导致的。

在研究中，为了克服混杂因素，我们利用了员工晋升的外生冲击来帮助我们进行因果识别。具体来说，我们利用用户在晋升前后提供和寻求知识的行为来帮助识别因果关系。这些晋升公告在很大程度上是外生的，因为问答社区是在我们的研究期开始前推出的，而研究期内宣布的晋升是基于在线社区存在之前的绩效指标而确立的。同时，晋升直接改变了被晋升员工与保持原职位的同事之间的相对层级关系。我们发现，在员工晋升后（相对于晋升前），原来和这个员工处于相同层级的同事就成了这个员工的下级，而这些下级对该员工的问题也会更积极地回答。同时，在该员工晋升前，一些管理层是这个员工的上级，但由于该员工的晋升，他们变成了同级。例如，一位中层经理被晋升为高级经理后，他的一些原上级（高级经理）现在就变成了他平级的同事。我们发现，在晋升后（相对于晋升前），该员工对那些原本是他的上级（但现在是同级）的问题的回答积极性显著降低。这个外生冲击解决了我们之前提出的混杂因素问题：一个员工在晋升前后，相对层级发生了巨大改变。然而在晋升前后的短暂时间里，张三还是张三，他提出的问题的质量并不会发生本质的改变。

这个外生冲击，我们可以形象地称它是"范进中举"冲击。范进在中举前，可以说在社会地位上是胡屠户的下级，所以他是胡屠户口里的"现世宝"。中举之后（短短的一天里），范进还是范进，但在胡屠户口中，他已经变成了"贤婿老爷"。在这里，我们明显知道胡屠户改变称呼的真正原因就是中举这个外生冲击。同样的道理，在我们的研究中，该员工与之前是同一个人，但因为晋升，级别发生改变，别人就更热衷于回答他的问题。我们就可以基本确定相对职位等级是主导回答决策的根本因素。

我们的发现为组织如何促进有效的知识分享提供了指导。现有研究主要集中在离线或其他类型的企业知识共享社区，这些研究发现员工不愿意与上级分享知识（Michailova and Husted，2003）。如果在线问答社区仅仅是对现有社区的补充，那么我们应该预期会有类似的层级效应。然而，企业问答社区具有一些特征。我们提供了有力的证据，表明在企业问答社区中，用户更有可能回应上级的问题，这一发现与其他知识共享背景中的现有结果不同。

我们的研究提供了重要的管理启示。高级管理者在企业知识共享社区中的参与对知识共享的成功至关重要。为了全面评估高级管理者的角色，实践者需要了解员工在这些新兴社区中面对高级管理者的知识共享模式。我们的分析表明，在企业问答社区中，员工更有可能回答高层级用户的问题，并在这些回答中投入更多努力。如果公司想要增强高级管理者的参与感并促进下属与上级之间的知识共享，企业问答社区是一个不错的选择。此外，考虑到社区用户具有不同的职位级别，社区设计者可以更好地激励问答社区中的知识共享。例如，高级管理者可以主动收集本团队的问题，并代表他们的下属发布这些问题，以提升问题被回答和讨论的概率。虽然我们的发现表明在线问答社区有助于高职级员工获得更多反馈，但这也意味着低职级员工的问题可能得不到足够的回复。如果企业问答社区的核心目的是帮助低职级员工获得建设性反馈，那么设计者可以引入其他激励措施，鼓励用户回答低职级或同职级员工的问题，如推出虚拟徽章或虚拟积分系统。

总的来说，通过理解问答社区的动态，企业可以更好地设计这些平台，以鼓励跨层级参与。企业应鼓励管理层积极参与问答社区。他们的参与可以促进知识分享，并向所有员工传达这些平台的重要性。向企业问答社区的转变代表了组织知识分享的重大演变。通过理解和利用这些平台的动态，公司可以克服传统的层级障碍，并促进创造更具协作性和创新性的环境。

6.3 部门壁垒和企业在线知识共享社区

正如我们之前提到的，现代企业越来越多地采用在线社区来促进员工之间的知识共享和协作。这些平台与电话、电子邮件和线下会议等传统沟通渠道有显著不同，旨在消除组织边界，营造更包容的环境。然而，部门边界仍然在塑造这些社区内的知识共享模式中起着关键作用。我们的一项研究探讨了部门内部知识共享的动态，分析了这一现象背后的机制及其对组织的影响（Pu et al.，2024）。

　　历史上,企业内的沟通受制于正式结构和边界。随着社交媒体和数字通信工具的兴起,企业在线社区成为知识共享的强大平台。这些社区为员工提供了一个自愿分享信息和想法的空间,涵盖工作相关和非工作相关的广泛主题。与传统渠道不同,这些平台旨在超越组织边界,促进建立更协作和开放的沟通文化。尽管企业在线社区具有开放性,但我们发现组织边界,特别是部门边界,仍然影响着知识共享模式。员工更倾向于与同部门的同事共享知识,这一现象被称为部门内知识共享倾向。这种倾向由社会认同机制和知识共享机制共同驱动。

　　社会认同是影响同部门内知识共享的一个关键因素。员工往往更认同和自己属于同一部门的同事,认为他们是“自己人”。这种社会认同和归属感使员工更愿意与同部门的同事分享知识。这种内群体偏好在很大程度上源于共同的目标、任务和经历,增强了员工之间的信任和合作意愿。例如,在一个营销部门,员工们可能都在为同一个营销活动工作,他们有共同的目标和任务,因此更愿意分享与活动相关的策略和数据。同时,员工可能认为与同部门的同事分享知识更有助于他们的职业发展,因为同部门的同事和上级更容易看到他们的贡献。部门内部的知识共享行为可能能更直接地转化为职业发展机会和回报,如晋升和奖励。比如一个销售部门的员工通过分享成功的销售策略和客户资源,可以直接展示其工作成果,获得上级的认可和奖励。

　　除了社会认同外,知识共享机制也在塑造部门内知识共享中起着重要作用。同一部门的员工通常有相似的专业背景和工作职责,这使得他们共享的知识在部门内部更具相关性和实用性。部门内部的共享背景使得员工在沟通时更容易理解彼此的需求和问题,提供更有针对性的建议和解决方案。比如在一个研发部门,工程师们共享技术细节和解决方案,因为他们都在处理类似的技术问题和项目,彼此之间的建议更具实际操作性。相比而言,跨部门的沟通通常需要更多的时间和精力来解释背景和细节,会增加沟通成本。同部门的员工由于具有相似的背景和语言,更容易高效地交流和理解彼此的观点和信息。例如一个信息技术部门的员工在讨论技术问题时,不需要花费额外的时间解释专业术语和技术背景,从而可以更高效地解决问题。

　　为了研究部门内知识共享倾向的程度和影响,我们分析了一家大型企业问答社区的数据。我们的研究表明在线社区并不能超越传统的部门壁垒,员工之间存在显著的同部门知识共享倾向:知识提供者对同部门同事的回应更努力,会提供更高质量的回答。所以,部门边界继续在企业在线社区中塑造知识共享模式。尽管这些边界可能会创建知识孤岛,但它们也促进了具有相似背景的同事之间的信息共享。企业应努力平衡部门内部知识共享的益处与跨部门协作的需要,营造一个最大限度发挥企业在线社区潜力的环境。

6.4 企业在线知识共享社区的设计

设计一个有效的企业在线知识共享社区需要考虑多个方面，包括技术平台、社区文化、激励机制和管理策略。广义上说，企业在线知识共享社区属于用户生成内容平台，而这些平台在很大程度上依赖用户的自愿贡献。一个引起广泛关注的重大政策变化是用户身份的披露。虽然匿名性最初是许多用户生成内容平台的基石，但对问责性和可信度的需求促使了其向透明度的转变。在本节，我们首先探讨身份披露对企业在线知识共享社区的用户内容生成的影响（Pu et al., 2020）。

用户生成内容平台中的匿名性是一把"双刃剑"。它允许用户自由分享内容而不必担心个人后果，从而培养了丰富多样的信息库。然而，它也引发了关于内容可信度和问责性的担忧。为了应对这些担忧，许多平台开始披露用户身份，希望提高内容的可靠性。潜在的假设是，身份披露将促使更负责任的内容创建。那么，这一政策变化如何影响用户生成内容的数量和质量呢？它有哪些意外后果？

从匿名性到身份披露的转变从根本上改变了用户生成内容平台的社交动态。理解这些动态的一个关键概念是社交存在感——与他人互动时，感觉到对方的存在和个性特征的强度。这种感知不仅影响互动的质量和深度，还直接影响参与者的行为和态度。社交存在感的关键要素包括以下几个方面。

（1）即时性：即时性指的是互动的及时性和反应的速度。高社交存在感的交流通常具有快速和及时的反馈，如实时聊天或视频会议。

（2）情感表达：这涉及参与者在交流中表达和接收情感的能力。非语言线索如面部表情、语调、肢体语言等，在面对面交流中尤为重要。

（3）互动性：互动性指的是交流的双向性和互回应性。高互动性的交流会有频繁的回应和互动。

（4）个人化：个人化程度指的是互动的个人特征和独特性，如称呼对方的名字、了解对方的背景信息等，使交流显得更为贴近个人。

社交存在感的影响主要表现在以下几个方面。

（1）增强信任、促进合作：在高社交存在感的环境中，参与者更容易感受到信任和归属感，从而促进合作和信息共享。

（2）促进参与、增强投入感：强烈的社交存在感能够激发参与者更积极地参与讨论和互动，增强投入感和责任感。

（3）改善沟通效果：高社交存在感可以减少误解和信息丢失，提升沟通的有效性和准确性。

（4）影响用户行为：在社交媒体和在线社区中，高社交存在感可以促使用户产生更多高质量的内容，提升互动频率和深度。

身份披露增强了社交存在感，从而增强了形象动机——希望被他人正面看待（Xu et al.，2024）。增强的社交存在感可以促使在线知识共享社区上的用户付出更大的努力，因为用户希望提升他们的形象。

为了探讨身份披露的影响，我们利用一个企业的在线知识共享社区进行了自然实验。该社区由市场销售部员工使用，包含两个部分：评论部分和问答部分。2014 年，该社区开始在评论部分披露用户身份，而问答部分保持匿名。这一设置提供了一个独特的机会来检验身份披露对用户内容生成的直接和间接影响。我们的分析揭示了身份披露与用户内容生成之间的复杂互动。在披露身份的评论部分，用户在每个评论上投入了更大的努力，生成内容更长且质量更高。增强的社交存在感抑制了用户生成大量低质量的"水帖"。"水帖"，也称为"灌水帖"，是指在网络论坛、博客评论区及其他社交媒体平台等互动空间中发布的内容低质、无意义、重复或仅为增加发帖数量的帖子。"水帖"通常缺乏实质性内容，对讨论没有建设性贡献，甚至有时会扰乱正常的交流秩序。有趣的是，在保持匿名的问答部分，内容数量显著增加但每个回答的努力程度降低。这表明用户由于身份披露的压力，将"水帖"分配到了匿名部分。

对于企业平台管理者来说，这些发现强调了谨慎平衡身份披露利弊的重要性。虽然透明度可以提高内容的可信度并鼓励高质量贡献，但它也可能以意想不到的方式转移用户活动，将"水帖"分配到匿名部分。总的来说，平台中的身份披露在提高内容质量和保持内容数量之间有着复杂的权衡。通过增强社交存在感，身份披露激励用户在每个内容上投入更大努力，但也导致了替代效应：将"水帖"从非匿名部分分配到了匿名部分。理解这些动态对于设计高效且可信的企业在线知识共享社区至关重要。

企业在线知识共享社区作为一种颠覆性数字创新，不仅可以促进内部知识共享，还是了解员工行为的重要工具。比如在线社区会记录员工的互动行为，包含发帖、评论、点赞等行为。这些数据可以被分析，用来了解员工的兴趣、专业特长和社交网络。通过分析员工在社区中的活跃度、互动频率和关系网络，企业可以识别出员工的行为模式，例如哪些员工是知识的主要贡献者，哪些员工在特定话题上较为活跃。另外，员工在社区中的交流内容和方式可以反映其工作情绪和满意度。例如，积极参与和正面互动的员工通常对工作和企业感到满意，而消极或抱怨较多的员工可能存在工作压力或不满情绪。所以，企业在线社区不仅提升了知识共享的效率和效果，还提供了丰富的数据和工具来深入了解员工行为，从而帮助企业更好地管理和激励员工，提升组织整体效能。我们的另一项研究探讨了在线社区中的知识共享活动与员工流动之间的复杂关系，提供了对劳动力管理的新见解（Chen et al.，2022）。

简单来说，知识共享活动可以分为两类：知识获取和知识输出（贡献）。每个员工既是知识的寻求者又是知识的提供者，形成了组织内部的社会关系网络。这些关系的强度和方向对员工的离职决策起着关键作用。我们的研究引入了双向和单向知识共享关系的概念。双向关系，即员工既寻求知识又提供知识，表明了更强的社会关系和更高的组织承诺。相反，单向关系则暗示了较弱的社会融合，可能导致更高的员工流动率。平衡，即知识获取和知识输出的平衡，也是一个关键因素。在知识获取和知识输出方面保持高度平衡的员工，往往会感知到公平的知识交换，从而降低流动意图。相反，低平衡的员工可能会感到知识的净获取不足或过多，从而增大了流动的可能性。

我们的数据集包括公司在线社区中的详细知识共享记录和人力资源部门的官方流动记录。我们发现，具有双向知识共享关系的员工，其离职的可能性显著降低。特别是对于那些在知识共享活动方面保持高度平衡的员工，这一结论尤为显著。我们的发现为企业在线社区理解和管理员工流动提供了宝贵的途径。通过监控和分析企业在线社区中的知识共享行为，企业可以更好地预测和管理员工流动。总之，企业可以实施策略以促进形成双向和平衡的知识共享关系，从而提高员工留任率和整体组织效能。

6.5　人工智能和知识共享社区

人工智能正以多种方式深刻地影响知识共享社区，从内容生成与管理到个性化推荐与搜索，再到用户互动与支持。人工智能不仅提升了社区的效率和用户体验，还推动了知识的创新和发展。未来，随着人工智能技术的不断进步，知识共享社区将变得更加智能化、个性化和互动化，为用户提供更优质的知识服务和体验。

第一，人工智能在内容的管理与生成方面有许多应用。人工智能可以自动生成文章、回答用户问题和撰写报告（Shan and Qiu，2023；Su et al.，2023）。例如，自然语言处理技术可以生成高质量的文本内容，帮助社区提供即时的知识解答。生成式人工智能擅长考虑上下文和语境，这对于生成或改进系列化数字内容（Zhang et al.，2024），比如"学习 Python 编程"的系列文章，有极大的帮助。人工智能也可以为长篇文章或讨论生成摘要，帮助用户快速了解主要内容（Su et al.，2024）。在内容审核方面，人工智能可以识别和过滤低质、重复或不适当的内容（如"水帖"、广告），保持社区内容的高质量。另外，人工智能还可以通过情感分析识别和管理社区中的负面情绪，维护社区的健康氛围。

第二，在个性化推荐与搜索方面，基于用户的兴趣和行为，人工智能可以推荐相关的帖子、文章和讨论主题，提升用户的参与度和满意度。根据用户的问题或需求，人工智能可以推荐合适的专家或有经验的社区成员，提供更准确和更专业的帮助。人工智能驱动的搜索引擎可以理解用户查询的意图，提供更准确和更相关的搜索结果。

第三，在知识挖掘与管理方面，人工智能可以分析社区中的大量数据，挖掘出有价值的知识和趋势，帮助社区管理者和用户做出更明智的决策。通过构建知识图谱，人工智能可以将分散的信息组织成系统的知识结构，便于用户理解和应用。同时，人工智能可以自动对社区内容进行分类和标记，使知识组织更为系统和高效。

第四，在用户互动与支持方面，人工智能驱动的聊天机器人可以为用户提供即时的帮助和支持，解答常见问题，指导用户使用社区功能。人工智能还可以分析用户行为，识别活跃用户和潜在的贡献者，激励他们参与社区建设。通过识别用户情感，人工智能可以主动干预，防止潜在的冲突和负面情绪扩散。在 5G 技术的支持下（Cho et al.，2016，2020；Mei et al.，2022；Qiu et al.，2019），结合虚拟现实和增强现实技术，人工智能可以创建沉浸式的知识共享环境，提供更为直观的可互动的学习体验。

我们的一项研究具体探讨了生成式人工智能对知识共享社区的影响（Su et al.，2023）。生成式人工智能因其内容创作能力而著称，具有重塑知识共享活动的重大潜力。通过利用一个领先的在线问答平台引入的独特政策，我们的研究结果表明，生成式人工智能对知识分享的数量和长度有积极影响，并促进了与人工智能生成答案的一致性——我们称之为人工智能的一致效应。此外，生成式人工智能的引入促使人类专家的贡献增加，表明人工智能是对人类专业知识的补充，而非取代。这些发现凸显了生成式人工智能在促进知识生成和传播方面的潜力。

正如我们在前几节中描述的，在数字时代，在线知识共享社区，如问答平台，在知识的创建、传播和交流中发挥着关键作用（Shi et al.，2021）。这些平台严重依赖用户的自愿贡献，所以吸引和留住活跃的贡献者仍然是一项挑战（Shi et al.，2023）。生成式人工智能（以 ChatGPT 等模型为代表）显著提高了人工智能提供高质量答案的能力，使得利用生成式人工智能来补充这些平台上人类分享的知识成为可能。生成式人工智能技术因其令人印象深刻的内容创作能力而获得了极高的人气。这些人工智能模型基于大型语言模型和庞大的数据库，成为在线知识的宝贵贡献者。然而，不同的知识共享社区对生成式人工智能采取了不同的态度。例如，Stack Overflow 在一段时间内禁止使用 ChatGPT 等人工智能技术，而 Quora 则主动整合这些技术，并突出显示人工智能生成的答案。这种差异反映了业界关于人工智能生成内容在知识共享活动中作用和影响的持续辩论。我们的研究旨在弥合理论建构与经验认知间的解释裂隙，了解生成式人工智能对人类知识共享的影响。

我们利用一家领先的在线问答平台的数据进行研究，该平台于 2023 年 1 月引入了生成式人工智能答案。具体来说，对于某些问题，如受政策影响的问题，生成式人工智能提供的答案会显示在答案部分的开头，并明确标注来源于人工智能。对于其他问题，答案部分不受此政策影响。我们针对该政策划分了两类不同的问题：①实验组的问题，包括政策推出后由生成式人工智能回答的问题；②对照组的问题，包括从未由生成式人工智能回答的问题。如果我们想要分析人工智能答案对人类知识贡献的因果性影响，我们需要隔离一个明显的混杂因素：实验组的问题可能和对照组的问题有显著的不同。比如说，实验组的问题可能比对照组的问题更难回答，所以平台引入了人工智能答案。在我们的分析中，我们创建了一个子样本，其中的问题在内容上基本相似。例如，考虑以下问题："如何放松髋屈肌？"和"髋屈肌的最佳拉伸动作是什么？"尽管它们的表达方式略有不同，但两者本质上都是在寻找放松髋屈肌的方法。前一个问题属于未收到生成式人工智能答案的对照组。相反，后一个问题属于有生成式人工智能答案的实验组。在这个子样本里，实验组和对照组的问题非常类似，使我们可以更好地进行因果识别。

我们的分析表明，在引入人工智能答案后，人类知识贡献的数量和长度显著增加，这一效果在客观和未得到充分回答的问题上更为明显，这一结果支持了人工智能的一致效应。人类贡献者更倾向于使其答案与人工智能提供的答案保持一致。此外，我们发现人工智能答案的引入促使人类专家的贡献增加较普通用户更为明显。这表明专家更善于利用人工智能生成的内容，将其整合到自己的答案中，从而提高平台上知识贡献的整体质量。在实践中，我们的研究结果为知识共享平台在整合人工智能方面提供了指导。通过强调人工智能生成内容在激励人类贡献方面（尤其是专家方面）的益处，我们的研究凸显了人工智能在促进知识生成和传播方面的潜力。通过积极影响人类的知识贡献，人工智能可以作为在线知识共享社区的宝贵工具。

参 考 文 献

Bergstrom C T, West J D. 2020. Calling Bullshit: the Art of Skepticism in a Data-Driven World[M]. New York: Random.

Chen Y, Cheng H K, Liu Y, et al. 2022. Knowledge-sharing ties and equivalence in corporate online communities: a novel source to understand voluntary turnover[J]. Production and Operations Management, 31(10): 3896-3913.

Cho S, Qiu L F, Bandyopadhyay S. 2016. Should online content providers be allowed to subsidize content?——An economic analysis[J]. Information Systems Research, 27(3): 580-595.

Cho S, Qiu L F, Bandyopadhyay S. 2020. Vertical integration and zero-rating interplay: an economic analysis of ad-supported and ad-free digital content[J]. Journal of Management Information Systems, 37(4): 988-1014.

Mei X W, Cheng H K, Bandyopadhyay S, et al. 2022. Sponsored data: smarter data pricing with incomplete information[J]. Information Systems Research, 33(1): 362-382.

Michailova S, Husted K. 2003. Knowledge-sharing hostility in Russian firms[J]. California Management Review, 45(3): 59-77.

Pu J C, Chen Y, Qiu L F, et al. 2020. Does identity disclosure help or hurt user content generation? Social presence, inhibition, and displacement effects[J]. Information Systems Research, 31(2): 297-322.

Pu J C, Liu Y, Chen Y, et al. 2022. What questions are you inclined to answer? Effects of hierarchy in corporate Q&A communities[J]. Information Systems Research, 33(1): 244-264.

Pu J C, Liu Y, Chen Y, et al. 2024. Departmental boundaries and knowledge sharing in corporate online communities[R]. Working Paper.

Qiu L F, Rui H X, Whinston A B. 2019. Optimal auction design for Wi-Fi procurement[J]. Information Systems Research, 30(1): 1-14.

Shan G H, Qiu L F. 2023. Examining the impact of generative AI on users' voluntary knowledge contribution: evidence from a natural experiment on stack overflow[EB/OL]. [2025-03-14]. https://doi.org/10.2139/ssrn.4462976.

Shi C C, Hu P, Fan W G, et al. 2021. How learning effects influence knowledge contribution in online Q&A community? A social cognitive perspective[J]. Decision Support Systems, 149: 113610.

Shi C C, Hu P, Fan W G, et al. 2023. Competitive peer influence on knowledge contribution behaviors in online Q&A communities: a social comparison perspective[J]. Internet Research, 34: 1577-1601.

Su Y, Wang Q L, Qiu L F, et al. 2024. Navigating the sea of reviews: unveiling the effects of introducing AI-generated summaries in e-commerce[R]. Working Paper.

Su Y, Zhang K Y, Wang Q L, et al. 2023. Generative AI and human knowledge sharing: evidence from a natural experiment[EB/OL]. [2025-03-14]. https://doi.org/10.2139/ssrn.4628786.

Xu X C, Wang Q L, Liu Y Z, et al. 2024. Social attention as a reference point: evidence from a field experiment on a cryptocurrency trading platform[R]. Working Paper.

Zhang K Y , Wang Q L, Qiu L F, et al. 2024. Unveiling the cost of free: how an ad-sponsored model affects serialized digital content creation[J]. Information Systems Research: 1-21.

第7章　企业社交媒体与知识共享

匡衡字稚圭，勤学而无烛，邻舍有烛而不逮，衡乃穿壁引其光，以书映光而读之。邑人大姓文不识，家富多书，衡乃与其佣作而不求偿。主人怪，问衡，衡曰："愿得主人书遍读之。"主人感叹，资给以书，遂成大学。

——刘歆《西京杂记》

7.1　引子：凿壁偷光与知识共享

古代知识学习的环境非常有限。西汉时期，有一个少年叫匡衡，他特别希望能像学堂里的孩子那样，跟着老师读书。可是，他家里很穷，实在没有钱拿出来供他上学堂。于是，他经常一个人躲在学堂外面，安静地听着里面的读书声。一位亲戚看见他这么喜欢读书，很受感动，就抽空教他认字。日积月累，他终于可以自己读书了。匡衡买不起书，就想办法借书来读。那个时候的书都是十分贵重的，只有有钱人家才有。可是有钱人家怎么会轻易把书借给一个穷小子呢？为了能读到书，匡衡想出了一个好办法。村子里有个大户人家，家里有很多藏书。一天，他跑到那户人家求见主人，见到后，一边作揖，一边急切地恳求说："请您收留我吧，我给您家干活。我力气很大，什么活都会干。我不要工钱，只求您能把家里的书借给我看看。我保证不会耽误干活，保证不会把书弄坏。"主人看到匡衡落落大方、彬彬有礼，眼睛里充满了渴求，一时被深深打动了，就收留了他。匡衡终于如愿以偿地读到了书。寒来暑往，匡衡一天天长大了。他每天从早到晚都在地里干活，只有中午休息吃饭的工夫才能看一会儿书。晚上回到家里，因为没钱，点不起油灯，也不能看书。所以一卷书常常要用十天半个月的时间才能读完。匡衡心里难过极了，却无计可施。一天晚上，匡衡从外面回家，周围一片漆黑，只有邻居家的窗户透着光亮。匡衡忽然想到了一个主意，狠狠拍了一下自己的脑袋："以前怎么没想到呢！"回到家，他就在自己与邻居家共用的那面墙上反复摸索，终于找到一处墙壁有破损的地方。他找来一把小刀，沿着破损的墙壁轻轻一抠，竟然就有一道弱弱的光线从墙缝里照射过来。匡衡兴奋极了，担心影响到邻居而不敢抠得太大，于是，便借着这一点点光线看起书来。光线太暗了，没看一会眼睛就开始觉得酸疼，他就稍稍休息一下，接着再看。就凭着凿壁偷光这样的毅力，匡衡博览群书，下笔成章，终于成为西汉著名的学者。可见，在古代时期，知识一般处于固定的状态，而非流动的，只有大户人家才有读书学习的资格，穷苦人家则会受到经济、人际关系等因素的限制。因此，在古代社会，知识共享存在着层层阻碍。随着网络信息技术的发展，知识信息每天都在不停地更新，人们的知识不再局限于某一处，人们每天在社交媒体上分享自己的生活日常、学习知识，打破了以往知识流动的种种牢笼。值得注意的是，与针对消费者的传统社交媒体不同，服务于员工工作的企业社交媒体逐渐兴起，其在知识共享方面具有独特性。

社交媒体这一工具的创新性在于用户可自行创建 Web 内容，也可以浏览与评价他人的内容，从而实现双向信息交互。基于此，企业社交媒体这一类社交互动工具区别于传统通信技术，员工有权限浏览其他合作伙伴之间的对话记录。在企业管理中，企业社交媒体不仅是沟通渠道，还是管理人力资源、沟通、学习和协作的社交互动平台，知识共享在平台上每时每刻都在进行中。

从知识共享过程的角度来看，企业社交媒体更多地扮演着知识管理系统的角色。值得注意的是，以往许多企业尝试构建知识管理系统，目的是促进组织内部的知识信息流动与共享。知识管理系统这一技术工具的有效性取决于良好且稳定的管理过程，这一过程将隐性知识编纂与外化，并转化为可以有效共享的明确形式。然而，这一传统的知识管理过程成本昂贵，通常不会嵌入员工的日常工作中。知识是由新刺激引发流入并经认知加工后的主观解释，有效的知识转移依赖于人与人之间的知识对话，即社交模式。正因如此，企业也试图搭建以人为中心的知识社区，试图促进不同知识的流动与转移。但是，知识交流的参与度与所产生知识的质量是这类知识社区普遍遭受的不确定性阻碍。

企业社交媒体在促进知识高效共享方面扮演着重要角色，是清除知识传播障碍的重要途径。与传统的知识管理系统相比，企业社交媒体构建了一个以人为本的知识交流网络，显著增强了员工在网络中的控制力与所有权感，进而提升了他们参与知识对话的积极性与对话质量。企业社交媒体的引入使得企业以往的对话变得更加透明和持久，知识间的频繁交流不仅加深了员工对特定知识的理解，还通过提供丰富的上下文信息，帮助他们更精准地把握知识的深层含义与实际应用场景。因此，有效运用企业社交媒体是实现企业知识共享优化与升级的关键策略。本章将从企业社交媒体的可供性、企业社交媒体的可供性与知识共享、企业社交媒体促进知识转移、企业社交媒体中的人工智能技术与知识共享这四个方面出发，探索企业社交媒体对知识共享的影响。

7.2　企业社交媒体的可供性

7.2.1　企业社交媒体可供性的定义

近年来，可供性引起了人们的广泛关注，特别是在企业社交媒体领域。虽然不同的研究对可供性有不同的定义，但它作为一个新的理论视角，被广泛用于解释企业社交媒体对组织和员工的影响。可供性理论（affordance theory）最初由Gibson（1977）从生态心理学角度提出，用于解释自然环境中的动物行为和感知。尽管环境中的物体由物理属性组成（Gibson，1986），但动物和人类看到一个物体时所感知到的是该物体为他们的行动提供了哪些支持（Stoffregen，2003）。因此，可供性是由动物和环境中的物体之间的关系产生的指向目标行为的机会（Chemero and Turvey，2007）。

Norman（1988）在设计领域率先引入了"可供性"的概念，区分了设计师在工具设计中的两种可供性：①实际可供性，即工具本身的固有属性和能力；②感知可供性，即基于其知识库和经验对工具潜在用途的感知与理解。随后，Hutchby（2001）将这一概念引入信息系统，将其视为分析系统——用户交互潜力的一个框架。然而，关于对象如何具体促进或限制用户行动仍存在一定的模糊性。Hartson（2003）在交互设计领域进一步细化了可供性的分类，提出了认知可供性（类似于感知可供性）、物理可供性（类似于实际可供性）、感官可供性和功能可供性四种类型。Majchrzak 和 Markus（2012）则是借用技术支持和约束理论，深入剖析了个人与技术之间复杂且动态的交互关系，指出技术支持是指为个人或组织实现特定目标，技术所提供的潜在能力与机会，技术约束则揭示了这一互动过程中可能遭遇的限制与挑战。Pozzi 等（2014）审查了现有文献并认为可供性理论框架包括四个要素：可供性存在、可供性感知、可供性实现和可供性效应。Anderson 和Robey（2017）引入了一种新颖的概念——可供性效力，体现了个人能力与系统特征之间的关系。

这些研究强调了可供性作为需求供给的概念，这种概念源于个人在组织环境中对于信息技术组件特性和用途的认知与利用。这意味着可供性会根据个人的目标和组织的背景而变化。可供性不是物体的专有属性，而是由物体特征、个人感知和组织环境共同构成。可供性的视角有助于共同关注物体的物质性和人们的感知，因为它可以帮助解释企业社交媒体在特定组织环境中影响个体行为的原因、时间和方式。

为了深入探究企业社交媒体知识共享的现状与面临的挑战，并明确未来研究的方向与机遇，我们首先完成了系统性的文献综述工作。在这一过程中，我们广泛检索了多个权威数据库，包括 ScienceDirect、Web of Science（科学网）以及 SpringerLink，旨在搜集并整理企业社交媒体能力如何影响知识共享的相关研究成果。通过细致筛选与深入分析，我们梳理了相关文献中提出的多种企业社交媒体可供性分类，如表 7-1 所示。

表 7-1　企业社交媒体可供性分类

可供性	定义	相关可供性
可审查性	可审查性是企业社交媒体用户具有可审查性权限，可以查看和管理自己在平台上的历史讨论记录、发送的公开消息、网络连接、位置信息以及配置文件信息	可见性（Rice et al.，2017；Treem and Leonardi，2013）
		可持续性（Fox and McEwan，2017；Rice et al.，2017；Treem and Leonardi，2013）
		可搜索性（Rice et al.，2017）
		可审查性（Sun et al.，2019）
		可及性（Fox and McEwan，2017）
可编辑性	可编辑性是指企业社交媒体用户具有创建新的内容、修改现有的内容并进行一些其他新的操作的权限	可编辑性（Rice et al.，2017；Treem and Leonardi，2013）
		重组性（Faraj et al.，2011）
		实验性（Faraj et al.，2011）
		选择性（Gibbs et al.，2013）
关联性	关联性是指企业社交媒体用户具有与平台上的其他用户互动并建立关系的权限	关联性（Rice et al.，2017；Treem and Leonardi，2013）
		社交润滑剂（Leonardi et al.，2013）
		网络关联（Fox and McEwan，2017）
通知关注	通知关注是指企业社交媒体相关事件发生、更新时，用户得到通知的可能性	信号的可用性（Gibbs et al.，2013）
		触发参与（Majchrzak et al.，2013）
		显示更新（Gibbs et al.，2013）
		信号性（Rice et al.，2017）
		通知性（Sun et al.，2019）
普及性	普及性是指企业社交媒体用户具有随时随地与他人交流的权限	普及性（Rice et al.，2017；Sun et al.，2019）
		泛在性（Kane，2017）

7.2.2　企业社交媒体可供性的前因

可供性理论为理解企业社交媒体与知识共享之间的关系提供了强大的视角。

它允许学者考虑技术提供的能力以及参与者和技术能力之间的关系（Oostervink et al.，2016）。换句话说，信息技术的功能特性、个人目标和组织环境共同影响了可供性的实现程度。先前的研究一般只从技术角度考虑可供性，本章将以知识共享为出发点，并结合组织环境和个人目标角度进行综合考虑，整理如表 7-2 所示。其中，组织环境包括组织结构、组织氛围和组织边界管理；个人目标包括目标导向、自我监控和个人边界管理。

表 7-2 调节人工制品与可供性之间关系的不同变量

调节变量		A-可审查性	A-可编辑性	A-关联性	A-通知关注	A-普及性
组织环境	组织结构	√	√	√		
	组织氛围	√	√	√		√
	组织边界管理	√				
个人目标	目标导向	√	√	√	√	√
	自我监控					
	个人边界管理	√		√	√	√

注：A 指人工制品，此表体现了组织环境和个人目标如何调节人工制品与可供性之间的关系

1. 组织环境

人们普遍认为，组织环境可能会影响可供性的实现。然而，事实上很少有研究人员在讨论可供性时考虑组织环境的作用。尽管 Rico 和 Xia（2018）通过研究信息技术与文化之间的匹配度对信息技术可供性、适合性的影响，在一定程度上填补了这一研究空白，但仍然缺乏系统的观点来看待组织环境在实现可供性的过程中所起的作用。组织环境包括组织结构、组织氛围和组织边界管理。

组织结构包括组织集中化和组织形式化。前者指的是严格的等级制度，组织的权力由高级领导人控制（Kim and Lee，2006）。在集中度高的组织中，员工的工作决策能力较低，工作中的互动较少，缺乏责任感。因此，由于权限有限，它们不会使用企业维基等功能，也无法启用可编辑性。组织形式化意味着所有活动都是根据书面规则和规定来安排的（Kim and Lee，2006）。形式化程度较低的组织往往更加开放和灵活，更能促进沟通和互动。这种特性会营造出一种较为轻松的非正式氛围，从而导致组织内部出现更多的社会化现象。因此，个人可以更好地使用信息技术来加强企业社交媒体的关联性。

组织氛围是指组织内的情境，有时会受到组织中有影响力和权力的个人的影响（Bock et al.，2005）。临时性的和主观性强的组织氛围可能会影响经济效益。

例如，在鼓励群体认同和弱化自身利益的环境中，员工愿意在私人时间内完成工作任务，这表明普及性可以发挥作用（Serenko and Bontis，2016）。此外，虽然企业社交媒体具有存储知识的功能，但个人可能出于保护隐私的需求而人为地删除它们。换句话说，如果组织氛围是开放并鼓励信任的（Cai et al.，2018），用户将更有可能通过企业社交媒体上的企业维基、博客和微博保存、编辑或修改现有内容。这确保了可编辑性得以实现。此外，员工将更愿意使用微博等功能来表达他们的想法，这可以体现可审查性和关联性。

　　然而，可编辑性和可审查性在一定程度上存在冲突（Wang and Noe，2010）。当人们修改或删除他们贡献的内容时，这些原始内容将不会始终保留在企业社交媒体上，也不会对其他员工可见。换句话说，如果您希望您的贡献或内容对他人可见，则无法启用某些可编辑功能。如果要实现可编辑性，可审查性的某些功能将变为无效。

　　企业社交媒体在组织边界管理方面发挥着重要作用。与个人边界管理不同，组织边界管理可以定义为团队或组织如何努力建立和管理与外部各方的交互关系。如今，员工、客户甚至竞争对手都可以轻松地使用相同的企业社交媒体来建立联系（Leonardi and Vaast，2017）。但是，为了保护知识产权和客户隐私，并不是所有的内容都可以在团队和组织之间交换。因此，许多组织都制定了监管政策和管理措施来控制边界（Banghart et al.，2018），这可能会在一定程度上阻碍可供性的实现。

　　2. 个人目标

　　目标导向会影响可审查性、可编辑性、关联性、通知关注和普及性的实现（Fang，2017；Rhee and Choi，2017）。自我监控会影响可审查性、可编辑性、关联性和通知关注的实现（Wang and Noe，2010）。个人边界管理会影响可审查性、关联性、通知关注和普及性的实现（Leonardi and Vaast，2017；Yan et al.，2016）。

　　根据调节焦点理论，组织中的员工总是有两种目标：通过自我监管系统努力获得成就以及避免惩罚。相对应地，会产生促进导向和预防导向（Higgins，1998）。以促进为重点的个人倾向于将获取收获和个人进步视为最高目标，例如建立网络联系以便与其他同事进行协作和沟通（Leonardi and Vaast，2017；Pee，2018）。相比之下，以预防为重点的个人可能不会在这个平台上进行知识对话，因为他们有意避免出现错误。

　　信息技术的功能特性会影响目标导向对可供性的调节作用。以预防为重点的员工可能会将博客和微博放在一边，不发布新内容或修改现有内容，因为他们担心犯错误（Fang，2017），担心被视为不专业并且失去面子（Yan et al.，2013）。因此，可能无法启用可编辑性这一可供性。此外，只想完成工作而不重视人际关系的员工不会积极建立社交网络联系。尽管社交标记和社交网站使他们能够在自己的主页上展示自己，如添加自我描述和头像照片，但他们仍不会这样做（Ahmed et al., 2019）。相比之下，当员工以促进为导向时，信息技术的功能特性可以发挥作用。例如，企业维基旨在整合企业内的信息孤岛、改进工作流程。企业微博也可以被以推广为重点的个人使用，因为他们更有可能积极贡献内容，以提升他们的声誉并增强他们的竞争优势（Rhee and Choi, 2017；Wang and Noe, 2010）。其他员工可以看到他们的贡献并与他们建立联系，从而实现可审查性、可编辑性和关联性。此外，借助移动应用，必要时员工可以在下班后处理业务，从而实现普及性。

"自我监控"是 Snyder（1974）提出的一个概念，是一种人格特质，指的是一种调节行为以适应社会情境的能力。自我监控行为的不同之处在于获取他人的评价并使自己不被拒绝。与低自我监控相比，高自我监控倾向于改变他们在企业社交媒体上的行为，以使他人接受并表达他们愉快的情绪。例如，高度自我监控者可能会对其他人尤其是监管者在社交网站上的内容进行"点赞"以获得其认可，从而实现关联性并满足可审查性和关联性的要求（Wang and Noe, 2010）。此外，为了在组织内赢得良好的声誉，高度自我监控者可以及时处理消息和请求，以防其他人对其有负面评论，从而造成负面影响。此外，如果自我监控者倾向于避免群体冲突并试图获得他人的信任，他可能不会主动修改企业维基上的现有内容，这会妨碍可编辑性的实现。

个人边界管理是对个人工作与非工作边界的管理，解释了个人如何协调工作-家庭领域和工作-放松领域以实现平衡（Kossek et al., 2012）。它与他们在面对不同物体时想要描绘的图像有关，这可以用自我呈现理论来解释（Leary and Kowalski, 1990）。Goffman（1959）提出人们同时表现出"前台行为和幕后行为"。例如，当员工在公司时，他想要建立一个勤奋的形象来建立权威或获得认可；相反，当他回到家时，他扮演丈夫的角色，并希望建立一个负责任的家庭成员的形象。

个人边界管理同样能够调节信息技术功能特性对可供性的影响（Leonardi and Vaast, 2017）。例如，移动设备的普及赋予了人们随时随地访问企业社交媒体的能力，实现了"始终在线"的便捷。然而，部分用户由于具有强烈的边界管理意识，可能并不会频繁利用这一功能。他们倾向于保持一定的离线状态或限制信息的共享范围。此外，尽管社交网站为同事间搭建了信息共享的桥梁（Chakraborty et al., 2013），但那些注重个人隐私与职场界限区分的个体，往往不会将个人生活细节，如个人照片、兴趣爱好或联系方式等敏感信息，不加区分地分享给公司内的所有员工。这又阻碍了可审查性的实现（Yan et al., 2016）。

7.3　企业社交媒体的可供性与知识共享

本章聚焦于可供性在知识共享领域的作用机制。已有研究充分论证了可供性对知识共享的积极影响,但其潜在负面效应尚未引起学界足够重视。我们就可供性对知识共享产生正面及负面影响的机制进行了重新组织,并将在下文详细讨论及总结这些机制。与以往研究不同的是,我们提炼出了关键的影响机制,并明确了导致可供性对知识共享产生负面影响的原因。

7.3.1　积极影响机制

社交媒体是一种基于 Web 2.0 技术的网络应用程序,允许用户创建和交换生成的内容。社交媒体也可以是社交网站,允许用户与其他人联系,并通过他们创建的内容建立社交网络。在这一过程中。知识的流动性与扩散性使其可以随意流向任何群体,这导致各个群体间的知识接受程度并不统一。随着社交网站得到广泛应用,企业社交媒体成为互联网上最受欢迎的应用之一,企业社交媒体被视为组织中促进知识转移的社交媒体应用以及交互系统(Lin et al., 2019; McAfee, 2006)。早期的研究表明,企业社交媒体可以帮助员工联系到他们在现实世界中很少遇到的同事,从而获得更多样化的资源(Bennett et al., 2010)。这些弱联系和通过它们积累的社会资本改变了组织知识转移的方式(Ellison et al., 2007; Steinfield et al., 2012)。企业社交媒体作为员工人际交流的交互系统,将网络内容的控制权从集中的渠道所有者手中转移到素材贡献者手中。可控性的提高鼓励了用户的积极参与,将知识传递模式从信息收集转变为信息参与(Bennett et al., 2010)。

表 7-3 显示了哪些可供性分别带来哪些影响。一些研究通过可供性阐释了企业社交媒体的影响(Sun et al., 2021)。Treem 和 Leonardi(2012)认为,企业社交媒体的可见性、持久性、可编辑性和关联性使其区别于传统的以计算机为媒介的传播工具,并通过识别专业知识、激励知识贡献、获取隐性知识和突破组织边界等方式来改进知识共享的关键流程。Majchrzak 等(2013)关注知识对话的背景,提出将元语音(metavoicing)、触发参与(trigger attending)、网络知情关联(network-informed associating)和角色扮演生成(generative role-taking)作为企业社交媒体可供性。这些可供性共同创造了一个契机,使得组织内部的知识共享得以从原先间断的、集中的知识管理模式,转变为与陌生人之间连续的知识对话、意外的知识解释与重用,以及动态的知识涌现。与此同时,Leonardi 等(2013)着重强调了可见性和持久性所带来的优势,它们使用户能够轻松浏览并参与到其

他用户的对话之中。这些对话帮助用户获得工具性知识和元知识，了解其他人知道什么、知道谁。如何共享工具性知识和元知识是传统知识管理系统面临的主要问题。

表 7-3　企业社交媒体的可供性带来的积极和消极影响

可供性	交互记忆系统	社会资本	信息过载	沟通过载	社交过载	群体思维	隐私被侵犯
可审查性	√	√	√			√	√
可编辑性	√						
关联性	√	√		√	√	√	
通知关注			√				
普及性			√	√			√

注：	"√"表示有积极或消极影响

　　已有文献从企业社交媒体具体功能的角度提出并研究了企业社交媒体对知识共享的影响。例如，企业社交媒体使员工能够重新发布内容，这些内容是其他人为新受众提供的知识贡献。同时，企业社交媒体主要通过在长时间对话的群组内分发消息来促进知识共享，如利用企业微信中的"群聊"功能，个人可以轻松地相互交流和分享知识，并能够做到保护文件的隐私（Zhang et al.，2010）。通知关注的存在降低了个人不了解信息的可能性并提高了知识共享的频率。此外，可搜索性和可选择性允许个人从更广泛的受众中搜索和订阅他们感兴趣的内容（Gibbs et al.，2013；Rice et al.，2017）。

　　曾有学者通过社会资本理论解释了企业社交媒体可供性对知识共享的影响。社会资本的概念最初由 Coleman（1988）引入，可以概念化为结构、关系和认知维度。结构维度关注的是"行动者之间联系的总体模式"，与网络结构和关系紧密相连，为参与者提供了分享知识的契机（Nahapiet and Ghoshal，1998）。它包括社交网络联系、网络密度和网络中心性。关系维度则体现了参与者之间通过社会互动所累积的资产，涵盖可信度、共同规范、共同义务、互惠、认同和承诺等关键要素。认知维度反映了参与者之间在相互作用中形成的共同认知和理解（Ali-Hassan et al.，2015）。它由共享语言、共享目标、共享意义和共享叙事组成（Chiu et al.，2006）。

　　首先，从结构维度来看，企业社交媒体旨在建立弱关系并加强强关系，这有助于创造整合和分享知识的机会（Majchrzak et al.，2013）。因为联系人列表与组织结构一致，参与者可以通过该列表轻松找到其他人。社交润滑剂可帮助参与者了解其他成员正在做什么，然后通过更高水平的心理安全快速建立关系（Leonardi et al.，2013）。此外，企业社交媒体还可以帮助成员了解他人的利益，鼓励成员突破组织边界，建立新的联系并与他人分享知识（Treem and Leonardi，2012）。网络中的这些社会互动可以积累社会资本，特别是那些社会关系较弱和多样化的社会资本，这可能生成新的信息，从而影响知识共享的质量（Fulk and Yuan，2013）。

其次，从关系维度来看，个体倾向于通过企业社交媒体围绕共同的问题和感兴趣的话题团结起来（Chiu et al.，2006）。这种团结一致的感觉会激励员工贡献知识，并通过这种共识加深和拓宽所贡献知识的深度与广度（Huysman and Wulf，2006）。因此，他们可能更愿意主动分享知识。此外，可供性能够影响知识贡献，因为员工之间的信任在企业社交媒体平台（enterprise social media platforms，ESMPs）的支持下会愈发坚定。Offong 等（2017）认为，回音室效应的可供性能够在拥有相似兴趣或愿景的个体之间建立网络联系，进而产生同事间的信任，使他们愿意并乐于贡献知识。由于回音室效应的存在，员工更倾向于与具有相似属性的其他人分享知识，因为相似性增强了吸引力并降低了知识共享的风险（Hwang et al.，2015）。此外，可见性使得现有的社交网络关系变得透明，减轻了社会压力，从而促进了员工之间的信任并激励了知识分享（Ellison et al.，2015）。

最后，可供性可以通过认知维度影响知识共享，即共同语言和共同愿景。企业社交媒体提供了一个平台，将人们与他们感兴趣的个人和内容彼此联系起来，用于建立共同语言。通过这种共同语言，个人将积极参与知识交流活动，从而带来更有效的知识贡献（Chiu et al.，2006；Huysman and Wulf，2006）。企业社交媒体的虚拟社区将具有共同兴趣和共同目标的参与者联系起来，以更好地贡献知识，如在组织中可以实现与工作相关的文件共享（Chiu et al.，2006）。尤其是，企业社交媒体促进了互动和非正式沟通，这有助于共同目标的实现，促进情感上的亲近，促使知识共享产生积极影响。

7.3.2　负面影响机制

企业社交媒体的使用不仅促进了知识分享，同时也对其造成了阻碍。我们发现了三种负面影响机制——信息过载、群体思维和隐私被侵犯，这些机制揭示了可供性如何阻碍知识分享及其效率提升。由企业社交媒体引起的过载可分为信息过载、沟通过载和社交过载（Yu et al.，2018）。信息过载指的是个体在企业社交媒体上接收到大量信息，对这些信息进行处理超过了他们的能力范围（Yu et al.，2018）。沟通过载则是指企业社交媒体平台的沟通需求超出了个体的沟通能力，导致他们的工作频繁被打断，进而降低了工作效率（Larose et al.，2014）。社交过载是指个体出于对社会支持请求进行回应的义务感，感知到自己在企业社交媒体上为网络中的他人提供了过多的社会支持（Yu et al.，2018）。此外，企业社交媒体可能会引起群体思维，并导致隐私被侵犯（Cai et al.，2018）。

第一，信息的可供性可能导致信息过载，因为一个人拥有大量的知识，而不受他自己的控制。通知关注和可审查性使用户能够访问到大量与工作和专业相关的知识，这是出于用户提升工作表现和专业技能的意愿（Oostervink et al.，2016）。如果没有适当的组织规范来实施信息管理，员工将能够随时访问以前的信息，这虽然有助于增加组织的记忆，但同时也会带来信息过载，影响可持续性。当通过企业社交媒体搜索信息以解决问题和做出决策时，个体可能会获得比所需更多的知识，导致他们错过重要的知识（Kwahk and Park，2018；Yu et al.，2018）。这可能会削弱员工知识共享的意愿和降低分享的知识质量（Razmerita et al.，2016）。由于普及性，企业社交媒体用户可以在私人时间接收与工作相关的信息，这将带来负面情绪，造成使用疲惫。因此，他们可能会拒绝分享知识。

第二，可供性也可能会导致沟通过载。普及性带来了无处不在和持续的联系，使个人能够随时随地与他人交流（Rice et al.，2017）。一般来说，人们倾向于在处理当前所做事情时不受不同来源的事务的干扰。因此，这种未计划的沟通可能会分散员工在工作时的注意力，并打破他们在企业逻辑下的思考，这可能会导致他们对他人产生负面情绪并拒绝分享知识（Yu et al.，2018）。关联性将个人与他人联系起来，当员工接触到大量的信息时，会出现沟通过载现象，从而产生不利影响并导致企业社交媒体使用疲劳（Larose et al.，2014）。他们渴望摆脱企业社交媒体而不参与知识共享。

第三，尽管关联性可以产生和强化社会资本，但过度的社会资本可能导致社交超载，其中非工作沟通和八卦变得司空见惯（Leonardi et al.，2013）。适度的闲聊对个体是有益的，有助于在再次专注于工作之前进行放松。然而，过多的闲聊和非工作相关的沟通对团队生产力是有害的。Maier 等（2015）从社会支持理论的视角解释了社交超载现象，即需要以给予他人足够关注的方式来维持关系，如及时"点赞"他人的内容，这可能造成短期疲惫，阻碍员工参与知识共享。

第四，回音室效应会将具有相似背景的人们聚集在企业社交媒体平台上，这可能导致群体思维，并降低不同社群间知识的融合度（Leonardi et al.，2013）。此外，根据临界质量理论，元语音也可能导致群体思维（Majchrzak et al.，2013）。例如，当组织在企业社交媒体上征求员工对某一问题的意见时，元语音使他们能够发表自己的意见。然而，一些员工，尤其是那些与大多数人意见不同的员工，由于渴望被大多数群体接受，往往选择不参与这种知识交流，隐藏自己的真实想法，而表达与他人相似的观点。因此，他们的知识无法传递给他人和组织，限制了知识的自由流动，使得企业社交媒体上的这种知识交流效率低下。

第五，可供性可能会导致隐私被侵犯。这里的隐私指的是知识隐私，即某些涉及个人隐私或组织机密的知识不适合向广大受众分享。在这种情况下，可见性被视为一种可能导致隐私被侵犯的可供性，从而阻碍用户分享知识（Majchrzak et al.，2013）。隐私还指限制个人信息向他人传播的权利。如果企业社交媒体的透明度较高，担心个人隐私的员工就不太可能分享太多知识。通信中的"已读"功能和普及性被认为是对隐私的侵犯，因为员工认为这是一种占用自己时间的行为（Gibbs et al.，2013；Majchrzak et al.，2013）。此外，从家庭逻辑来看，用户可能不会在企业社交媒体上与陌生人建立太多的网络关系，并且可能不希望在工作之外使用企业社交媒体，因为他们是以家庭为中心的。因此，企业社交媒体所具有的可审查性和普及性可能造成隐私被侵犯，进而对员工知识共享产生负面影响。

7.4　企业社交媒体促进知识转移

7.4.1　组织交互记忆

企业社交媒体提供的元知识可以作为组织的交互记忆内容（Fulk and Yuan，2013；Leonardi，2014；Nevo et al.，2012）。交互记忆是概念化认知相互依赖或"群体心理"形成的基础，即群体中的人们如何相互依赖以获取、记忆和生成知识（Wegner et al.，1985）。一些实证研究表明，交互记忆对知识转移和团队绩效有积极影响（Austin，2003；Faraj et al.，2011；Lee et al.，2014）。当个体学习彼此的专业知识时，交互记忆系统就会发挥作用（Maynard et al.，2012；Wegner，1987）。系统必须为单个专业知识目录积累元知识，并开发维护和使用元知识的流程（Leonardi，2014；Wegner et al.，1991）。

原始交互记忆理论中的元知识只包含"谁知道什么"的知识（Wegner，1995），而 Leonardi（2014）进一步强调了"谁知道谁"的重要性。企业社交媒体中的可见沟通可以向观察者展示同事之间正在进行的沟通，并使人们能够推断出这些同事知道什么、知道谁。这种可见的沟通提高了信息透明度和网络透明度，从而提高了组织中"谁知道什么""谁知道谁"的元知识的准确性（Leonardi，2014）。环境感知，即对他人沟通的简单感知，可以润滑被困的知识并促进知识转移（Leonardi，2015）。Leonardi（2015）进行了一项准自然的现场实验，验证了接触同事发布的信息和看到同事沟通网络的结构，对个人获得组织中"谁知道什么""谁知道谁"的准确元知识的积极作用。改进后的元知识进一步帮助员工避免重复以前的工作，并将不同的想法整合成潜在的新想法。为了适应新环境，员工可能会从体验式学习转向替代学习，从被动搜索实践转向主动聚合知识（Leonardi，2014）。

7.4.2　有效使用企业社交媒体的前提条件

虽然环境意识可以将企业社交媒体转化为有组织的交互式记忆系统，从而促进用户的知识共享，但人们可能不愿意公开披露组织所希望看到的那么多知识（Huysman and Wulf，2006）。交互记忆系统的好处在很大程度上取决于将知识视为一种公共产品的意识形态，这种公共产品由开放和参与的社区拥有与维护，这样就可以跨越群体、职能和组织的边界进行知识对话。这种意识形态与传统观点相矛盾，传统观点认为知识是一种宝贵的资源，需要被有意地保护和培育（Majchrzak et al.，2013）。交互记忆系统要实现知识转移，就必须同时满足知识对话的数量和质量两个标准。必须有足够数量的用户公开参与并相互帮助，只有这样人们才能从企业社交媒体的对话中了解"谁知道什么""谁知道谁"。社会信息加工模型表明，个体对传播媒介的态度受到观察重要同事对传播媒介的态度、描述和行为所获得的社会信息的影响（Fulk et al.，1987）。因此，我们将感知临界点、归属感氛围和开放氛围作为交互记忆系统的三个前因。

临界点是新系统的用户数量的阈值。当参与者的数量超过这个阈值时，由于集体行动的趋势变得明确，新的社会运动就会出现（Oliver et al.，1985）。临界点通常与积极的网络效应有关。网络效应可以是直接的也可以是间接的。直接网络效应源于用户之间的联系，并广泛出现在新的通信工具的应用中（Katz and Shapiro，1985；Markus，1987）。由于使用系统的效益取决于用户的数量，临界点是系统获得积极效益并被成功接受的关键标准（Rogers，1995）。

虽然临界点在创新演变中发挥着重要作用，但很难确定特定应用的实际阈值（Markus，1987；Wattal et al.，2010）。因此，Lou等（2000）用感知临界点取代了客观临界点，定义为一个人相信他的大多数同伴都在使用该系统的程度。具有高感知临界点的系统将通过网络效应对潜在用户产生更强的吸引力。此外，高感知临界点可能通过规范影响或信息传递过程来触发从众行为（Lou et al.，2000）。虽然客观临界点是形成个体感知临界点的基础，但后者更多地与用户动机相关，且易于测量。一些研究提出了进一步的替代方案来衡量直接和间接网络效应的不同方面，如感知网络规模、感知成员数量和感知同伴数量（Lin and Lu，2011；Zhao and Lu，2012）。

作为组织内部的沟通工具，使用企业社交媒体的效益很大程度上取决于用户的数量。只有当系统拥有足够数量的用户时，系统才能收集大量的信息并使用户受益（Markus，1987；Wattal et al.，2010）。虽然企业社会化媒体可以让用户知道他们周围发生了什么，但是只有当企业社会化媒体有足够多的参与者时，知识对话才能告诉用户组织中"谁知道什么"和"谁知道谁"。

除了数量之外，知识对话的质量也需要足够高，以便为用户提供有价值的信息。对话的质量取决于个人贡献的动机。虽然组织中的个人信仰之间可能存在差异，但组织行为作为一个整体主要是由制度结构决定的，这通常被称为组织的文化或氛围（Bock et al.，2005）。组织文化或氛围是决定一个人是否会提供有价值的信息来帮助另一个人的重要影响因素（Constant et al., 1996；Huber, 2001）。组织氛围是对政策、实践和程序以及受到奖励、支持和期望的行为的意义的共同感知（Schneider et al., 2013）。Bock等（2005）通过访谈和研读已有文献得出结论，平等、亲和和创新是影响个体知识共享意愿的三个主要氛围因素。同样，Yu等（2010）认为，平等、开放和认同是促进员工与同事分享知识和相互帮助的三种社区氛围。

企业社交媒体是人们建立和维护以个人为中心的网络的地方（Sun et al., 2022）。与传统的中央控制社区不同，企业社交媒体中的互动主要是由个人社会关系驱动的。因此，我们在研究中将组织平等氛围（通常指对组织实践的反应）排除在知识共享的决定因素之外（Bock et al., 2005）。归属感氛围是员工对组织中团结程度的感知（Bock et al., 2005）。它涉及员工的团结、归属感和信任，在促进成员的亲社会态度、帮助行为和协同意愿方面发挥着重要作用（Yu et al., 2010）。归属感氛围还与Yu等（2010）提出的认同氛围有关。认同信念和归属感与虚拟社区的知识共享显著相关。当人们直接和频繁地相互交流时，他们更有可能有相似的想法，这将逐渐促进他们之间的团结并增强他们的归属感（Szulanski et al., 2004）。归属感氛围可以有效地打破员工之间的交流障碍，提高组织和团队凝聚力，进一步提高共享知识的质量（Ma and Agarwal, 2007）。当员工认为组织环境具有亲和力或亲密性时，他们会自愿交换信息，真诚地寻求互惠。因此，用户会在企业社交媒体中展示他们的专业知识和社交网络结构。

然而，一个凝聚力强的群体可能会使群体认为内部和谐和一致性是占主导地位的规范。因此，人们可能会避免引起争议，个人的独特性和独立思考可能会丧失（McCauley, 1989；Whyte, 1989）。企业社交媒体应用为用户提供了丰富的渠道组合，支持同步/异步、一对一/一对多以及文本或多媒体通信（Ellison et al., 2007），但企业社交媒体中的大多数交互都是文本交互，可能仍然受到有限的社交线索的约束，社交存在感较低（Daft and Lengel, 1986；Short et al., 1976）。如果没有足够的社会反馈来调整自己的行为，人们会变得更加保守，服从群体规范以避免冲突。因此，企业社交媒体上往往充满了积极和鼓舞人心的反馈，但可能缺乏挑战性的、批评的观点，甚至多元化的观点（Denyer et al., 2011）。在企业社交媒体中，可能没有很多深入的知识性对话。

有价值的知识对话取决于开放氛围（Yu et al., 2010）。开放氛围是对信息在组织中自由流动的程度的感知（Yu et al., 2010）。企业社交媒体对知识共享的积极作用主要基于"开放的意识形态"。由于在工作中可能面临开放性和封闭性之间的紧张关系，参与者利用企业社交媒体可以战略性地限制或共享信息（Gibbs et al., 2013）。将知识视为公共利益与将其视为需要保护和培育的资源之间的冲突，也影响了人们对企业社交媒体的使用态度（Majchrzak et al., 2013）。开放的氛围不仅与提供者是否愿意分享有关，也与接受者是否愿意接受不同的想法、挑战甚至批评有关。开放氛围也与 Bock 等（2005）提出的创新氛围有关，这反映了人们认为变革和创造力应受到鼓励和奖励的看法，并强调了在组织中学习、开放信息流和合理冒险的必要性。开放的氛围减轻了用户对于自己发布的信息会伤害自己与他人关系的担忧，因此人们将更愿意表达他们的真实想法。当组织开放度高时，人们也更有可能了解其他人的专业知识和社会网络。

7.4.3　"谁知道什么" "谁知道谁" 的中介作用

　　与作为组织客观知识的集中存储库的传统知识管理系统不同，企业社交媒体作为用户知识对话的平台，鼓励知识的转移（Majchrzak et al.，2013）。因为一个人的主观知识不能存在于人之外，用户需要知道适当的目标来获取他们需要的知识（Alavi and Leidner，2001；Fahey and Prusak，1998）。交互记忆系统理论强调，人们需要拥有 "谁知道什么" 的元知识，以促进信息分配和检索协调（Wegner，1995）。与基于计算机系统模型的经典交互记忆模型不同，企业社交媒体上的元知识被存储为目录，必须刻意维护和更新（Wegner，1995），企业社交媒体将元知识存储在用户之间的对话中。尽管这可能不是一种有效的方法，但是目录会随着对话的继续而不断地更新。企业社交媒体的环境意识使用户能够找到专家，并知道在哪里搜索到他们想要的知识（Leonardi and Meyer，2015）。

　　交互式记忆系统需要支持检索协调，使人们能够找到一种有效的方式来查询他们想要的信息。除了拥有一个用于定位信息的目录外，人们还需要知道检索线索或项目标签来检索信息（Wegner，1987）。标签是通过一个复杂的编码过程确定的，人们通过这个过程来决定应该以什么形式存储信息（Wegner，1987）。然而，这种机制只在可以构建公共标签的小群体中有效。尽管 "谁知道什么" 的元知识让求知者知道从哪里找到所需的知识，但当知识复杂且求知者不熟悉其来源时，知识黏性就会出现，从而使求知者在获取知识的最佳方式的选择方面陷入困境（Leonardi and Meyer，2015）。知识转移仍然依赖于探索者和信息源之间的交流，以便明确所需内容以及信息的具体含义。

　　有效的知识对话依赖于一个人的社会关系。企业社交媒体最初是为了获得六度分隔的好处而设计的，这表明了解朋友的社交网络可以帮助求知者扩大他们的网络并与来源建立联系（Barabasi，2003；Kleinfeld，2002）。企业社交媒体中显示的传播行为可以帮助求知者了解同事的社会关系，找到联系来源的好方法，获得所需的知识（Candi et al.，2018）。最初的交互记忆系统理论仅突出了元知识在更新和维护个人专业知识目录中的关键作用（Wegner，1995）。随后，Leonardi（2014）进一步强调了了解 "谁知道谁" 对于消除知识粘滞和促进知识转移的重要性。

企业社交媒体不仅提供了组织中"谁知道什么""谁知道谁"的元知识，而且还促进了元知识更新和信息检索。然而，由于人们在企业社交媒体中会遇到各种各样的受众，包括他们的上级、下属、朋友、同一单位的同事，甚至一些陌生人（Banghart et al.，2018）。对话也可能涉及机密或私人信息（Oostervink et al.，2016）。边界管理意味着人们会关注信息的公开程度，这可能会在他们处于公共环境时限制他们的参与。此外，持续参与社交网络是一项耗时的活动。用户需要限制他们参与和关注的互动次数，以避免信息、沟通和社交过载（Gibbs et al.，2013；Sun et al.，2019）。管理社交互动的边界将限制企业社交媒体作为组织交互记忆所带来的益处。

7.4.4　企业社交媒体通过向员工提供元知识以帮助组织知识转移

我们邀请使用企业社交媒体的员工参与调查，来自不同公司和行业的611名员工自愿参与了调查。我们首先解释了我们研究中企业社交媒体的含义，列举了一些平台作为例子，并询问参与者目前是否在工作中使用企业社交媒体，以确认受访者是否适合研究。在大约三周的时间里，共收集了321份符合条件的受访者问卷。我们排除了一些完成速度过快且所有问题答案都相同的不完整和无效样本。最终获得有效问卷264份以供分析。

该研究的中心思想是企业社交媒体如何通过向员工提供元知识来有效地帮助组织知识转移。通过研究感知临界点数量、归属感氛围和开放氛围这三个衡量是否有效使用企业社交媒体的前提条件，考察了了解"谁知道什么"和"谁知道谁"等元知识在其中的中介作用，进而探讨了企业社交媒体如何通过提供元知识有效促进组织内的知识转移。研究发现，这三个自变量都显著提高了用户关于"谁知道什么"和"谁知道谁"的元知识水平，进而促进了组织内的知识转移。一个去除了两个中介变量的替代模型显示，感知临界点、归属感氛围和开放氛围可以解释知识转移53.4%的方差。这些影响完全由"谁知道什么"和"谁知道谁"两个中介变量所介导。有趣的是，感知临界点、归属感氛围和开放氛围并没有直接影响知识转移。这些直接影响反映的是通过对话直接获得的知识。虽然企业社交媒体可以为用户提供工具性知识和元知识（Leonardi et al.，2013），但人们可能不愿意或无法详细解释企业社交媒体中的具体问题。因此，正如直接效应不显著所表明的那样，人们从企业社交媒体中获得的具体工具性知识是有限的（Majchrzak et al.，2013）。

此外，在三个自变量中，开放氛围对知识转移的影响最大，感知临界点的影响最小。这些结果表明，知识对话的质量应该比其数量和开放氛围更重要，这与Denyer等（2011）先前的研究一致。开放氛围的重要性主要在于它对"谁知道谁"的影响。开放氛围对于扩大企业社交媒体的社交网络是至关重要的。

　　研究还发现，"谁知道谁"的中介效应显著大于"谁知道什么"的中介效应。企业社交媒体作为组织交互记忆的好处在于，它能够呈现组织中的社会网络。知识不是一个可以通过目录直接获取的客观实体。有效的知识转移取决于求助者和知识来源之间的社会关系。知识的意义只有在对话的特定语境下才能被理解。了解朋友的社会网络可以帮助求知者找到合适的方式来询问并理解所需的知识。除了知道谁拥有解答问题的知识外，求知者还会考虑信息的可及性和潜在成本，以确定向谁询问最为合适（Borgatti and Cross，2003）。当求知者不清楚具体需要询问什么问题时，获取知识就需要让信息源有意识地参与到求知者的问题解决中来。此外，求知者面临着自尊或声誉受损的风险，因为他们需要承认自己在某个话题上的无知，并承担偿还人情债的义务。一个人对另一个人的信任程度，将决定他是否愿意投入社会关系去帮助对方，以及是否愿意承担请求帮助所带来的风险和义务。同属一个群体和拥有共同朋友的感觉能够提升声誉机制的有效性，这种感觉可以成为人与人之间信任的基础（Hill，1990；Fu et al.，2020；Williams，2001）。相比之下，制度逻辑和用户对自身角色边界的关注可能会限制人们的交流，使其高度局限于自己所属的专业领域（Majchrzak et al.，2013；Oostervink et al.，2016），即组织内的公开信息。因此，人们通过企业社交媒体了解更多的"谁知道什么"这类信息，可能不会有什么收获。这一猜想可以通过比较不同的组织使用企业社交媒体的方式来验证。

　　随着"交互记忆系统"的概念从个人层面扩展至组织层面，关于组织交互记忆系统究竟是什么以及它们的具体运作机制，目前仍然缺乏明确的认识（Peltokorpi，2012）。以往的组织交互记忆系统理论大多以计算机记忆系统为模型，普遍将专家目录视为其核心组成部分，并着重强调需要一套流程来持续维护这一目录（Wegner，1995）。然而，在是否可以通过标准化的查询命令获取有用的知识方面，社会组织与计算机系统有很大的不同。本书的发现支持了 Leonardi 的观点，即除了组织中"谁知道什么"这一元知识外，社会关系知识对于润滑知识转移也很重要（Leonardi and Meyer，2015；Leonardi，2015）。Peltokorpi（2012）没有关注元知识的共同存储库，而是强调了群体和组织交互记忆系统之间的差异，并将组织交互记忆系统定义为"相互依赖的工作组网络，它们将彼此作为外部认知辅助工具来完成共享任务"，强调社会联系意味着组织中的交互记忆可能更多的是个人资源而不是组织资源。员工需要投资扩大他们的社交网络，创造一个他们可以依赖的互动记忆。虽然存在一些线索来发现组织中的专业知识（Wegner，1987），但企业社交媒体是独一无二的，因为只有少数其他工具可以显示人们的社会联系。这一结果与设立企业社交媒体作为扩展社交网络的工具的最初目的是一致的，并且先前的研究表明，企业社交媒体的互动增加了群体中的社会资本，从而使社会关系成为人们获取资源的渠道（Ellison et al.，2007；Fu et al.，

2019；Piskorski，2014；Steinfield et al.，2012）。此外，研究结果还阐明了通过企业社交媒体的组织知识管理实践。企业应专注于建立制度结构，如归属感氛围与开放氛围，并鼓励用户参与，以成功实现企业社会媒体利益。然而，即使在企业社交媒体的帮助下，主动和持续地观察社交网络中发生的事情的成本仍然很高（Leonardi，2014）。虽然我们发现使用企业社交媒体有助于促进知识转移，但这种好处是否值得仍然需要检验。

7.5　企业社交媒体中的人工智能技术与知识共享

在当前的信息时代，人工智能技术已经成为推动企业创新和提高竞争力的关键因素。特别是在企业社交媒体领域，人工智能技术的应用正在为企业内部的知识共享和传播带来革命性的变化。本节将深入探讨人工智能技术在企业社交媒体上对知识共享的作用。

7.5.1　技术层面：智能驱动的知识管理

在技术层面，人工智能技术通过一系列先进算法和技术手段，实现了对企业社交媒体中知识的智能发现、整理与个性化推送，极大地提升了知识共享的效率与精准度。这一过程不仅减轻了人工负担，还促进了知识的快速流动与有效利用。以下是企业社交媒体与人工智能技术相结合，促进智能驱动的知识管理的三个关键方面。

一是知识体系构建。人工智能技术能够通过自然语言处理技术，理解和分析企业社交媒体上的海量文本信息，包括员工讨论、项目报告、经验分享等。通过自然语言处理技术，企业社交媒体能够系统地自动识别和提取关键信息、概念及实体，为后续的语义分析和知识图谱构建奠定基础。在自然语言处理的基础上，人工智能技术进一步进行语义分析，深入挖掘文本背后的含义和逻辑关系。通过识别出关键知识点、趋势及潜在问题将散乱的知识点组织成结构化的网络，为企业和员工构建知识图谱，便于快速检索和关联，实现知识的系统化、可视化展示。

二是知识实时更新。人工智能技术还具备自动化内容整理与分类的能力。通过对社交媒体上的大量信息进行快速筛选、去重、分类及标签化，系统能够保持知识库的实时更新和有序管理。这不仅减少了人工整理的工作量，还提高了知识共享的准确性和效率。

三是知识精准推送。人工智能技术还具备自动化内容整理与分类的能力。通过对社交媒体上的大量信息进行快速筛选、去重、分类及标签化，系统能够保持知识库的实时更新和有序管理。这不仅减轻了人工整理的工作量，还提高了知识共享的准确性和效率。

7.5.2　组织层面：构建智慧型学习组织

在企业社交媒体中，人工智能技术的深度应用为构建智慧型学习组织提供了有力支撑。通过整合人工智能技术，组织得以实现知识的系统化管理与高效运用，进而有力驱动组织向学习型与创新型组织模式转变。这种转变深刻体现了知识共享在推动企业进步中的核心价值。以下是展示企业社交媒体与人工智能技术的结合影响构建智慧型学习组织的三个关键方面。

一是学习文化的智能化培育。在企业社交媒体的知识共享生态中，深度分析员工的学习行为数据成为提升组织学习效能的关键。组织可以根据数据制定更加精准的学习激励计划，如设置学习积分、奖励优秀学习成果等，从而激发员工的学习积极性，在内部营造出一种积极向上的学习氛围，促进知识的广泛传播与深度共享。人工智能技术还能对学习成果进行智能化评估，提供即时的反馈，帮助员工了解自己的学习进度和效果，调整学习策略。

二是团队效率的智能化提升。人工智能技术能够打破部门壁垒，促进跨部门的沟通与协作。通过智能推荐系统，员工可以更容易地找到跨部门的合作伙伴，共同解决问题。利用人工智能技术，企业社交媒体可以支持智能会议安排、会议纪要自动生成等功能，提高会议效率，促进知识在团队间的快速传播和共享。

三是知识创新的智能化加速。企业社交媒体作为知识交流与共享的重要平台，汇聚了来自员工交流、项目实践及行业洞察的海量数据，这些数据构成了组织知识创新的宝贵资源。得益于人工智能技术强大的数据处理与分析能力，组织能够从企业社交媒体中的海量数据中挖掘出潜在的创新点，提取出有价值的创新线索。知识创新的智能化加速不仅是技术进步的体现，更是企业社交媒体知识共享模式转型升级的重要标志。

7.5.3　个人层面：促进个人成长与团队协作

企业社交媒体中人工智能技术的广泛应用优化了知识管理与共享的流程。企业社交媒体的使用不仅能够激发员工的学习动力和创新潜能，还能让他们在不断学习和交流中快速成长，同时促进团队之间的紧密合作。以下是展示企业社交媒体与人工智能技术的结合提升个人能力与促进团队协作的三个关键方面。

一是个性化学习与发展。人工智能技术会根据员工的兴趣、技能水平及职业发展需求，为其智能推荐定制化的共享学习资源，如在线课程、行业报告、专家讲座等，帮助员工实现自我提升和制订职业规划。人工智能技术还会分析员工的学习成果和工作表现，提供即时的能力评估与反馈。这种精准的反馈能帮助员工制订更加有针对性的改进计划，进一步推动了企业社交媒体上知识共享的深化与拓展。

二是高效问题解决与转化。人工智能技术使得企业社交媒体上的知识共享更加高效、准确。员工可以快速找到与自己工作相关的知识资源，提高解决问题的效率。人工智能技术还能辅助员工将所学知识转化为实际工作成果，如提供案例分析、模拟演练等工具，帮助员工在实践中深化理解并灵活运用所学知识。

三是强化团队协作与沟通。人工智能技术为企业社交媒体的协作注入了新的活力，能够通过优化任务分配、实时进度跟踪以及高效成果汇总等关键环节，显著降低沟通成本，极大地提升团队协作的整体效率。员工能够跨越地理界限，随时随地利用企业社交媒体交流创意、分享专业知识与经验，共同面对挑战并寻找解决方案。企业社交媒体与人工智能技术的深度融合，实现了沟通方式的精准化与智能化，加速了知识的流动与共享。

参 考 文 献

Ahmed Y, Ahmad M N, Ahmad N, et al. 2019. Social media for knowledge-sharing: a systematic literature review[J]. Telematics and Informatics, 37: 72-112.

Alavi M, Leidner D E. 2001. Review: knowledge management and knowledge management systems: conceptual foundations and research issues[J]. MIS Quarterly, 25(1): 107-136.

Ali-Hassan H, Nevo D, Wade M. 2015. Linking dimensions of social media use to job performance: the role of social capital[J]. The Journal of Strategic Information Systems, 24(2): 65-89.

Anderson C, Robey D. 2017. Affordance potency: explaining the actualization of technology affordances[J]. Information and Organization, 27(2): 100-115.

Austin J R. 2003. Transactive memory in organizational groups: the effects of content, consensus, specialization, and accuracy on group performance[J]. Journal of Applied Psychology, 88(5): 866-878.

Banghart S, Etter M, Stohl C. 2018. Organizational boundary regulation through social media policies[J]. Management Communication Quarterly, 32(3): 337-373.

Barabasi A L. 2003. Linked: How Everything is Connected to Everything Else and What it Means for Business, Science, and Everyday Life[M]. New York: Plume.

Bennett J, Owers M, Pitt M, et al. 2010. Workplace impact of social networking[J]. Property Management, 28(3): 138-148.

Bock G W, Zmud R W, Kim Y G, et al. 2005. Behavioral intention formation in knowledge sharing: examining the roles of extrinsic motivators, social-psychological forces, and organizational climate[J]. MIS Quarterly, 29(1): 87-111.

Borgatti S P, Cross R. 2003. A relational view of information seeking and learning in social networks[J]. Management Science, 49(4): 432-445.

Cai Z, Huang Q, Liu H F, et al. 2018. Improving the agility of employees through enterprise social media: the mediating role of psychological conditions[J]. International Journal of Information Management, 38(1): 52-63.

Candi M, Roberts D L, Marion T, et al. 2018. Social strategy to gain knowledge for innovation[J]. British Journal of Management, 29(4): 731-749.

Chakraborty R, Vishik C, Rao H R. 2013. Privacy preserving actions of older adults on social media: exploring the behavior of opting out of information sharing[J]. Decision Support Systems, 55(4): 948-956.

Chemero T, Turvey M. 2007. Hypersets, complexity, and the ecological approach to perception-action[J]. Biology Theory, 2(1): 23-36.

Chiu C M, Hsu M H, Wang E T G. 2006. Understanding knowledge sharing in virtual communities: an integration of social capital and social cognitive theories[J]. Decision Support Systems, 42(3): 1872-1888.

Coleman J S. 1988. Social capital in the creation of human capital[J]. American Journal of Sociology, 94(1): S95-S120.

Constant D, Sproull L, Kiesler S. 1996. The kindness of strangers: the usefulness of electronic weak ties for technical advice[J]. Organization Science, 7(2): 119-135.

Daft R L, Lengel R H. 1986. Organizational information requirements, media richness and structural design[J]. Management Science, 32(5): 554-571.

Denyer D, Parry E, Flowers P. 2011. "Social", "open" and "participative"? Exploring personal experiences and organisational effects of enterprise2.0 use[J]. Long Range Planning, 44(5/6): 375-396.

Ellison N B, Gibbs J L, Weber M S. 2015. The use of enterprise social network sites for knowledge sharing in distributed organizations: the role of organizational affordances[J]. American Behavioral Scientist, 59(1): 103-123.

Ellison N B, Steinfield C, Lampe C. 2007. The benefits of facebook "friends:" social capital and college students' use of online social network sites[J]. Journal of Computer-Mediated Communication, 12(4): 1143-1168.

Fahey L, Prusak L. 1998. The eleven deadliest sins of knowledge management[J]. California Management Review, 40(3): 265-276.

Fang Y H. 2017. Coping with fear and guilt using mobile social networking applications: knowledge hiding, loafing, and sharing[J]. Telematics and Informatics, 34(5): 779-797.

Faraj S, Jarvenpaa S L, Majchrzak A. 2011. Knowledge collaboration in online communities[J]. Organization Science, 22(5): 1224-1239.

Fox J, McEwan B. 2017. Distinguishing technologies for social interaction: the perceived social affordances of communication channels scale[J]. Communication Monographs, 84(3): 298-318.

Fu J D, Shang R A, Jeyaraj A, et al. 2019. Interaction between task characteristics and technology affordances: task-technology fit and enterprise social media usage[J]. Journal of Enterprise Information Management, 33(1): 1-22.

Fu J D, Sun Y, Zhang Y, et al. 2020. Does similarity matter? The impact of user similarity on online collaborative shopping[J]. IEEE Access, 8: 1361-1373.

Fulk J, Steinfield C W, Schmitz J, et al. 1987. A social information processing model of media use in organizations[J]. Communication Research, 14(5): 529-552.

Fulk J, Yuan Y C. 2013. Location, motivation, and social capitalization via enterprise social networking[J]. Journal of Computer-Mediated Communication, 19(1): 20-37.

Gibbs J L, Ahmad Rozaidi N, Eisenberg J. 2013. Overcoming the "ideology of openness": probing the affordances of social media for organizational knowledge sharing[J]. Journal of Computer-Mediated Communication, 19(1): 102-120.

Gibson J J. 1977. The Theory of Affordances[M]. Hillsdale: Erlbaum Associates.

Gibson J J. 1986. The Ecological Approach to Visual Perception[M]. New York: Psychology Press.

Goffman E. 1959. The Presentation of Self in Everyday Life[M]. New York: Anchor.

Hartson H R. 2003. Cognitive, physical, sensory, and functional affordances in interaction design[J]. Behaviour & Information Technology, 22(5): 315-338.

Higgins E T. 1998. Promotion and prevention: regulatory focus as a motivational principle[J]. Advances in Experimental Social Psychology, 30: 1-46.

Hill C W L. 1990. Cooperation, opportunism, and the invisible hand: implications for transaction cost theory[J]. The Academy of Management Review, 15(3): 500-513.

Huber G P. 2001. Transfer of knowledge in knowledge management systems: unexplored issues and suggested studies[J]. European Journal of Information Systems, 10(2): 72-79.

Hutchby I. 2001. Technologies, texts and affordances[J]. Sociology, 35(2): 441-456.

Huysman M, Wulf V. 2006. It to support knowledge sharing in communities, towards a social capital analysis[J]. Journal of Information Technology, 21(1): 40-51.

Hwang E H, Singh P V, Argote L. 2015. Knowledge sharing in online communities: learning to cross geographic and hierarchical boundaries[J]. Organization Social, 26(6): 1593-1611.

Kane G C. 2017. The evolutionary implications of social media for organizational knowledge management[J]. Information and Organization, 27(1): 37-46.

Katz M L, Shapiro C. 1985. Network externalities, competition, and compatibility[J]. The American Economic Review, 75(3): 424-440.

Kim S, Lee H. 2006. The impact of organizational context and information technology on employee knowledge-sharing capabilities[J]. Public Administration Review, 66(3): 370-385.

Kleinfeld J S. 2002. The small world problem[J]. Society, 39: 61-66.

Kossek E E, Ruderman M N, Braddy P W, et al. 2012. Work-nonwork boundary management profiles: a person-centered approach[J]. Journal of Vocational Behavior, 81(1): 112-128.

Kwahk K Y, Park D H. 2018. Leveraging your knowledge to my performance: the impact of transactive memory capability on job performance in a social media environment[J]. Computers in Human Behavior, 80: 314-330.

LaRose R, Connolly R, Lee H, et al. 2014. Connection overload? A cross cultural study of the consequences of social media connection[J]. Information Systems Management, 31(1/2): 59-73.

Leary M R, Kowalski R M. 1990. Impression management: a literature review and two-component model[J]. Psychological Bulletin, 107(1): 34-47.

Lee J Y, Bachrach D G, Lewis K. 2014. Social network ties, transactive memory, and performance in groups[J]. Organization Science, 25(3): 951-967.

Leonardi P M. 2014. Social media, knowledge sharing, and innovation: toward a theory of communication visibility[J]. Information Systems Research, 25(4): 796-816.

Leonardi P M. 2015. Ambient awareness and knowledge acquisition: using social media to learn "who knows what" and "who knows whom"[J]. MIS Quarterly, 39(4): 747-762.

Leonardi P M, Huysman M, Steinfield C. 2013. Enterprise social media: definition, history, and prospects for the study of social technologies in organizations[J]. Journal of Computer-Mediated Communication, 16(1): 1-30.

Leonardi P M, Meyer S R. 2015. Social media as social lubricant: how ambient awareness eases knowledge transfer[J]. American Behavioral Scientist, 59(1): 10-34.

Leonardi P M, Vaast E. 2017. Social media and their affordances for organizing: a review and agenda for research[J]. Academy of Management Annals, 11(1): 150-188.

Lin K Y, Lu H P. 2011. Why people use social networking sites: an empirical study integrating network externalities and motivation theory[J]. Computers in Human Behavior, 27(3): 1152-1161.

Lin X L, Sarker S, Featherman M. 2019. Users' psychological perceptions of information sharing in the context of social media: a comprehensive model[J]. International Journal of Electronic Commerce, 23(4): 453-491.

Lou H, Luo W, Strong D. 2000. Perceived critical mass effect on groupware acceptance[J]. European Journal of Information Systems, 9(2): 91-103.

Ma M, Agarwal R. 2007. Through a glass darkly: information technology design, identity verification, and knowledge contribution in online communities[J]. Information Systems Research, 18(1): 42-67.

Maier C, Laumer S, Eckhardt A, et al. 2015. Giving too much social support: social overload on social networking sites[J]. European Journal of Information Systems, 24(5): 447-464.

Majchrzak A, Faraj S, Kane G C, et al. 2013. The contradictory influence of social media affordances on online communal knowledge sharing[J]. Journal of Computer-Mediated Communication, 19(1): 38-55.

Majchrzak A, Markus M L. 2012. Technology affordances and constraints in Management Information Systems(MIS)[J]. Social Science Electronic Publishing, 1: 832-836.

Markus M L. 1987. Toward a "critical mass" theory of interactive media: universal access, interdependence and diffusion[J]. Communication Research, 14(5): 491-511.

Maynard M T, Mathieu J E, Rapp T L, et al. 2012. Something(s) old and something(s) new: modeling drivers of global virtual team effectiveness[J]. Journal of Organizational Behavior, 33(3): 342-365.

McAfee A P. 2006. Enterprise 2.0: the dawn of emergent collaboration[J]. IEEE Engineering Management Review, 34(3): 38.

McCauley C. 1989. The nature of social influence in groupthink[J]. Journal of Personality and Social Psychology, 57(2): 250-260.

Nahapiet J, Ghoshal S. 1998. Social capital, intellectual capital, and the organizational advantage[J]. Academy of Management Review, 23(2): 242-266.

Nevo D, Benbasat I, Wand Y. 2012. Understanding technology support for organizational transactive memory: requirements, application, and customization[J]. Journal of Management Information Systems, 28(4): 69-98.

Norman D A. 1988. The Psychology of Everyday Things[M]. New York: Basic Books.

Offong G O, Costello J. 2017. Enterprise social media impact on human resource practices[J]. Evidence-based HRM: a Global Forum for Empirical Scholarship, 5(3): 328-343.

Oliver P, Marwell G, Teixeira R. 1985. A theory of the critical mass. I. interdependence, group heterogeneity, and the production of collective action[J]. American Journal of Sociology, 91(3): 522-556.

Oostervink N, Agterberg M, Huysman M. 2016. Knowledge sharing on enterprise social media: practices to cope with institutional complexity[J]. Journal of Computer-Mediated Communication, 21(2): 156-176.

Pee L G. 2018. Affordances for sharing domain-specific and complex knowledge on enterprise social media[J]. International Journal of Information Management, 43: 25-37.

Peltokorpi V. 2012. Organizational transactive memory systems: review and extension[J]. European Psychologist, 17(1): 11-20.

Piskorski M J. 2014. A Social Strategy: How We Profit from Social Media[M]. Princeton: Princeton University Press.

Pozzi G, Pigni F, Vitari C. 2014. Affordance theory in the is discipline: a review and synthesis of the literature[J]. Annalen Der Chemie Und Pharmacie, 2009: 1925-1933.

Razmerita L, Kirchner K, Nielsen P. 2016. What factors influence knowledge sharing in organizations? A social dilemma perspective of social media communication[J]. Journal of Knowledge Management, 20(6): 1225-1246.

Rhee Y W, Choi J N. 2017. Knowledge management behavior and individual creativity: goal orientations as antecedents and in-group social status as moderating contingency[J]. Journal of Organizational Behavior, 38(6): 813-832.

Rice R E, Evans S K, Pearce K E, et al. 2017. Organizational media affordances: operationalization and associations with media use[J]. Journal of Communication, 67(1): 106-130.

Rico J, Xia W D. 2018. Incorporating culture into the theory of it affordances[C]. San Francisco: Americas Conference on Information Systems.

Rogers E M. 1995. Diffusion of Innovations[M]. 4th ed. New York: The Free Press.

Schneider B, Ehrhart M G, Macey W H. 2013. Organizational climate and culture[J]. Annual Review of Psychology, 64: 361-388.

Serenko A, Bontis N. 2016. Understanding counterproductive knowledge behavior: antecedents and consequences of intra-organizational knowledge hiding[J]. Journal of Knowledge Management, 20(6): 1199-1224.

Short J, Williams E, Christie B. 1976. The Social Psychology of Telecommunications[M]. London: Wiley.

Snyder M. 1974. Self-monitoring of expressive behavior[J]. Journal of Personality and Social Psychology, 30(4): 526-537.

Steinfield C, Ellison N, Lampe C, et al. 2012. Online social network sites and the concept of social capital[M]//Lee F L, Leung L, Qiu J S, et al. Frontiers in New Media Research. New York: Routledge: 115-131.

Stoffregen T A. 2003. Affordances as properties of the animal-environment system[J]. Ecological

Psychology, 15(2): 115-134.

Sun Y, Fang S Y, Zhang Z P. 2021. Impression management strategies on enterprise social media platforms: an affordance perspective[J]. International Journal of Information Management, 10: 1-16.

Sun Y, Shang R A, Cao H Y, et al. 2022. Improving knowledge transfer through enterprise social media: the mediating role of transactive memory[J]. Industrial Management & Data Systems, 122(1): 272-291.

Sun Y, Zhou X J, Jeyaraj A, et al. 2019. The impact of enterprise social media platforms on knowledge sharing: an affordance lens perspective[J]. Journal of Enterprise Information Management, 32(2): 233-250.

Szulanski G, Cappetta R, Jensen R J. 2004. When and how trustworthiness matters: knowledge transfer and the moderating effect of causal ambiguity[J]. Organization Science, 15(5): 600-613.

Treem J W, Leonardi P M. 2013. Social media use in organizations: exploring the affordances of visibility, editability, persistence, and association[J]. Annals of the International Communication Association, 36(1): 143-189.

Wang S, Noe R A. 2010. Knowledge sharing: a review and directions for future research[J]. Human Resource Management Review, 20(2): 115-131.

Wattal S, Racherla P, Mandviwalla M. 2010. Network externalities and technology use: a quantitative analysis of intraorganizational blogs[J]. Journal of Management Information Systems, 27(1): 145-174.

Wegner D M. 1987. Transactive memory: a contemporary analysis of the group mind[M]//Mullen B, Goethals G R. Theories of Group Behavior. New York: Springer: 185-208.

Wegner D M. 1995. A computer network model of human transactive memory[J]. Social Cognition, 13(3): 319-339.

Wegner D M, Erber R, Raymond P. 1991. Transactive memory in close relationships[J]. Journal of Personality and Social Psychology, 61(6): 923-929.

Wegner D M, Giuliano T, Hertel P T. 1985. Cognitive interdependence in close relationships[M]//Ickes W. Compatible and Incompatible Relationships. New York: Springer: 253-276.

Whyte G. 1989. Groupthink reconsidered[J]. The Academy of Management Review, 14(1): 40-56.

Williams, M. 2001. In whom we trust: group membership as an affective context for trust development[J]. The Academy of Management Review, 26(3): 377-396.

Yan Y L, Davison R M, Mo C Y. 2013. Employee creativity formation: the roles of knowledge seeking, knowledge contributing and flow experience in Web 2.0 virtual communities[J]. Computers in Human Behavior, 29(5): 1923-1932.

Yan Z J, Wang T M, Chen Y, et al. 2016. Knowledge sharing in online health communities: a social exchange theory perspective[J]. Information & Management, 53(5): 643-653.

Yu L L, Cao X F, Liu Z Y, et al. 2018. Excessive social media use at work exploring the effects of social media overload on job performance[J]. Information Technology & People, 31(6): 1091-1112.

Yu T K, Lu L C, Liu T F. 2010. Exploring factors that influence knowledge sharing behavior via weblogs[J]. Computers in Human Behavior, 26(1): 32-41.

Zhang J, Qu Y, Cody J, et al. 2010. A case study of micro-blogging in the enterprise: use, value, and related issues[C]//Proceedings of the SIGCHI Conference on Human Factors in Computing Systems. New York: ACM: 123-132.

Zhao L, Lu Y B. 2012. Enhancing perceived interactivity through network externalities: an empirical study on micro-blogging service satisfaction and continuance intention[J]. Decision Support Systems，53(4): 825-834.

第三篇　企业社交媒体应用
与员工工作状态

第8章 企业社交媒体与员工工作投入

"孙敬字文宝，好学，晨夕不休。及至眠睡疲寝，以绳系头，悬屋梁。"

——班固《汉书》

"（苏秦）读书欲睡，引锥自刺其股，血流至足。"

——刘向《战国策·秦策一》

8.1 引子：悬梁刺股与工作投入

"头悬梁"和"锥刺股"都是用来比喻废寝忘食地刻苦学习。"头悬梁"说的是孙敬的故事。东汉时期有一位贤士，叫孙敬，字文宝，非常喜欢学习，孜孜不倦，每天闭门从早到晚不停一刻地学习。有时到了三更半夜，很容易打瞌睡，为了不影响学习，孙敬想出一个办法。他找来一根绳子，一头绑在自己的头发上，另一头绑在房子的房梁上。如果读书疲劳、困倦，眼睛一闭上，睡着了，头必然要低下来，那么悬在梁上的绳子就会拉起头发扯痛头皮，他就会因疼痛而清醒起来，这样就能够继续读书了。后来，孙敬终于成为当时有名的大学士。"锥刺股"讲的是苏秦的故事。战国年间，苏秦家境贫寒，他曾拜当时有名的学者鬼谷子为师，学得了一套治国平天下的学问，就想为国家效力。他为秦王献策，然而写了十多个建议书都没有派上用场，最后，所有的钱都用完了，悲惨而归。于是，回到家后，他下定决心发奋图强，努力读书。由于他经常读书读到深夜，疲倦到想要打盹的时候就用事先准备好的锥子往大腿上刺一下，血一直流到足踝，这样突然的痛感使他猛然清醒起来，振作精神继续读书。他就这样夜以继日地学习，终于成就了后来的事业。孙敬"头悬梁"和苏秦"锥刺股"的故事，不仅是古代勤学的典范事例，更被现代人用来形容工作投入（work engagement）和努力奋斗。在现代的工作环境中，虽然我们不需要像古人那样采取极端的方式来保持专注和清醒，但悬梁刺股的精神仍然具有重要的启示意义。数字化的快速发展和激烈的市场竞争使得组织外部环境更加具有不确定性和复杂性，给组织带来了重大挑战（Trischler and Li-Ying，2023），而提高员工的工作投入度是组织在快速变化的市场条件下维持生存和持续发展的重要途径（Bakker，2017）。

"工作投入"的概念最早由 Kahn（1990）提出，维持高水平的工作投入需要具有"高度的精神、体力和毅力，对工作任务投入努力的意愿，以及对工作的投入感、意义感、自豪感和热情"（Syrek et al.，2018），它是预测员工幸福感和绩效的关键指标（Knight et al.，2017），因而受到组织管理者的高度关注。在文献中，工作投入被广泛定义为"一种积极的、充实的、与工作相关的心理状态，其特征是活力（vigor）、奉献（dedication）和专注（absorption）"（Schaufeli et al.，2002）。其中，活力被定义为在工作中充满干劲和具有坚韧不拔的毅力；奉献意味着高度参与，以及对工作的重视、激情；专注意味着完全沉浸在工作中。

鉴于保持员工工作投入的重要性，现有文献研究了工作投入的各种前因。这些研究中最常用的理论是工作要求-资源（job demands-resources，JD-R）模型。

8.2　员工工作投入的前因

JD-R 模型被广泛用于研究工作特征如何影响员工的幸福感（Cho et al.，2020；Lesener et al.，2019；Schaufeli and Bakker，2004；van Zoonen et al.，2017）。它最初由 Demerouti 等（2001）提出，用于研究工作倦怠的前因，随后 Schaufeli 和 Bakker（2004）对其进行了发展，他们将工作投入作为衡量员工幸福感的一个积极维度，并将其纳入模型之中。

JD-R 模型包含两个重要命题。第一个命题指出，所有的工作条件都可以分为工作要求和工作资源两类（Schaufeli and Bakker，2004）。工作要求是指"那些与身体、社会或组织方面相关的工作因素，这些工作因素需要持续付出体力或脑力劳动，因此与一定的生理和心理成本有关"（Demerouti et al.，2001），如超负荷工作、情绪和体力要求（Bakker and Demerouti，2007）。工作资源是指"那些与生理、心理、社会或组织方面相关的工作因素，这些工作因素可能具有以下特征：①在实现工作目标方面发挥作用；②以相应的生理和心理代价减少工作要求；③刺激个人成长和发展。"（Demerouti et al.，2001）比如，绩效反馈、社会支持和工作自主性（Bakker and Demerouti，2007）。第二个命题指出，工作要求和工作资源是两个独立过程——健康损害过程和激励过程的触发器（Bakker et al.，2014；Lesener et al.，2019）。健康损害过程表明，工作要求是工作倦怠的前因；而激励过程表明，工作资源可以预测员工的工作投入情况，并降低员工对工作的倦怠感（Lesener et al.，2019；Schaufeli，2017）。

虽然 JD-R 模型明确提出工作资源对工作投入有积极影响，然而，学界对工作要求和工作投入之间的关系尚未形成定论（Bakker et al.，2006；Crawford et al.，

2010）。基于 Cavanaugh 等（2000）提出的工作压力源二维框架，Crawford 等（2010）通过区分挑战性压力源（challenge stressors）和阻碍性压力源（hindrance stressors），扩展了工作要求的定义，并证明挑战性压力源对员工工作投入具有积极影响，而阻碍性压力源对员工工作投入具有消极影响。

当需要付出很大的努力来满足工作要求时，工作要求就会变成工作压力源（Schaufeli and Bakker，2004）。挑战性压力源是可完成的工作要求，这些工作要求的完成有助于员工的成长和目标的实现，如工作量等。因此，当遇到挑战性压力源时，员工可能会更有信心，他们相信积极解决问题的方式会成功地达成这些要求，并有机会实现个人成长和获得成就（Ding et al.，2019）。这种认知促使他们采取以问题为中心的应对行为（Lepine et al.，2005），如投入更多的时间和精力来完成这些工作要求，而这种投入通常反映在高水平的工作投入上（Crawford et al.，2010）。因此，在研究中，我们认为挑战性压力源对员工工作投入具有积极的影响。

相反，阻碍性压力源是指那些难以完成的、干扰或阻碍员工绩效提升和个人目标实现的工作要求，如同事间冲突等（Cavanaugh et al.，2000）。当面对阻碍性压力源时，员工倾向于相信他们为完成这些工作要求所做的努力将是徒劳的，并且认为如果他们在应对这些要求时耗尽了资源，那么他们很可能无法获得有意义的结果（Crawford et al.，2010；Ding et al.，2019）。这种认知会使他们不愿意花时间和精力去面对这些压力源（Lin et al.，2015），而这种被动的、不作为的应对行为必然会反映在低水平的工作投入上（Crawford et al.，2010）。因此，我们认为，阻碍性压力源对员工工作投入具有负面影响。

8.3　员工工作投入的新干预措施：企业社交媒体的使用

8.3.1　员工工作投入新干预措施的初步研究成果

前期关于工作投入前因的丰硕研究成果，使"研究人员认为该领域已经发展充分，足以保证工作投入干预措施进入开发和测试阶段"（Knight et al.，2017），以在工作实践中帮助管理者采取适当的措施提高员工工作投入度。例如，Meyers 和 van Woerkom（2017）提出了一种优势型干预措施，旨在识别、开发和利用员工的优势。Coffeng 等（2014）研究了结合社会环境和自然环境的干预措施，如在工作场所创建"实践活力"区域，使员工充分参与体育活动，使身心得到放松。Knight 等（2017）通过对以往研究的系统回顾，确定了四种类型的工作投入干预措施，即个人资源构建、工作资源构建、领导力培训和健康提升。然而，尽管学术界已经在工作投入干预措施方面得出了上述研究成果，社交型信息技术，特别是企业社交媒体在现代工作场所的出现，为管理者干预员工的工作投入提供了新思路，因为这类工具可以通过获得工作资源（即工作控制和社会支持）在压力管理和创造力方面发挥作用（Ding et al.，2019）。因此，员工工作投入干预措施的研究需要得到更多的关注。

有些研究者利用 JD-R 模型在社交型信息技术（如社交媒体）被广泛应用的背景下进行研究并得出结论。他们认为，使用这些技术的积极和消极结果可以被视为社交型信息技术使用带来的工作资源和工作要求（Ter Hoeven et al.，2016；van Zoonen et al.，2017）。社交型信息技术使用带来的工作资源包括可及性、有效沟通（Ter Hoeven et al.，2016；van Zoonen et al.，2017）、工作控制、社会支持（Ding et al.，2019）和组织认同（Oksa et al.，2021）。社交型信息技术使用带来的工作要求包括信息过载、社交过载（Chen and Wei，2019；Yu et al.，2018）、沟通过载（Yu et al.，2018）、不可预测性（Ter Hoeven et al.，2016）、中断和工作-生活冲突（van Zoonen et al.，2017）。表 8-1 提供了这类研究的例子。

表 8-1 社交型信息技术支持下的工作要求和工作资源的相关研究

项目	来源	使用类型	具体内容	主要结论
社交型信息技术使用带来的工作资源	（van Zoonen et al.，2017）	• 利用社交媒体开展工作	• 有效沟通 • 可及性	• 工作中，员工利用社交媒体开展工作可以通过提高可及性和有效沟通来进一步对其工作投入产生积极影响，对耗竭产生消极影响
	（Ding et al.，2019）	• 任务导向型的企业社交网络使用 • 关系导向型的企业社交网络使用	• 工作控制 • 社会支持	• 任务导向型的企业社交网络使用正向调节挑战性压力源和阻碍性压力源对员工创造力的影响 • 关系导向型的企业社交网络使用只对阻碍性压力源和员工创造力之间的关系有负向调节作用
	（Oksa et al.，2021）	• 在专业型社交媒体上与工作相关的沟通 • 在专业型社交媒体上与非工作相关的沟通	• 组织认同 • 社会支持	• 在专业型社交媒体上与工作相关的沟通对工作投入有直接的积极影响 • 在专业型社交媒体上与工作和非工作相关的沟通都会通过组织认同和社会支持对工作投入产生积极的间接影响
	（Ter Hoeven et al.，2016）	• 工作相关的通信技术使用	• 有效沟通 • 可及性	• 工作相关的通信技术使用可以通过增强可及性和有效沟通进一步正向影响工作投入，负向影响工作倦怠

续表

项目	来源	使用类型	具体内容	主要结论
社交型信息技术使用带来的工作要求	（Yu et al.，2018）	• 工作中社交媒体的过度使用	• 信息过载 • 沟通过载 • 社交过载	• 工作中社交媒体的过度使用会导致社交媒体过载（即信息过载、沟通过载和社交过载） • 信息过载和沟通过载会通过诱发社交媒体倦怠降低员工的工作绩效
	（van Zoonen et al.，2017）	• 利用社交媒体开展工作	• 中断 • 工作-生活冲突	• 利用社交媒体开展工作会通过中断和工作-生活冲突进一步负向影响工作投入，正向影响耗竭
	（Chen and Wei，2019）	• 工作相关的企业社交媒体使用 • 社交相关的企业社交媒体使用	• 信息过载 • 社交过载	• 工作相关的企业社交媒体使用对信息过载和社交过载具有倒"U"形影响 • 社交相关的企业社交媒体使用对信息过载和社交过载具有"U"形影响 • 社交过载对企业社交媒体相关压力具有积极影响
	（Ter Hoeven et al.，2016）	• 工作相关的通信技术使用	• 不可预测性 • 中断	• 工作相关的通信技术使用会通过中断负向影响工作投入，并通过不可预测性和中断正向影响工作倦怠

从上述研究可以看出，社交型信息技术使用带来的究竟是工作资源还是工作要求取决于这类信息技术使用强度的大小。以典型的社交型信息技术——企业社交媒体为例，在早期的研究中，学者普遍认为企业社交媒体的使用会对员工的工作产生积极影响，并将之称为企业社交媒体的"光明面"，即可以促进员工间的沟通交流、知识分享、协作创新（Lu et al.，2016），进而有利于积累社会资本（Cao et al.，2016），提高员工的工作绩效。然而，随着研究的深入，学者发现，企业社交媒体的过度使用也会对员工个人、生活和工作造成一些负面影响，即企业社交媒体的"黑暗面"（Sun et al.，2021）。这方面的文献探讨了企业社交媒体的使用会通过产生技术压力源，继而对员工的工作绩效产生负面影响。举例来说，一些研究揭示了企业社交媒体的使用所导致的信息过载、沟通过载和社交过载现象对员工工作绩效的负面影响（Cao and Yu，2019；Yu et al.，2018；代宝等，2020）。当员工需要处理他人通过企业社交媒体发送的信息的数量远远超出了其处理能力的时候，就会出现信息过载（Lee et al.，2016；Lin et al.，2021）；当员工被超

出其处理能力的信息沟通所打断时，沟通过载就会发生，这使得他们难以专注于当前的任务（Lee et al.，2016；Lin et al.，2021）；当员工出于回应社会支持请求的责任感，觉得自己在企业社交媒体上为他人提供了过多的社会支持时，就会发生社交过载（Lin et al.，2021；Yu et al.，2018）。

8.3.2 企业社交媒体的核心——使用行为

在企业社交媒体对员工工作结果产生影响的相关研究中，使用行为是学者关注的重点研究视角之一（苗蕊和黄丽华，2017），其中，工作相关的企业社交媒体使用（work-related enterprise social media use）和非工作相关的企业社交媒体使用（nonwork-related enterprise social media use）更是众多学者探索研究的对象。在一项研究中，我们将重点放在工作相关的企业社交媒体使用和非工作相关的企业社交媒体使用上，以探索企业社交媒体使用的积极影响（即企业社交媒体使用带来的工作资源）和企业社交媒体使用的消极影响（即企业社交媒体使用带来的工作要求）（Sun et al.，2022）。工作相关的企业社交媒体使用是指员工在工作时间内出于工作需要而使用企业社交媒体，如执行工作任务（Ding et al.，2019），创建与工作相关的内容（Ali-Hassan et al.，2015），以及与他人沟通工作问题（Oksa et al.，2021）。这种使用可以使员工工作更具灵活性（Ding et al.，2019），以及能够得到来自同事和主管的及时反馈（Oksa et al.，2021）。当使用过度时，也可能导致员工社交过载（Yu et al.，2018），引起员工疲劳（Fu et al.，2020）。

非工作相关的企业社交媒体使用是指员工在工作时间内出于与工作无关的或个人目的使用企业社交媒体，如与家人、朋友和同事分享度假照片或闲聊（Syrek et al.，2018），并与他们建立和维持个人关系（Ding et al.，2019）。这样的行为可以使员工从工作中获得片刻的休息（Syrek et al.，2018），并获得情感支持（Oksa et al.，2021）。然而，当使用过度时，也会导致沟通过载（Yu et al.，2018）和社交过载（Chen and Wei，2019）等。

8.3.3 企业社交媒体使用对员工工作投入的干预作用

1. 工作相关的企业社交媒体使用所产生的干预作用

根据 JD-R 模型，即使工作要求很高，但是只要提供足够的资源（如工作自主权、社会支持、绩效反馈），员工的工作投入程度也会很高；否则，他们的工作动机就会很低（Bakker and Demerouti，2007）。我们认为，挑战性压力源对工作投入的积极影响最初会随着工作相关的企业社交媒体的使用而增强。首先，工作相关的企业社交媒体使用通过增强"何时工作"以及"如何工作"的灵活性来提高员工的工作自主性（Putnam et al., 2014）。其次，工作相关的企业社交媒体的使用可以帮助员工发展和维持与同事及主管的关系（Ellison et al., 2011），这可以为他们提供工具性的社会支持和反馈（即提高绩效和获得保持工作投入状态所需的信息）（Ding et al., 2019; Oksa et al., 2021）。所有这些企业社交媒体使用带来的工作资源都会增强处于挑战性压力下的员工的专业能力和工作控制感（Ter Hoeven et al., 2016），激励他们更多地参与挑战性工作，以获得更高的绩效和更多的奖励。

然而，当工作相关的企业社交媒体使用过度时，由于工作相关信息的增加，面临挑战性压力的员工可能会感到信息过载（Yu et al., 2018）。处理这些冗余的信息会耗尽他们的精力，从而产生疲惫感（Fu et al., 2020），这将降低他们的工作投入水平。此外，频繁接收到的信息要求他们阅读这些信息，从而中断他们的工作活动，这可能会抵消处于挑战性压力下的员工从企业社交媒体中获得的资源（Ter Hoeven et al., 2016）。正如 Bakker 和 Demerouti（2007）所提出的，高水平的工作要求和低水平的工作资源会导致员工工作投入程度降低。因此我们认为，当工作相关的企业社交媒体使用频次增加时，挑战性压力源与工作投入之间的正相关关系将被削弱。总结而言，在工作相关的企业社交媒体使用处于中级水平时，我们期望员工可以从企业社交媒体的使用中最大程度地获取到工作资源的价值。在这种情况下，挑战性压力源对工作投入的积极影响是最强的。

阻碍性压力源对工作投入的负面影响会随着工作相关的企业社交媒体使用频次的增加而逐渐减弱。原因与挑战性压力源相同：随着工作相关的企业社交媒体使用频次的增加，工作自主性将得到提高（Putnam et al., 2014），处于阻碍性压力下的员工将获得同事和主管的工具性支持与反馈（Ding et al., 2019; Oksa et al., 2021）。尽管员工认为阻碍性压力源难以完成，不利于个人成长，从而有所成就（Cavanaugh et al., 2000），但在企业社交媒体的支持下，对工作资源的利用会增强他们的专业能力和工作控制感（Ter Hoeven et al., 2016），鼓励他们应对这些压力源，从而抵消这些压力源对他们绩效的负面影响。

然而，当企业社交媒体被过度用于工作时，面临阻碍性压力的员工需要投入额外的精力来处理大量冗余的工作信息，以获取其中有价值的信息，从而导致过载（如信息过载和沟通过载）（Yu et al., 2018）和精力耗竭（Fu et al., 2020）。因此，与初始阶段相比，处于阻碍性压力下的员工从企业社交媒体中获得的有用资源会减少，甚至进一步产生由使用企业社交媒体产生的额外工作要求为了避免由于处理这些压力源而耗尽资源，从而无法获得有意义的结果，有阻碍性压力的员工从事工作的动机可能会被削弱。总而言之，在工作相关的企业社交媒体使用处于中等水平时，我们期望员工可以从企业社交媒体的使用中最大程度地获取到工作资源的价值。在这种情况下，阻碍性压力源对员工工作投入的负面影响是最小的。

2. 非工作相关的企业社交媒体使用所产生的干预作用

我们提出，挑战性压力源对工作投入的积极影响最初会随着非工作相关的企业社交媒体使用频次的增加而变得更强。首先，参与与工作无关的社交活动可以增进面临挑战性压力的员工与同事、朋友和家人之间的个人关系，这为他们提供了情感上的社会支持、专业联系（Oksa et al.，2021）和社会资本（Ali-Hassan et al.，2015）。这些企业社交媒体支持下的工作资源可以激励他们全身心投入工作，因而可以产生更高水平的工作投入（Oksa et al.，2021）。其次，非工作相关的企业社交媒体使用可能成为员工在工作中短暂休息的途径，这有助于面临挑战性压力的员工从工作压力中恢复过来，补充消耗的资源。由于这些资源是专注于工作任务所必需的（Lim and Chen，2012；Syrek et al.，2018），因而在这种情况下，挑战性压力源对员工的工作投入程度会增强。

然而，当非工作相关的企业社交媒体使用过度时，这种积极影响就会减弱。当员工与同事、朋友和家人进行密集的与工作无关的沟通时，他们可能会收到许多与工作无关的信息和社交请求，迫使他们经常查看自己的企业社交媒体，并花费大量的时间和精力来回应，这可能导致工作中断（Ter Hoeven et al.，2016）和社交过载（Chen and Wei，2019）。这样的干扰和资源消耗会减少员工应对挑战性压力源付出的努力。此外，由于非工作相关的企业社交媒体使用是一种非任务活动，面临挑战性压力的员工如果长时间关注这些活动，就会忘记工作，从而导致花在工作上的时间减少（Andreassen et al.，2014；Syrek et al.，2018），这会降低他们的工作投入程度。总结而言，在非工作相关的企业社交媒体使用处于中等水平时，我们期望员工可以从企业社交媒体的使用中最大程度地获取到工作资源的价值。在这种情况下，挑战性压力源对工作投入的积极影响将是最强的。

另外，同工作相关的企业社交媒体使用不同，我们提出阻碍性压力源与工作投入之间的负向关系随着非工作相关的企业社交媒体使用频次的增加呈"U"形变化。与挑战性压力源不同，阻碍性压力源是员工不愿应对的工作要求（Cavanaugh et al.，2000），因此他们倾向于将非工作相关的企业社交媒体使用视为逃避压力情境的回避应对手段（Henle and Blanchard，2008；Ng et al.，2016），而不是一种从工作压力中恢复精力的途径（Andreassen et al.，2014；Syrek et al.，2018）。换句话说，处于阻碍性压力下的员工很容易沉迷于非工作相关的企业社交媒体使用，而不会将从企业社交媒体使用中获得的资源用于应对阻碍性工作要求，从而使阻碍性压力源与工作投入之间的负向关系更强。

然而，由于"工作要求是必须完成的事情"（Jones and Fletcher，1996），当有阻碍性压力的员工被迫重新处理工作时，从企业社交媒体使用中获得的资源和情感支持将缓冲阻碍性压力源对工作投入的负面影响（Bakker and Demerouti，2007）。因此，我们认为阻碍性压力源对工作投入的负向影响在非工作相关的企业社交媒体使用处于中等水平时最强，而在非工作相关的企业社交媒体使用处于较低或较高水平时是相对较弱的。

我们采用问卷调查的方式收集数据来验证我们的研究设想。我们在国内权威的专业数据收集平台——问卷星（www.wjx.cn）上发放了一份问卷，利用该平台提供的抽样服务将问卷随机分发给目前正在使用企业社交媒体的中国员工。最终我们收到了 1164 份问卷，在删除无效回答（如所有问题的答案都相同）后，保留了 1104 份有效问卷以供分析。

数据分析结果验证了我们大部分的研究设想。第一，在工作相关的企业社交媒体使用的调节下，挑战性压力源与工作投入间的关系呈现"U"形效应，这与我们的研究设想相反。这可能是因为随着员工越来越熟悉如何使用企业社交媒体来完成工作要求，他们处理信息的能力也会相应提高（Chen and Wei，2019）。先前的研究发现，经验丰富的 IT 用户能够有效且高效地处理信息，并且相对于新手用户，他们更不容易感到信息过载（Hsu and Liao，2014）。因此，尽管投入程度高的员工可能会被企业社交媒体上的消息分散注意力，但由于拥有丰富的信息处理经验，他们可以迅速地重新投入工作。

第二，工作相关的企业社交媒体使用对阻碍性压力源与工作投入间关系的二次调节作用不显著，我们的研究设想没有被支持。我们将导致这一结果的原因部分地归咎于员工对阻碍性压力源的消极态度。尽管工作相关的企业社交媒体使用可以为处于阻碍性压力下的员工带来工作资源，如与工作相关的信息（Ding et al.，2019），但他们可能没有动力处理和吸收这些信息，并将其转化为自己的个人资源，利用它们来缓冲阻碍性压力源对工作投入的消极影响（Xanthopoulou et al.，2007），因为这些压力源对他们的绩效和个人成长具有消极的负面影响（Cavanaugh et al.，2000）。

第三，在非工作相关的企业社交媒体使用的调节下，挑战性压力源与工作投入的正向关系呈现倒"U"形效应，这一结果支持了我们的研究设想。也就是说，只有当非工作相关的企业社交媒体使用处于中等水平时，处于挑战性压力下的员工才能以最高水平投入工作。

第四，在非工作相关的企业社交媒体使用的调节下，阻碍性压力源与工作投入间的关系呈现"U"形效应。换句话说，当非工作相关的企业社交媒体使用处于中等水平时，处于阻碍性压力下的员工的工作投入水平是最低的。

8.4　企业社交媒体使用对员工工作投入产生消极干预影响的原因及缓解措施

8.3 节研究证实，企业社交媒体的使用作为员工工作投入的干预措施也可能存在负面作用，关键取决于企业社交媒体的使用程度。然而，我们并没有通过实证研究的方式揭示为什么企业社交媒体的使用程度偏高反而可能对员工的工作投入产生负面影响。因此，我们开展了另一项研究来揭示这个问题（Sun et al.，2025），这涉及企业社交媒体现有文献中的一大研究视角——企业社交媒体可供性。在第 7 章我们已经了解了企业社交媒体可供性的概念，可以说，正是由于企业社交媒体拥有很多传统信息技术所没有的可供性，其才成为当代企业普遍和首先选择的沟通方式。然而，也正是因为企业社交媒体的这些可供性，其"阴暗面"与"光明面"才同样突出，其中，沟通可见性（communication visibility）是其核心可供性。

8.4.1　企业社交媒体使用对员工工作投入产生消极干预影响的原因：沟通可见性理论

企业社交媒体使员工可以随时随地查看工作中的信息，并使员工了解同事做了什么（Leonardi，2014）。企业社交媒体允许员工查看同事的社交网络、同事创建的标记文件，并帮助员工更好地了解同事的通信伙伴，这构成了企业社交媒体的沟通可见性。根据沟通可见性理论（Leonardi，2014），一旦同事之间看不见的沟通对其他人来说是显而易见的时候，他们就会更加了解同事的专业领域和社交圈。它还促进了员工与其沟通伙伴之间进行透明的信息交流和透明的网络连接（Leonardi，2015）。信息透明度（message transparency）是指其他同事之间沟通信息的可见性（Leonardi，2015）。员工之间关于项目、任务分配和工作问题的讨论可以被参与这场沟通的同事和没有参与这场沟通的同事浏览（Kane，2017）。网络半透明度（network translucence）是指通信网络和合作伙伴的可见性（Leonardi，2015）。员工可以通过查看同事个人资料页面上的"联系人"列表或过去与这位同事交换过信息的人来了解该同事的社交网络（Leonardi，2014）。在企业社交媒体上看到的其他同事的社交网络是半透明的，因为员工可以看到某位同事与其他同事之间的社交联系，但无法清楚确定这种社交联系的强度（Leonardi，2015）。

沟通可见性是一把双刃剑。首先，沟通可见性为员工提供了轻松发现专业领域专家和找到兴趣相投的同事的机会，但它也造成了员工感知过载的问题，因为它会迫使员工应对大量信息并提供过量的社会支持，这些有可能超出员工的承受能力，由此产生消极的心理和行为结果（Cao and Sun，2018），降低工作投入度（Arazy and Gellatly，2012）。因此，我们认为，可以从沟通可见性的视角来揭示企业社交媒体的工作相关使用和非工作相关使用对员工工作投入产生消极干预影响的原因。

8.4.2　企业社交媒体使用对员工工作投入产生消极干预影响的缓解措施：企业社交媒体政策的作用

在探索企业社交媒体使用对员工工作投入产生消极干预影响原因的基础上，我们试图进一步提出缓解措施。我们关注了企业社交媒体政策（enterprise social media policies）可能产生的缓解作用。企业社交媒体政策可以指导员工使用企业社交媒体进行有效沟通（van Zoonen et al.，2016）。由于企业社交媒体沟通可见性使员工能够将企业社交媒体用于工作和个人活动，因此，组织可以制订企业社交媒体政策来指导员工将企业社交媒体用于必要的工作，从而减少不必要的信息共享。换句话说，组织制订企业社交媒体政策有助于减轻企业社交媒体沟通可见性对员工的负面影响，从而有效应对企业社交媒体的潜在风险（Dreher，2014）。基于上述理由，我们进一步探索了企业社交媒体政策对企业社交媒体沟通可见性和员工感知过载之间关系的调节作用。

我们同样通过问卷调查的方式收集数据对提出的研究设想进行验证。通过在线调查平台获取在中国不同行业的组织中全职工作并使用企业社交媒体的参与者的数据。我们向 622 个人发放了调查问卷，最终收到了 326 份回复。在删除了无效的样本后，得到了 224 份有效样本，有效率为 68.7%。

数据分析结果基本证实了我们的研究设想。第一，信息透明度和网络半透明度对信息过载和社交过载具有显著的积极影响。企业社交媒体的沟通可见性允许员工查看同事之间的大量通信信息、同事的社交网络以及同事之间的社交请求。这可能超出了他们的信息处理能力和社交能力，从而使员工感知到信息过载和社交过载（Chen and Wei，2019）。第二，员工感知到的信息过载和社交过载会对其工作投入产生消极影响。员工感知到的信息过载和社交过载都会导致其注意力分散、心理焦虑和情绪衰竭，从而降低其工作投入程度（Byrne et al.，2016；Chen and Wei，2019）。第三，企业社交媒体政策降低了信息透明度和网络半透明度对感知信息过载的影响，以及网络半透明度对感知社交过载的影响。企业社交媒体政策可以指导员工合理使用企业社交媒体，减少不必要的信息交流，减轻员工因企业社交媒体沟通可见性而感觉过载的负面后果（Dreher，2014；van Zoonen et al.，2016）。然而，企业社交媒体政策对信息透明度和感知社交过载之间的关系没有调节作用。一种可能的解释是，即使组织制订了企业社交媒体政策以鼓励适当使用，企业社交媒体信息透明度使员工能够确定同事的专业知识，员工可能会忽略企业社交媒体政策并与同事建立必要的频繁联系以成功完成工作，这将增强员工与同事之间的亲密度（Ollier-Malaterre et al.，2013），但也会使员工收到大量的帮助请求并感知到社交过载。

此外，感知信息过载和感知社交过载对信息透明度和工作投入之间的关系具有互补中介效应，这表明信息透明度可以直接和间接影响工作投入。同时，感知信息过载和感知社交过载在网络半透明度和工作投入之间起完全中介作用，表明网络半透明度对工作投入没有直接影响。总结而言，企业社交媒体沟通可见性会给员工带来感知过载，导致注意力分散和情绪疲惫，进而对他们的工作投入产生负面影响（Arazy and Gellatly，2012）。

8.5　提高员工工作投入程度的新工具：员工体验平台

近年来，随着远程办公模式的流行，如何提高远程办公人员的工作投入程度成为企业亟须解决的一大难题。加之现代员工更加关注工作与生活的平衡、职业发展和心理健康，要想吸引和留住顶尖人才，企业必须提供良好的员工体验。得益于人工智能技术和数据分析技术的发展，能够收集和分析相关数据，通过为员工提供个性化反馈和建议来提高员工满意度和生产力的员工体验平台（employee experience platform）应运而生。典型的员工体验平台如微软推出的 Microsoft Viva。Microsoft Viva 将员工体验的四个关键领域——互动、福利、学习和知识统一起来，帮助员工发挥最大潜能。相应的功能介绍如下[①]。

（1）Viva Connections 为数字化工作场所提供个性化的网络联系，员工可以通过 Microsoft Teams 中的一个自定义应用进行内部通信，访问企业资源（如政策和福利），或加入员工资源组这样的社区。

（2）Viva Insights 为个人、管理者和企业领导者提供个性化且可操作的洞察，以帮助组织中的每个人获得成长。仅对员工可见的个人体验和洞察，有助于保证每位员工的正常休息、专注工作和学习的时间，并增进与同事的关系。管理者和领导者可以看到团队和企业层面的趋势，并获得更好平衡工作效率和员工福利的建议。默认情况下，这些洞察是聚合的、去身份识别的，能够保护员工的个人隐私。此外，新的仪表盘能够让企业整合来自 LinkedIn Glint 的员工反馈和来自 Viva Insights 的协同办公数据，使领导者可以更准确地发现团队可能遇到的困难，主动调整工作标准，并量化这些改变所产生的影响。除了使用来自微软应用程序的数

---

① 《微软推出全新员工体验平台 Microsoft Viva》，https://so.html5.qq.com/page/real/search_news?docid=70000021_228602de0b498952&faker=1，2025-03-19。

据和信号，客户还将能够合并来自 Zoom、Slack、Workday 和 SAP SuccessFactors 等第三方服务的数据。

（3）Viva Learning 让员工在工作流程中更容易发现并把握培训和职业发展机会。它将可供企业员工使用的所有学习资源汇总起来，包括来自 LinkedIn Learning、Microsoft Learn 和 Skillsoft、Coursera、Pluralsight、edX 等第三方提供商的内容，以及企业自己的内容库。从传统的学习课程到微学习内容，员工可以发现、共享、分配并跟踪多种学习内容，使学习成为日常工作中的一部分。

（4）Viva Topics 提供知识探索体验，帮助员工查看企业中的信息并与专家建立联系。通过人工智能来推理客户的 Microsoft 365 数据，并集成各种来自第三方服务（如 ServiceNow 和 Salesforce）的知识，Viva Topics 会自动在 Microsoft 365 和 Microsoft Teams 的对话和文档中显示主题卡片。单击卡片即可打开一个主题页面，其中包含相关文档、对话、视频和人员。

从其功能来看，Microsoft Viva 是一个集成了人工智能技术、企业社交媒体功能等的新一代企业办公软件。这一软件可以帮助企业整合分散的工作场所工具，并应用于工作流程。由于该软件的功能实现完全聚焦于员工在工作中的日常需求，因此可以更好地满足员工的个性化需求，精准获取所需的信息和资源，避免出现信息过载等困扰，进而使员工保持高水平的工作投入。

参 考 文 献

代宝, 续杨晓雪, 罗蕊. 2020. 社交媒体用户信息过载的影响因素及其后果[J]. 现代情报, 40(1): 152-158.

苗蕊, 黄丽华. 2017. 企业社交媒体研究综述: 概念、采纳、使用与影响[J]. 信息系统学报, (1): 107-122.

Ali-Hassan H, Nevo D, Wade M. 2015. Linking dimensions of social media use to job performance: the role of social capital[J]. The Journal of Strategic Information Systems, 24(2): 65-89.

Andreassen C S, Torsheim T, Pallesen S. 2014. Predictors of use of social network sites at work: a specific type of cyberloafing[J]. Journal of Computer-Mediated Communication, 19(4): 906-921.

Arazy O, Gellatly I R. 2012. Corporate wikis: the effects of owners' motivation and behavior on group members' engagement[J]. Journal of Management Information Systems, 29(3): 87-116.

Bakker A B. 2017. Strategic and proactive approaches to work engagement[J]. Organizational Dynamics, 46(2): 67-75.

Bakker A B, Demerouti E. 2007. The job demands-resources model: state of the art[J]. Journal of Managerial Psychology, 22(3): 309-328.

Bakker A B, Demerouti E, Sanz-Vergel A I. 2014. Burnout and work engagement: the JD-R approach[J]. Annual Review of Organizational Psychology and Organizational Behavior, 1: 389-411.

Bakker A B, van Emmerik H, Euwema M C. 2006. Crossover of burnout and engagement in work teams[J]. Work and Occupations, 33(4): 464-489.

Byrne Z S, Peters J M, Weston J W. 2016. The struggle with employee engagement: measures and construct clarification using five samples[J]. Journal of Applied Psychology, 101(9): 1201-1227.

Cao X F, Guo X T, Vogel D, et al. 2016. Exploring the influence of social media on employee work performance[J]. Internet Research, 26(2): 529-545.

Cao X F, Sun J S. 2018. Exploring the effect of overload on the discontinuous intention of social media users: an S-O-R perspective[J]. Computers in Human Behavior, 81: 10-18.

Cao X F, Yu L L. 2019. Exploring the influence of excessive social media use at work: a three-dimension usage perspective[J]. International Journal of Information Management, 46: 83-92.

Cavanaugh M A, Boswell W R, Roehling M V, et al. 2000. An empirical examination of self-reported work stress among U.S. managers[J]. Journal of Applied Psychology, 85(1): 65-74.

Chen X Y, Wei S B. 2019. Enterprise social media use and overload: a curvilinear relationship[J]. Journal of Information Technology, 34(1): 22-38.

Cho S, Noh H, Yang E, et al. 2020. Examining the job demands-resources model in a sample of Korean correctional officers[J]. Current Psychology, 39: 1521-1534.

Coffeng J K, Hendriksen I J M, Duijts S F A, et al. 2014. Effectiveness of a combined social and physical environmental intervention on presenteeism, absenteeism, work performance, and work engagement in office employees[J]. Journal of Occupational and Environmental Medicine, 56(3): 258-265.

Crawford E R, Lepine J A, Rich B L. 2010. Linking job demands and resources to employee engagement and burnout: a theoretical extension and meta-analytic test[J]. Journal of Applied Psychology, 95(5): 834-848.

Demerouti E, Bakker A B, Nachreiner F, et al. 2001. The job demands-resources model of burnout[J]. Journal of Applied Psychology, 86(3): 499-512.

Ding G Q, Liu H F, Huang Q, et al. 2019. Enterprise social networking usage as a moderator of the relationship between work stressors and employee creativity: a multilevel study[J]. Information & Management, 56(8): 103165.

Dreher S. 2014. Social media and the world of work: a strategic approach to employees' participation in social media[J]. Corporate Communications: An International Journal, 19(4): 344-356.

Ellison N B, Steinfield C, Lampe C. 2011. Connection strategies: social capital implications of facebook-enabled communication practices[J]. New Media & Society, 13(6): 873-892.

Fu S X, Li H X, Liu Y, et al. 2020. Social media overload, exhaustion, and use discontinuance: examining the effects of information overload, system feature overload, and social overload[J]. Information Processing & Management, 57(6): 102307.

Henle C A, Blanchard A L. 2008. The interaction of work stressors and organizational sanctions on cyberloafing[J]. Journal of Managerial Issues, 20(3): 383-400.

Hsu C L, Liao Y C. 2014. Exploring the linkages between perceived information accessibility and microblog stickiness: the moderating role of a sense of community[J]. Information & Management, 51(7): 833-844.

Jones F, Fletcher B C. 1996. Job control and health[M]//Schabracq M J, Winnubst J A M, Cooper C L.

Handbook of Work and Health Psychology. Chichester: Wiley: 33-50.

Kahn W A. 1990. Psychological conditions of personal engagement and disengagement at work[J]. Academy of Management Journal, 33(4): 692-724.

Kane G C. 2017. The evolutionary implications of social media for organizational knowledge management[J]. Information and Organization, 27(1): 37-46.

Knight C, Patterson M, Dawson J. 2017. Building work engagement: a systematic review and meta-analysis investigating the effectiveness of work engagement interventions[J]. Journal of Organizational Behavior, 38(6): 792-812.

Lee A R, Son S M, Kim K K. 2016. Information and communication technology overload and social networking service fatigue: a stress perspective[J]. Computers in Human Behavior, 55: 51-61.

Leonardi P M. 2014. Social media, knowledge sharing, and innovation: toward a theory of communication visibility[J]. Information Systems Research, 25(4): 796-816.

Leonardi P M. 2015. Ambient awareness and knowledge acquisition: using social media to learn "who knows what" and "who knows whom"[J]. MIS Quarterly, 39(4): 747-762.

Lepine J A, Podsakoff N P, Lepine M A. 2005. A meta-analytic test of the challenge stressor-hindrance stressor framework: an explanation for inconsistent relationships among stressors and performance[J]. Academy of Management Journal, 48(5): 764-775.

Lesener T, Gusy B, Wolter C. 2019. The job demands-resources model: a meta-analytic review of longitudinal studies[J]. Work & Stress, 33(1): 76-103.

Lim V K G, Chen D J Q. 2012. Cyberloafing at the workplace: gain or drain on work?[J]. Behaviour & Information Technology, 31(4): 343-353.

Lin S Z, Lin J B, Luo X, et al. 2021. Juxtaposed effect of social media overload on discontinuous usage intention: the perspective of stress coping strategies[J]. Information Processing & Management, 58(1): 102419.

Lin W P, Ma J J, Wang L, et al. 2015. A double-edged sword: the moderating role of conscientiousness in the relationships between work stressors, psychological strain, and job performance[J]. Journal of Organizational Behavior, 36(1): 94-111.

Lu B J, Guo X H, Luo N L, et al. 2016. Corporate blogging and job performance: effects of work-related and nonwork-related participation[J]. Journal of Management Information Systems, 32(4): 285-314.

Meyers M C, van Woerkom M. 2017. Effects of a strengths intervention on general and work-related well-being: the mediating role of positive affect[J]. Journal of Happiness Studies, 18: 671-689.

Ng J C Y, Shao I Y T, Liu Y P. 2016. This is not what I wanted: the effect of avoidance coping strategy on non-work-related social media use at the workplace[J]. Employee Relations, 38(4): 466-486.

Oksa R, Kaakinen M, Savela N, et al. 2021. Professional social media usage: work engagement perspective[J]. New Media & Society, 23(8): 2303-2326.

Ollier-Malaterre A, Rothbard N P, Berg J M. 2013. When worlds collide in cyberspace: how boundary work in online social networks impacts professional relationships[J]. Academy of Management Review, 38(4): 645-669.

Putnam L L, Myers K K, Gailliard B M. 2014. Examining the tensions in workplace flexibility and exploring options for new directions[J]. Human Relations, 67(4): 413-440.

Schaufeli W B. 2017. Applying the job demands-resources model: a 'how to' guide to measuring and tackling work engagement and burnout[J]. Organizational Dynamics, 46(2): 120-132.

Schaufeli W B, Bakker A B. 2004. Job demands, job resources, and their relationship with burnout and engagement: a multi-sample study[J]. Journal of Organizational Behavior, 25(3): 293-315.

Schaufeli W B, Salanova M, González-romá V, et al. 2002. The measurement of engagement and burnout: a two sample confirmatory factor analytic approach[J]. Journal of Happiness Studies, 3: 71-92.

Sun Y, Fang S Y, Jeyaraj A, et al. 2025. Mitigating perceived overload of communication visibility: the role of ESM policies[J]. Internet Research, 35(1): 448-475.

Sun Y, Liu Y J, Zhang J Z, et al. 2021. Dark side of enterprise social media usage: a literature review from the conflict-based perspective[J]. International Journal of Information Management, 61: 102393.

Sun Y, Wu L X, Jeyaraj A. 2022. Moderating role of enterprise social media use in work engagement[J]. Information Processing & Management, 59(1): 102793.

Syrek C J, Kühnel J, Vahle-Hinz T, et al. 2018. Share, like, Twitter, and connect: ecological momentary assessment to examine the relationship between non-work social media use at work and work engagement[J]. Work & Stress, 32(3): 209-227.

Ter Hoeven C L, van Zoonen W, Fonner K L. 2016. The practical paradox of technology: the influence of communication technology use on employee burnout and engagement[J]. Communication Monographs, 83(2): 239-263.

Trischler M F G, Li-Ying J. 2023. Digital business model innovation: toward construct clarity and future research directions[J]. Review of Managerial Science, 17: 3-32.

van Zoonen W, Verhoeven J W M, Vliegenthart R. 2016. Social media's dark side: inducing boundary conflicts[J]. Journal of Managerial Psychology, 31(8): 1297-1311.

van Zoonen W, Verhoeven J W M, Vliegenthart R. 2017. Understanding the consequences of public social media use for work[J]. European Management Journal, 35(5): 595-605.

Xanthopoulou D, Bakker A B, Demerouti E, et al. 2007. The role of personal resources in the job demands-resources model[J]. International Journal of Stress Management, 14(2): 121-141.

Yu L L, Cao X F, Liu Z Y, et al. 2018. Excessive social media use at work: exploring the effects of social media overload on job performance[J]. Information Technology & People, 31(6): 1091-1112.

第9章 企业社交媒体与员工工作繁荣

庖丁为文惠君解牛，手之所触，肩之所倚，足之所履，膝之所踦，砉然向然，奏刀騞然，莫不中音。合于《桑林》之舞，乃中《经首》之会。

文惠君曰："嘻，善哉！技盖至此乎？"

庖丁释刀对曰："臣之所好者道也，进乎技矣。始臣之解牛之时，所见无非牛者。三年之后，未尝见全牛也。方今之时，臣以神遇而不以目视，官知止而神欲行。依乎天理，批大郤，导大窾，因其固然，技经肯綮之未尝，而况大軱乎！良庖岁更刀，割也；族庖月更刀，折也。今臣之刀十九年矣，所解数千牛矣，而刀刃若新发于硎。彼节者有间，而刀刃者无厚；以无厚入有间，恢恢乎其于游刃必有余地矣，是以十九年而刀刃若新发于硎。虽然，每至于族，吾见其难为，怵然为戒，视为止，行为迟。动刀甚微，謋然已解，如土委地。提刀而立，为之四顾，为之踌躇满志，善刀而藏之。"

文惠君曰："善哉！吾闻庖丁之言，得养生焉。"

——《庄子·养生主》

9.1 引子：庖丁解牛与员工工作繁荣

《庄子·养生主》中记载了一则庖丁解牛的故事，庖丁作为一位技艺高超的厨师，以其精湛的技艺和独到的见解展示了一种超乎寻常的工作哲学——在宰割牛的时候，他手中的刀仿佛有了灵性，随着他的心意在牛骨之间游走，显得游刃有余。在这个故事中，我们发现，庖丁之所以能达到如此高的境界，不仅在于他深厚的技艺和日复一日的练习，更在于他巧妙运用工作工具，也就是那把锋利的刀。工具对于员工工作的重要性不言而喻，一方面，工欲善其事，必先利其器，好的工具对于员工而言往往意味着可以做出更为优质的工作内容和成果，能够在很大程度上减少简单机械的重复劳动，让员工有更多的时间和精力投入更有价值的工作环节中。同时，一些高质量工具还能够及时为员工提供准确的相关信息支持，从而使他们可以更好地了解行业动态、客户需求和市场变化，从而做出更加明智的决策。在人工智能时代背景下，大量优质的人工智能工具得以开发，成为赋能员工开展高效工作的重要工具，如客服系统，传统客服系统依赖人工完成，需要客服人员不厌其烦地手动联系，一次一次重复相同的话术，占据了极高的人力成本，而在人工智能背景下催生出的智能客服机器人（如钉钉 AI 助理），能够利用自然语言处理技术，自动识别和回答客户的问题，提供 24 小时不间断的客户服务。原来的客服人员几乎完全可以将原有的烦琐低效的工作交给人工智能工具，进行更具创造力和更有价值的工作，从而推动员工自身的可持续发展，让员工向更高的目标迈进。

工作繁荣是员工表现出的积极进取的学习劲头和热情高涨的工作活力，展现了一种朝气蓬勃、锐意进取的工作状态（Spreitzer et al., 2005）。员工工作繁荣不仅体现出了员工在工作内容方面的表现，更体现出了员工自身的全面发展情况。在当前错综复杂的外部环境中，企业面临着重大的挑战。为了有效应对市场的考验并保持竞争优势，激发员工在工作中不断进步和成长的能力对企业而言尤为关键。学习和活力是体现员工工作繁荣的重要维度（Spreitzer and Porath, 2014）。学习，是员工不断提升自我、适应变化的关键。在钉钉、飞书等企业社交媒体平台高度发达的今天，企业可以利用社交媒体平台打破信息壁垒，为员工提供丰富的学习资源。同时，员工还可以通过企业提供的在线课程、行业资讯、经验分享等不断学习新知识、掌握新技能，从而提升自身的竞争力。已有大量企业通过企业社交媒体平台，定期发布行业前沿动态信息、技术解析和专家讲座等内容。员工可以根据自己的兴趣和需求，选择相应的课程进行学习。活力，也是员工工作繁荣的一个重要体现。众所周知，一个充满活力的员工，不仅能够更快、更好地应对工作中的突发挑战和压力，还可以在很多时候为企业带来正能量和创造力。企业可以通过企业社交媒体，为员工创造一个轻松愉快的工作氛围，如设立"每日分享"板块，鼓励员工分享生活点滴、工作感悟和正能量故事。

9.2　员工工作繁荣

激发员工工作繁荣能够提升组织绩效和增强团队凝聚力是企业实践运营过程中已达成的普遍共识。因而，如何有效激发员工的工作繁荣也成为学界与业界共同关注的重要话题。

工作繁荣可以被描述成个体在职场环境中感受到充沛的活力并持续学习的双重积极心理状态（Ren et al., 2022；Spreitzer et al., 2005）。活力代表一种对工作充满活力和热情的感觉，而学习则代表员工在工作中获取和应用知识与技能的经历（Spreitzer et al., 2005）。活力可以作为一种激励，以确保员工的可持续和高效发展，从而使其具有更高的生产力、创造力和动力。复杂而动荡的商业环境要求员工通过各种方式学习必要的知识和技能，以展现积极的工作状态。工作繁荣源于共同的活力和学习经验（Ren et al., 2022）。如果员工在工作中学习但没有精力，他们可能会倦怠；如果他们精力充沛但不能学习，他们可能无法持续发展（Spreitzer and Porath, 2014）。

工作繁荣是一种员工在职场上感受到的正面情绪和体验，它被视为组织能够长期成功的一个关键因素（Barnes et al., 2022）。员工的工作环境对其工作繁荣状态有着显著的影响。例如，Wallace 等（2016）与 Paterson 等（2014）分别证实了员工参与氛围和主管支持氛围对员工繁荣的正面促进作用。此外，员工的个性特征也对其工作繁荣有重要影响。Walumbwa 等（2018）认为具有高度自我评价的员工更可能在工作中体验到繁荣，而 Jiang（2017）发现那些具有主动性格的员工在工作中更容易感到繁荣。社会支持在职场中的作用也不容忽视。Rego 等（2021）指出，领导者的坚定支持对员工的工作繁荣至关重要，Ren 等（2022）发现家庭的支持同样对员工的工作繁荣有积极影响。简而言之，良好的工作环境、积极的个人特质以及来自领导和家庭的社会支持，都是促进员工在工作中感到繁荣的重要因素。

值得注意的是，尽管信息技术在工作情境中扮演了重要角色，并对员工的活力和学习产生了积极影响，但它却没有在员工的工作中受到应有的关注，尤其是在当前员工日常工作中不可或缺的企业社交媒体这一部分（Kang et al., 2017）。企业社交媒体既有积极影响，也有消极影响。一方面，企业社交媒体可以有效地积累、共享和传播信息和知识（Dwivedi et al., 2022），并成为一种战略性学习资源（Sharma et al., 2021）。企业社交媒体允许员工查看过去的业务交互和信息，并从他们以前的工作中学习，结合思想来学习，而不是重复学习（Shang and Sun, 2021），使员工更有活力。另一方面，不当使用企业社交媒体会消耗工作资源，造成信息过载，对员工的学习和活力产生消极影响。因此，企业社交媒体对员工工作繁荣的重要性不言而喻。

从企业社交媒体的相关研究来看，大量有关企业社交媒体与员工工作繁荣的研究展现了一个清晰而又统一的结论：企业社交媒体能够激活员工的工作繁荣。具体而言，企业社交媒体作为现代工作环境中不可或缺的信息技术元素，为员工提供了更便捷的渠道来获取工作所需的资源和信息，帮助他们更好地完成任务，提高工作效率；员工对企业社交媒体的使用打破了传统工作场所的物理界限，使员工能够跨越部门和地域限制建立联系，这种广泛的社交连接不仅有助于员工之间的情感交流和支持，还能促进跨部门合作和创意碰撞。对此，我们通过下面两项研究来讨论企业社交媒体对员工工作繁荣的影响。

9.3　企业社交媒体可供性与员工工作繁荣

一项关于企业社交媒体对员工工作繁荣的研究旨在关注企业社交媒体可供性对员工工作繁荣的影响（Sun et al.，2024）。在第7章我们介绍过，企业社交媒体具备的可供性是其显著影响员工工作行为的关键因素。基于此，我们首要关注这些可供性如何具体作用于员工的工作繁荣。特别地，我们基于赋能理论开发了一个链式中介模型，该模型关注关键的企业社交媒体可供性（即可及性、可持续性、关联性），并解释可供性如何依托赋能理论影响工作繁荣。

可及性指企业社交媒体使用户能够不受时间、地点、结构、技术水平或其他条件的约束，轻松访问和使用企业社交媒体的能力（Fox and McEwan，2017）。例如，用户可以通过企业社交媒体随时随地发起语音和视频会议。可及性为非现场会议创造了条件。

可持续性指企业社交媒体使用户能够访问以前创建和发布的内容的能力（Oostervink et al.，2016；Treem and Leonardi，2013）。例如，企业社交媒体可以将用户的交互和业务流程信息保存在线上，以便以后借阅。

关联性指企业社交媒体使用户能够与平台上的其他用户进行交互并建立关系的能力（Oostervink et al.，2016；Treem and Leonardi，2013）。例如，用户可以通过企业社交媒体的公共节点（如组织地址簿）快速找到同事，并知道哪些人彼此连接，以及这些人如何连接到特定内容。

这三个可供性在大多数企业社交媒体中都有鲜明的体现，是企业社交媒体运作中普遍关注的特征，而厘清这些可供性是如何影响员工工作繁荣的，需要找到一个更为合适的理论角度。不同于组织发展、工作绩效等关注点，员工工作繁荣更加聚焦于员工自身状态。在我们的研究中，赋能理论成为解释企业社交媒体可供性和员工工作繁荣之间关系的合适理论视角。

"赋能"最初源自积极心理学，它描述了一种在人际互动中通过改变言语、行为和氛围来传递积极影响的过程。这一过程旨在激发个体内心的强大力量，鼓励他们主动思考并付诸行动，实现自我潜能的最大化。在这里，"赋"意味着"赋予"或"赠予"，而"能"则代表了"正面的能量"。"赋能"在生活工作中的体现无处不在，例如：团队内部建立互助文化，同事之间相互支持，共同解决问题，从而提升团队的整体效能；家长通过鼓励和支持，帮助孩子建立自信，培养他们独立解决问题的能力。在管理学领域，"赋能"一词在近年来也得到了极大的发展，管理赋能、营销赋能、服务赋能、技术赋能等赋能构念层出不穷。但归根结底，这些"赋能"在企业运营和管理中，意味着采用特定的方法或策略，帮助个体或团队获得完成特定任务所需的能力。简而言之，"赋能"就是对于那些原本无法完成的事情，通过他人的帮助和支持，得到必要的动力和资源，从而使自己具备实现目标的能力。赋能理论强调，一个人的行为不仅受到他自身怎么想、怎么感觉的影响，还被他周围的环境和他人的看法所左右。简单来说，就是一个人的行为是由他的内心世界和外界环境共同塑造的。就像 Conger 和 Kanungo（1988）所指出的，这些因素相互交织，共同决定了一个人会采取什么样的行动。在赋能员工方面，有两种相辅相成的观点被广泛接受（Spreitzer，2007）。一种观点是结构赋能，反映了提高员工在组织中工作自主权的实际情况（Pacheco and Coello-Montecel，2023）。Al-Atwi（2018）指出，结构赋能由三个维度共同反映：信息获取、资源获取和支持获取。信息获取指的是个体有能力获得有效开展工作所需的信息和专业知识；资源获取意味着员工能够获得他们完成工作所必需的资源，比如物质、金钱、时间和其他资源；支持获取指员工能从上级或同事那里获得的直接或间接的帮助和指导。另一种观点是心理赋能，心理赋能关注的是员工对工作的控制感以及他们对工作角色所持有的积极的、具有导向性的内在动机（Junglas et al.，2022；Seibert et al.，2011）。Spreitzer（1995）将心理赋能分为四个维度：自我决定、意义、胜任力和影响力。自我决定是指个人对自己的工作行为和过程的自主性或控制感；意义是指个体依据自己的信仰、价值观和标准，对工作产生的价值感受；胜任力指个体对自己成功地完成工作的能力的知觉和评价；影响力指个体对自己的行为所产生影响的程度的认知，或对经营结果所产生影响的程度的认知（Maynard et al.，2012；Spreitzer，1995）。随着赋能理论的发展，研究人员主张将结构赋能和心理赋能两种观点结合起来，以实现对赋能的全面理解（Spreitzer，2007）。结构赋能是心理赋能的必要条件（Maynard et al.，2012）。要获得真正的赋能，员工必须首先感知到环境中的赋能条件（即结构赋能），其次从心理上解释感知到的赋能条件（即心理赋能），以产生积极的结果（Sun et al.，2012）。该过程如图 9-1 所示。Laschinger 等（2001）扩展了坎特的赋能理论，认为心理赋能是结构赋能和个人结果之间最重要的桥梁。

图 9-1　赋能过程

我们的这项研究主要基于企业社交媒体的三个可供性，即可及性、可持续性、关联性，来探讨其对员工工作繁荣（由活力和学习两个维度构成）的影响。研究模型如图 9-2 所示。对此，我们从使用钉钉（钉钉是中国使用最多的企业社交媒体）的用户中获得相关数据，这些用户都是企业的全职员工（为了最大限度地利用具有长期钉钉使用经验的样本，并确保这些样本具有良好的代表性）。为了尽量减小共同方法偏差（common method bias，CMB），调查分两轮进行，每轮间隔1周，并使用用户ID来匹配两轮已完成的调查。可及性、可持续性、关联性、主动性人格和各项人口变量在第一轮测量，而结构赋能、心理赋能、工作繁荣和标记变量在第二轮测量。两轮共收到359份回复，其中有效问卷311份，有效率为86.6%。

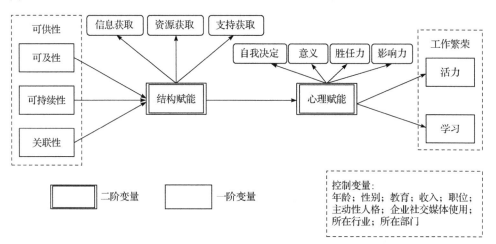

图 9-2　企业社交媒体可供性与员工工作繁荣的研究模型

研究发现，企业社交媒体可以通过建立一个扁平的、数字化的组织环境对员工完成赋能，让他们在工作中繁荣（Zhang et al.，2023）。本节在赋能理论的基础上，拓展了企业社交媒体研究，通过结构赋能和心理赋能，检验了企业社交媒体可供性与员工工作繁荣的研究模型。

首先，结构赋能在可及性和关联性对心理赋能的影响过程中起到中介作用，而在可持续性对心理赋能的影响过程中没有起到中介作用。这一发现揭示了企业社交媒体赋能员工的过程机理。具体而言，可及性和关联性为员工提供了更多的信息和资源，促进了人际关系的建立（Fox and McEwan，2017；Treem and Leonardi，2013），并创造了条件，使员工能够感知到自身被赋能，从而产生一种心理赋能感。可持续性未被中介可能是因为企业社交媒体中未经系统分类和排序的大量信息可能会使员工不堪重负，使他们难以从平台获取他们想要的信息和资源（Sun et al.，2019）。

其次，心理赋能和结构赋能在可及性和关联性对员工工作繁荣的影响过程中发挥了链式中介效应。其中，可及性除了通过结构赋能和心理赋能对活力和学习产生持续的中介作用外，还对活力和学习产生直接影响，而关联性对活力和学习的影响仅通过结构赋能和心理赋能来实现。这一发现与 Doll 和 Deng（2010）的研究结果一致，即信息技术工具可以赋能员工，促使他们在工作中解决问题和创新。

最后，可持续性通过结构赋能和心理赋能的链式中介对活力和学习的间接影响不显著。可持续性对员工学习有直接的正向影响，但对员工活力没有影响。这可能是因为社交媒体的可持续性虽然允许员工回顾过去的信息和知识，但也可能导致出现信息过载的现象，因为大量积压的信息超过了员工的认知能力，这会导致疲劳和压力（Sun et al.，2019）。除此之外，员工也可能感到被监视，因为平台记录并存储他们的内容以供以后检索（Chen et al.，2020）。这些消极的方面可能会使可持续性的效果变差。

本节所做研究也为实践提供了启示。首先，企业社交媒体的可供性能够赋能员工，激发他们的活力并促使他们学习。这一发现有助于激励员工有效地利用企业社交媒体支持来增强工作繁荣感，促进自我发展。例如，员工可以使用企业社交媒体关联性，通过地址簿和企业社交媒体的即时沟通功能（包括视频会议和电话会议）快速找到相关领域的专业人员，灵活安排会议的时间和地点。总之，员工应该在工作中适当地、积极地使用这些平台，了解这些平台在塑造自己的积极状态中的作用，更好地利用这些平台来帮助提高工作效率。

其次，企业管理者应根据员工在组织中对信息、资源和支持的需求，打造开放的技术使用氛围，并促使员工进行赋能。例如，企业可能会发现员工需要什么，并使用企业社交媒体开发平台为他们创建特定的资源。此外，考虑到企业社交媒体对员工自身发展的重要性，企业可以考虑将企业社交媒体作为一个有用的发展和学习平台，促进员工成长。例如，钉钉等企业社交媒体平台上的"客座学院""云课堂""赋能学院"等可以用于企业培训。

最后，本节研究发现，企业社交媒体的可及性和关联性可以赋能员工，并影响他们在工作中的发展。因此，企业社交媒体设计人员在设计平台时应努力改善平台的可及性、沟通和协作功能。例如，可以改进在线处理和远程协作功能，使更多的工作流程可以在线完成；可以改进平台的在线沟通和协作功能，如在线聊天、视频通话、视频会议、文档协作和共享，使远程员工可以更顺利地沟通和协作。另外，企业社交媒体的可持续性对结构赋能和活力的影响不显著。因此，企业社交媒体平台的设计者可以设计实现信息分类和存储的功能。例如，允许用户对信息和资源设置个性化标签，以改进平台的信息和知识管理功能。可以改进平台的搜索功能，允许用户根据关键词、时间、相关人员进行搜索，解决因信息过载而遗漏重要信息的问题。

9.4　企业社交媒体使用行为与员工工作繁荣

另一项关于企业社交媒体对员工工作繁荣的研究旨在关注企业社交媒体使

用对员工工作繁荣的影响（Sun et al.，2019）。企业实践表明，企业社交媒体在企业内部的使用还允许员工以新颖的方式建立和管理其社会网络（Kane，2015），因此，许多社会学因素在企业社交媒体对员工工作繁荣的影响中同样发挥着重要作用。例如，企业社交媒体可以提高员工之间的互动频率，进一步增强他们之间的信任感（Leonardi and Meyer，2015）并显著提高他们的社会资本（Ali-Hassan et al.，2015；Sun and Shang，2014）。Gibbs 等（2014）声称，通过使用企业社交媒体，个人的在线社会网络规模将会扩大。在第 8 章我们介绍过，企业社交媒体的使用可以划分为两种类型——工作相关的企业社交媒体使用和社交相关的企业社交媒体使用，并发现这两种类型的使用都可以通过建立、发展关系以及获取与任务和组织相关的信息来加速新员工的组织社会化。

因此，我们的这项研究引入"快速关系"（Sun et al.，2019），即新员工对其与老员工迅速建立人际关系的感知（Ou et al.，2014），以关注企业社交媒体使用与工作繁荣之间的关系。特别地，在此项研究中我们试图通过快速关系视角探讨工作相关的企业社交媒体使用如何影响新员工的工作繁荣。

在介绍这项研究前，我们有必要先了解快速关系理论。"关系"这个词语具有极其丰富的内涵和深远的文化背景。它不仅代表了人与人之间的联系，更是构成整个社会运转的基石。从家庭到职场，从社区到国家，各种关系交织成一张庞大的网络，使得整个社会得以有序、和谐地运行。通过对"关系"概念的深入剖析和对快速关系理论的探讨，我们可以更好地理解人际关系的本质和规律，为我们在现实生活中更好地处理各种关系提供有益的指导和启示。总体而言，"关系"可以被概括为一种紧密联系的网络，其重点是义务互惠、信任、和谐关系和面子维护。基于传统的关系理论，Ou 等（2014）在社交商务情境下提出了快速关系理论。它指的是在线买家对与卖家迅速形成的人际关系的认知，包含三个维度：相互了解、互惠互利和关系和谐。相互了解是指买卖双方对彼此需求和观点的了解，它被视作形成快速关系的关键基础；互惠互利描述了买卖双方之间沟通和互动所带来的积极效益；关系和谐意味着买卖双方之间相互尊重和避免冲突，这是建立快速关系的关键要素（Lee et al.，2001；Lin et al.，2019；Ou et al.，2014；Wong，2007）。许多关于社交商务的研究发现，计算机中介通信技术的有效利用促进了买卖双方之间快速关系和信任的形成，从而进一步促进了交易的完成（Chong et al.，2018；Ou et al.，2014）。例如，Lin 等（2018）的一项研究表明，当用户从社交网站获得强有力的信息和情感支持时，更容易形成和发展快速关系。

为了探究社交媒体的使用如何基于"关系"的建立来激发员工的工作繁荣，我们利用专业的在线调查平台，从中国杭州一家大型电信公司的新员工群体中收集了相关数据。研究模型如图 9-3 所示。与先前关于新员工的研究一致（Morrison，

1993；Solinger et al.，2013），我们只向那些工作任期不到六个月的新员工进行了调查。为了减小共同方法偏差（Podsakoff et al.，2003）并获得研究变量的时间优先级，数据收集分为三个阶段完成。在第一阶段（时间 1），我们调查了新员工的人口统计信息和工作相关的企业社交媒体使用情况。在此阶段，我们要求这些新员工提名 3～5 名在工作中与他们关系密切的老员工，共有 132 名新员工参与了调查。

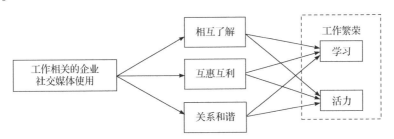

图 9-3　工作相关的企业社交媒体使用与员工工作繁荣的研究模型

　　在完成第一阶段一个月后，我们进入问卷调查的第二阶段（时间 2）。我们向那些在第一阶段被新员工提名的老员工分发了配对的问卷，并要求这些老员工对与新员工形成的快速关系进行打分。老员工一般只为三名新员工打分。一周后，我们开始了第三阶段（时间 3）的问卷调查，我们再次向新员工分发了问卷。考虑到新员工和老员工对他们之间的快速关系的看法应该是相互的，因此该阶段不仅要求新员工要报告他们在工作中繁荣的情况，也要求他们报告其与老员工之间的快速关系情况。除去未完成所有阶段问卷调查以及未获得老员工评分的新员工，最终得到的有效样本包括 77 份新员工-老员工配对数据，回复率为 58.33%。考虑到研究模型的变量数量较少以及收集特殊类型的二元数据的难度较大，我们参考 Jokisaari 和 Vuori（2014）以及 Liang 等（2007）现有研究中的样本规模后认为，本节研究的样本量是可以接受的。

　　研究发现，首先，工作相关的企业社交媒体使用对新员工相互了解、互惠互利和关系和谐都具有积极的作用。其次，互惠互利和关系和谐均正向影响新员工的学习和活力。此外，尽管相互了解能够显著正向影响新员工的学习，但并没有显著提升新员工的活力。这是因为只有当个体具有足够多的能量时，他们才会感到活力四射（Spreitzer et al.，2005）。然而，由于不熟悉新工作，新员工必须花费大量的时间和精力来了解老员工在企业社交媒体中分享的与任务相关的观点和知识。新员工接触的知识和技能越多，他们掌握新知识所消耗的能量就越多。虽然获取新知识和技能促进了新员工的学习，但新员工的活力可能会随着能量的消耗而降低。

　　除此之外，我们同样发现，相互了解、互惠互利和关系和谐在工作相关的企业社交媒体使用影响新员工活力的过程中起到中介作用。也就是说，当新员工基于工作方面的原因使用企业社交媒体，并与老员工建立快速关系时，他们将感受到活力。与此同时，相互了解和互惠互利在工作相关的企业社交媒体使用影响新员工学习的过程中起到中介作用，即当新员工通过企业社交媒体与老员工建立起快速关系后，这种相互了解和互惠互利会促进新员工获得必要的知识与技能，最终感受到学习知识与技能的成就感。

我们的这项研究为组织管理者和员工提供了几点重要的实践指导。首先，我们建议管理者鼓励新员工利用企业社交媒体与老员工进行互动，以促进相互了解。同样，组织管理者也可以制定一些激励措施或规定，鼓励老员工积极了解新员工的想法和观点，例如，鼓励老员工更多地关注新员工的工作状态，并在企业社交媒体分享与新员工有关的知识，以帮助他们快速解决工作上的问题。通过这样的方式，新员工的工作繁荣得到有效加强，从而新员工能够更好地适应新组织并实现更好的发展。

其次，我们强烈建议管理者鼓励在企业社交媒体中开展团队活动或进行团队协作，以培养新员工和老员工之间的团队意识，这有助于促进他们树立互惠互利意识。管理者可以根据他们的专长为他们分配一些相互依赖的任务，从而促进新员工和老员工之间的合作，这不仅可以帮助新员工学到更多的技能或知识，还可以提升他们在工作中的活力。

再次，我们还建议管理者鼓励新员工通过企业社交媒体向老员工寻求建议，将他们在工作中遇到的问题"贴"出来。新员工和老员工之间的这种互动有利于促进互惠互利和工作繁荣。

最后，管理者应该考虑利用企业社交媒体促使新员工和老员工建立和谐的关系，例如，鼓励新员工和老员工使用某些企业社交媒体功能，如"点赞"和"评论"，以表达得到彼此的帮助后的感激之情。和谐的关系将帮助新员工持续学习并从老员工那里获得更多的资源，以增强他们的活力。

9.5　企业社交媒体中的人工智能技术与员工工作繁荣

人工智能技术对企业社交媒体的融入无疑是推动员工工作繁荣的关键性变革力量。具体而言，工作繁荣作为员工在职业生涯中追求的一种理想状态，其核心在于个体在工作中能够同时体验到活力与学习的双重积极心理状态。企业社交媒体引入人工智能技术，正是促使员工达到这一心理状态的催化剂。

首先，人工智能技术的引入能够通过提升员工在企业社交媒体上的工作效率来激发工作繁荣。通过智能分析、自动化处理以及预测性建议等功能，人工智能技术能够迅速识别并处理海量信息，为员工筛选出最相关、最有价值的内容（Jarrahi，2018）。这不仅缩短了员工在信息海洋中迷失的时间，还使得决策过程更加迅速和精准。工作效率的提升，为员工创造了更多自由支配的时间，使他们能够更专注于核心任务和创新活动，从而在工作中体验到更多的活力感。例如，谷歌的 Gmail 使用机器学习技术自动过滤垃圾邮件，使员工免受无效信息的干扰，从而节省宝贵的时间和精力。

其次，人工智能技术的运用通过改变员工的工作方式来激发工作繁荣。传统的工作模式往往受到时间和空间的限制，而企业社交媒体结合人工智能技术，打破了这些界限。员工可以随时随地通过社交媒体平台进行交流、协作和分享，无论身处何地都能保持高效的工作状态（Chowdhury et al.，2022）。这种灵活的工作方式不仅提高了员工的满意度和幸福感，还促进了团队之间的紧密合作和知识共享。在这种积极的工作氛围中，员工更容易激发创新思维，不断学习。例如，智能聊天机器人成为企业内部沟通的新宠，它们能够 24 小时不间断地解答员工的疑问，提供即时反馈，从而促使形成员工工作繁荣。

最后，人工智能技术也能通过提供更多学习资源和工作反馈来对员工的工作繁荣产生深远的影响。一方面，通过智能推荐系统和个性化学习资源，人工智能技术能够根据员工的兴趣和能力提供定制化的学习和职业发展路径（Lemos et al.，2022）。这种个性化的学习体验不仅激发了员工的学习动力，还帮助他们不断提升自我，实现职业目标。另一方面，人工智能技术还能够通过数据分析功能，识别出员工在工作中的优势和不足，为他们提供针对性的反馈和支持（Al-khatib，2023）。这种及时的反馈机制有助于员工及时调整工作策略，应对挑战，克服困难，持续学习。

总之，在企业社交媒体中引入人工智能技术对员工工作繁荣的塑造发挥了重要作用。它为员工创造了一个充满活力、鼓励学习的工作环境，使员工能够在工作中不断体验成长的喜悦和成功的满足。因此，企业应当积极拥抱人工智能技术，将其融入企业社交媒体的管理中，以推动员工工作繁荣的实现。

参 考 文 献

Al-Atwi A A. 2018. Oblivious, paranoid, and disclosed negative ties: an examination of the mechanisms underlying the relationship between negative ties and job performance[J]. Journal of Organizational Behavior, 39(5): 648-662.

Al-Khatib A W. 2023. Drivers of generative artificial intelligence to fostering exploitative and exploratory innovation: a toe framework[J]. Technology in Society, 75: 102403.

Ali-Hassan H, Nevo D, Wade M. 2015. Linking dimensions of social media use to job performance: the role of social capital[J]. The Journal of Strategic Information Systems, 24(2): 65-89.

Barnes C M, Wagner D T, Schabram K, et al. 2022. Human sustainability and work: a meta-synthesis and new theoretical framework[J]. Journal of Management, 2022, 49(6): 1965-1996.

Chen X Y, Wei S B, Davison R M, et al. 2020. How do enterprise social media affordances affect social network ties and job performance?[J]. Information Technology & People, 33(1): 361-388.

Chong A Y L, Lacka E, Li B Y, et al. 2018. The role of social media in enhancing Guanxi and perceived effectiveness of E-commerce institutional mechanisms in online marketplace[J]. Information & Management, 55(5): 621-632.

Chowdhury S, Budhwar P, Dey P K, et al. 2022. AI-employee collaboration and business performance: integrating knowledge-based view, socio-technical systems and organisational socialisation framework[J]. Journal of Business Research, 144: 31-49.

Conger J A, Kanungo R N. 1988. The empowerment process: integrating theory and practice[J]. The Academy of Management Review, 13(3): 471-482.

Doll W J, Deng X D. 2010. A technology empowerment model for engineering work[J]. Data Base for Advances in Information Systems, 41(4): 52-74.

Dwivedi Y K, Shareef M A, Akram M S, et al. 2022. Examining the effects of enterprise social media on operational and social performance during environmental disruption[J]. Technological Forecasting and Social Change, 175: 121364.

Fox J, McEwan B. 2017. Distinguishing technologies for social interaction: the perceived social affordances of communication channels scale[J]. Communication Monographs, 84(3): 298-318.

Gibbs J L, Eisenberg J, Rozaidi N A, et al. 2014. The "megapozitiv" role of enterprise social media in enabling cross-boundary communication in a distributed Russian organization[J]. American Behavioral Scientist, 59(1): 75-102.

Jarrahi M H. 2018. Artificial intelligence and the future of work: human-AI symbiosis in organizational decision making[J]. Business Horizons, 61(4): 577-586.

Jiang Z. 2017. Proactive personality and career adaptability: the role of thriving at work[J]. Journal of Vocational Behavior, 98: 85-97.

Jokisaari M, Vuori J. 2014. Joint effects of social networks and information giving on innovative performance after organizational entry[J]. Journal of Vocational Behavior, 85(3): 352-360.

Junglas I, Goel L, Rehm S V, et al. 2022. On the benefits of consumer IT in the workplace: an IT empowerment perspective[J]. International Journal of Information Management, 64: 102478.

Kane G C. 2015. Enterprise social media: current capabilities and future possibilities[J]. MIS Quarterly Executive, 14(1): 1-16.

Kang Y J, Lee J Y, Kim H W. 2017. A psychological empowerment approach to online knowledge sharing[J]. Computers in Human Behavior, 74: 175-187.

Laschinger H K, Finegan J, Shamian J, et al. 2001. Impact of structural and psychological empowerment on job strain in nursing work settings: expanding Kanter's model[J]. The Journal of Nursing Administration, 31(5): 260-272.

Lee D J, Pae J H, Wong Y H. 2001. A model of close business relationships in China(Guanxi)[J]. European Journal of Marketing, 35(1/2): 51-69.

Lemos S I C, Ferreira F A F, Zopounidis C, et al. 2022. Artificial intelligence and change management in small and medium-sized enterprises: an analysis of dynamics within adaptation initiatives[J].

Annals of Operations Research: 1-27.

Leonardi P M, Meyer S R. 2015. Social media as social lubricant: how ambient awareness eases knowledge transfer[J]. American Behavioral Scientist, 59(1): 10-34.

Liang H G, Saraf N, Hu Q, et al. 2007. Assimilation of enterprise systems: the effect of institutional pressures and the mediating role of top management[J]. MIS Quarterly, 31(1): 59-87.

Lin J B, Li L, Yan Y M, et al. 2018. Understanding Chinese consumer engagement in social commerce: the roles of social support and swift Guanxi[J]. Internet Research, 28(1): 2-22.

Lin J B, Luo Z M, Cheng X S, et al. 2019. Understanding the interplay of social commerce affordances and swift Guanxi: an empirical study[J]. Information & Management, 56(2): 213-224.

Maynard M T, Gilson L L, Mathieu J E. 2012. Empowerment: fad or fab? A multilevel review of the past two decades of research[J]. Journal of Management, 38(4): 1231-1281.

Morrison E W. 1993. Newcomer information seeking: exploring types, modes, sources, and outcomes[J]. Academy of Management Journal, 36(3): 557-589.

Oostervink N, Agterberg M, Huysman M. 2016. Knowledge sharing on enterprise social media: practices to cope with institutional complexity[J]. Journal of Computer-Mediated Communication, 21(2): 156-176.

Ou C X J, Pavlou P A, Davison R M. 2014. Swift Guanxi in online marketplaces: the role of computer-mediated communication technologies[J]. MIS Quarterly, 38(1): 209-230.

Pacheco P O, Coello-Montecel D. 2023. Does psychological empowerment mediate the relationship between digital competencies and job performance?[J]. Computers in Human Behavior, 140: 107575.

Paterson T A, Luthans F, Jeung W. 2014. Thriving at work: impact of psychological capital and supervisor support[J]. Journal of Organizational Behavior, 35(3): 434-446.

Podsakoff P M, Mackenzie S B, Lee J Y, et al. 2003. Common method biases in behavioral research: a critical review of the literature and recommended remedies[J]. Journal of Applied Psychology, 88(5): 879-903.

Rego A, Cavazotte F, Cunha M P E, et al. 2021. Gritty leaders promoting employees' thriving at work[J]. Journal of Management, 47(5): 1155-1184.

Ren S, Babalola M T, Ogbonnaya C, et al. 2022. Employee thriving at work: the long reach of family incivility and family support[J]. Journal of Organizational Behavior, 43(1): 17-35.

Seibert S E, Wang G, Courtright S H. 2011. Antecedents and consequences of psychological and team empowerment in organizations: a meta-analytic review[J]. Journal of Applied Psychology, 96(5): 981-1003.

Shang R A, Sun Y. 2021. So little time for so many ties: fit between the social capital embedded in enterprise social media and individual learning requirements[J]. Computers in Human Behavior, 120: 106615.

Sharma A, Bhatnagar J, Jaiswal M, et al. 2021. Interplay of enterprise social media and learning at work: a qualitative investigation[J]. Journal of Enterprise Information Management, 35(2): 550-565.

Solinger O N, van Olffen W, Roe R A, et al. 2013. On becoming uncommitted: a taxonomy and test of newcomer onboarding scenarios[J]. Organization Science, 24(6): 1640-1661.

Spreitzer G M. 1995. Psychological empowerment in the workplace: dimensions, measurement, and validation[J]. Academy of Management Journal, 38(5): 1442-1465.

Spreitzer G M. 2007. Toward the integration of two perspectives: a review of social-structural and psychological empowerment at work[M]//Cooper C, Barling J. The Handbook of Organizational Behavior. Thousand Oaks: Sage: 1-29.

Spreitzer G M, Porath C. 2014. Self-determination as a nutriment for thriving: building an integrative model of human growth at work[M]//Gagné M. The Oxford Handbook of Work Engagement, Motivation, and Self-Determination Theory. New York: Oxford University Press: 245-258.

Spreitzer G M, Sutcliffe K, Dutton J, et al. 2005. A socially embedded model of thriving at work[J]. Organization Science, 16(5): 537-549.

Sun L Y, Zhang Z, Qi J, et al. 2012. Empowerment and creativity: a cross-level investigation[J]. The Leadership Quarterly, 23(1): 55-65.

Sun Y, Shang R A. 2014. The interplay between users' intraorganizational social media use and social capital[J]. Computers in Human Behavior, 37: 334-341.

Sun Y, Zhong Y T, Jeyaraj A, et al. 2024. The impact of enterprise social media affordances on employees' thriving at work: an empowerment theory perspective[J]. Technological Forecasting and Social Change, 198: 122983.

Sun Y, Zhu M Y, Zhang Z P. 2019. How newcomers' work-related use of enterprise social media affects their thriving at work: the swift Guanxi perspective[J]. Sustainability, 11(10): 2794.

Treem J, Leonardi P. 2013. Social media use in organizations: exploring the affordances of visibility, editability, persistence, and association[J]. Annals of the International Communication Association, 36(1): 143-189.

Wallace J C, Butts M M, Johnson P D, et al. 2016. A multilevel model of employee innovation: understanding the effects of regulatory focus, thriving, and employee involvement climate[J]. Journal of Management, 42(4): 982-1004.

Walumbwa F O, Muchiri M K, Misati E, et al. 2018. Inspired to perform: a multilevel investigation of antecedents and consequences of thriving at work[J]. Journal of Organizational Behavior, 39(3): 249-261.

Wong M. 2007. Guanxi and its role in business[J]. Chinese Management Studies, 1(4): 257-276.

Zhang J R, Guo J E, Jiang R D, et al. 2023. The moderating role of enterprise social media functionalities on employees' social-related use during work time[J]. Information & Management, 60(3): 103770.

第四篇　企业社交媒体应用
与员工和团队能力

第10章　企业社交媒体与员工和团队即兴能力

乃使万人先行，出，背水陈。赵军望见而大笑。平旦，信建大将旗鼓，行出
井陉口，赵开壁击之，大战良久。于是信与张耳佯弃鼓旗，走水上军。水上军开
入之，复疾战。赵果空壁争汉旗鼓，逐信、耳。信、耳已入水上军，军皆殊死战，
不可败。信所出奇兵二千骑，共候赵空壁逐利，则驰入赵壁，皆拔赵旗，立汉赤
帜二千。赵军已不能得信等，欲还归壁。壁皆汉赤帜，见而大惊，以为汉皆已得
赵王将矣，兵遂乱，遁走，赵将虽斩之，不能禁也。于是汉兵夹击，大破赵军，
斩成安君泜水上，禽赵王歇。

——袁枢《通鉴纪事本末》

10.1　引子：井陉之战与即兴能力

《通鉴纪事本末》里记载了一场中国历史上著名的以少胜多的战役——井陉
之战。公元前204年，韩信统率汉军对赵国发起攻击。赵王歇、赵军主帅陈馀闻
讯后集结大军于井陉口防守。当时赵军先期扼守住井陉口，居高临下，以逸待劳，
且兵多将广，处于优势和主动地位。赵军主帅陈馀手下的广武君李左车向陈馀认
真地分析了敌情和地形：韩信越过黄河，实施外线作战，前段时间俘虏了魏王豹、
夏说，并乘胜进攻赵国，士气旺盛，"其锋不可当"，所以赵军必须暂时避开汉
军的锋芒。但是汉军方面也存在着很大的劣势。这主要表现为，汉军的军粮必须
从千里以外运送，补给困难。井陉口道路狭窄，车马不能并行，因此汉军粮秣输
送一定滞后不济。鉴于这一分析，李左车进而向陈馀建议：由他带领奇兵3万人
马从小道出击，去夺取汉军的辎重，切断韩信的粮道；而由陈馀本人统率赵军主
力深沟高垒，坚壁不战，与韩信军周旋相持。李左车认为只要运用这一战法，不
出10天，就可以彻底消灭汉军；否则，赵军是一定会被汉军打败的。然而，赵军
主将成安君陈馀却拘泥于"义兵不用诈谋奇计"的教条，断然拒绝采纳李左车的
建议。韩信探知李左车的计策没有被采纳，非常高兴，当即制定了出奇制胜、一
举破赵的良策。韩信指挥部队开进到距井陉口30里的地方扎下营寨，到了半夜
时分，迅速实施作战部署：一方面挑选2000名轻骑，让他们每人手持一面汉军

的红色战旗，由偏僻小路迂回到赵军大营侧翼的抱犊寨山（今河北井陉县北）潜伏下来，准备乘隙袭占赵军大营，断敌归路；另一方面又派出 1 万人为前锋，趁着夜深人静、赵军未察之际，越过井陉口，到绵蔓河东岸背靠河水布列阵势，以迷惑调动赵军，助长其轻敌情绪。赵军望见汉军背水列阵，无路可以退兵，认为韩信愚蠢，不谙兵法，于是更加轻敌。

决战当天，韩信佯装败走，汉军抛下旌旗仪仗，向绵蔓河方向后撤，与事先在那里背水列阵的部队会合，赵王歇和陈馀误以为汉军真的打了败仗，毅然挥军追击。会合后的汉军士兵们看到前有强敌，后有大河，无路可退，所以无不奋力死战，赵军一时无法取胜。埋伏在赵军营垒翼侧的汉军 2000 名轻骑则趁赵军大营空虚无备的时机，突然出击，袭占赵营。他们迅速拔下赵军旗帜，遍插汉军战旗。赵军久攻背水阵不下，陈馀只得下令收兵。正打算回营的赵军猛然发现己方大营上插满了汉军旗帜，以为军营已经失守，顿时军心大乱，士卒四散逃命。韩信见状立即指挥汉军主力全线发起反击，赵军仓皇败退，被汉军追上全歼。

这场战役展示了韩信的智慧与勇气，他通过充分谋划和即兴的战术，以极少的兵力成功地击败了敌人。从这个故事中也可以看出，了解对手的心理和弱点，并能在战场上灵活应变，是战术成功的关键。韩信之所以能在瞬息万变的环境中做出最佳决策，不仅因为他具备随机应变的能力，还因为他对自身状况和外部环境有深刻理解并能迅速反应。

从表面的意思来看，"improvisation"（即兴）是由词根"provision"衍生而来的，"provision"原指"有安排地提供某物"，加上反义前缀后，其意思就变成了"在没有安排的情况下采取行动"。"即兴"最早在爵士乐演奏、戏剧表演等研究领域受到学者的关注。随着商业环境愈发动荡，管理领域的即兴行为也越来越频繁，因此，一些敏锐的研究者开始将这一概念应用到管理学的研究领域中。在管理学领域中，有学者根据"制定计划"与"采取行动"两者在时间上的重合程度来定义即兴能力（improvisational capability）。例如，Moorman 和 Miner（1998）就指出，即兴能力体现为"创作与执行在时间上的集中程度"，但不少学者认为仅从时间的重叠角度来定义是片面的，即兴能力还有着重要的内涵——利用现有的资源组织新颖活动的能力（Vera and Crossan，2004）。Miner 等（2001）考虑了这一重要内涵，认为即兴能力是一种利用现有资源将设计与执行进行有意融合，从而产生新颖的生产过程的能力。这一定义被后续的研究广泛引用，本章也采用 Miner 等（2001）的定义。基于该定义，Vera 和 Crossan（2005）总结了即兴能力的两个维度并得到广泛认可，包括即时性（spontaneity）和创造性（creativity）。即时性是即兴能力的时间维度，Weick（1998）提出即时性时不仅包含时间导向，还指在"用脚思考"方面更擅长而非先计划再执行，同时体现即兴具有自发性，即员工在发现异常状况的同时自发地做出反应。创造性则代表了即兴能力偏离以往惯例的程度，解决方案越新颖，创造性则越高。

在井陉之战中，一方面，韩信在战役中对战机的把握非常及时。他在得知赵国将领陈馀骄傲自满、疏于防备的情报后，立即决定发动进攻。这一决策的迅速和果断，使得韩信能够在敌军未做充分准备的情况下发动突袭，取得了先机。在战斗过程中，韩信根据战场情况不断调整策略。当他发现赵军的主力已经集结到正面战场时，他果断地命令一支奇兵绕到敌后实施突袭，从而瓦解了赵军的阵形。这种根据实时情报做出快速反应的能力，充分体现了韩信在指挥上的即时性。另一方面，韩信在战斗前将士兵置于背水之地，即背靠河流，无退路可退。这一战术极具冒险性，但也最大限度地激发了士兵的斗志，使得他们不得不拼死作战。这个战术非常新颖且大胆，最终也证明是成功的。背水一战的战术设计充分体现了韩信的创造力。

10.2　信息系统领域中的即兴能力研究

世界经济和政治格局的持续变化使得当下企业面临着更加易变、复杂和不确定的外部环境，传统科层式的管理模式已经难以适应企业的发展需要，企业必须激发自身的即兴能力，以此提高危机时期的应对能力（Rodríguez-Entrena et al.，2018）。员工和团队是企业之本，员工和团队的即兴能力是组织即兴能力的关键，不仅能帮助组织有效应对和适应高度动态的外部环境的多样化需求，还能促进组织持续提升创新能力，从而提升组织竞争力。

鉴于即兴能力对企业的重要性，部分学者开始研究如何提高员工和团队的即兴能力。其中，Ciborra（1996）最先讨论了信息技术对员工即兴能力可能提供的帮助，这一研究开启了从信息技术视角研究即兴能力的先河。此后信息系统领域的学者对即兴能力开展了大量研究，这些研究主要分为两大支流（Du et al.，2019）。第一个研究支流探索了如何在信息系统开发中进行即兴（Magni et al.，2009）。这一研究支流的文献探索了一系列能够引发有效的即兴行为的因素，而这一能力对信息系统开发来说是至关重要的（Kautz，2009）。第二个研究支流探索了如何利用信息技术来提高员工和团队的即兴能力。表 10-1 总结了相关研究成果。

表 10-1　相关研究成果

研究支流	参考文献	背景	主要的研究发现
信息系统开发中的即兴能力	Magni 等（2009）	个体即兴对信息系统开发的作用	该研究表明，团队层面的过程（团队行为整合与团队凝聚力）对个体的即兴能力有积极影响，而个体的即兴能力在信息技术开发项目中扮演着重要角色

研究支流	参考文献	背景	主要的研究发现
信息系统开发中的即兴能力	Kautz（2009）	信息系统开发实践中的即兴	该研究探索了信息技术开发中即兴的触发因素、调节过程和结果。案例研究的结果显示，即兴可以促使信息系统参与开发实践
	（Du et al.，2019）	信息系统开发中的组织即兴的步骤	该研究首先提出了一个四阶段的过程模型，包括扎根观察、情境反思、扎根设计和情境执行，其次讨论了这四个阶段是如何实现即兴搜索和即兴构建的，如扎根观察可以通过捕捉新兴市场机会和威胁等来影响组织即兴
利用信息技术提高即兴能力	Pavlou 和 El Sawy（2007）	新产品开发中，信息技术对提高即兴能力的作用	该研究引入并概念化了即兴能力的结构，尤其是在动荡的环境中，进一步通过实证研究验证了信息技术对即兴能力的影响
	Pavlou 和 El Sawy（2010）	新产品开发中，信息技术对提高即兴能力的作用	该研究在新产品开发的背景下，探索了信息技术是否以及如何提高即兴能力。研究结果表明，信息技术支持下的资源管理、组织记忆和协作工作系统可以提升即兴能力
	Levallet 和 Chan（2013）	创新中信息技术对提高即兴能力的作用	该研究认为，组织学习和动态能力是信息技术促进提升即兴创作能力的两种重要机制
	McKnight 和 Bontis（2002）	群组协作软件对组织即兴的作用	该研究提出，采用群组协作软件可以通过促进团队成员之间的人际沟通来扩大组织即兴的影响范围和提高其有效性
	Mendonça（2007）	危机应对中，信息技术对提高即兴能力的作用	该研究探讨了组织如何设计极端事件决策支持系统来进一步应对极端事件。它揭示了这类系统的六个需求，包括分类、搜索、汇总、约束条件的满足、通信和推断
	Doll 和 Deng（2011）	工程工作中，信息技术对即兴能力的作用	该研究探索了在信息技术支持的工程工作中，即兴能力的前因变量。实证研究结果表明，软件能力、自主性、问题解决/决策支持的使用、工作计划系统的使用以及使用时间长短都会对即兴能力产生影响

　　作为企业 2.0 的主要组成部分，企业社交媒体有别于传统的企业信息系统。传统的企业信息系统具有固定的企业层级和结构，而企业社交媒体鼓励用户进行社交互动和系统使用（Makkonen and Virtanen，2015）。特别地，企业社交媒体允许员工在特定的单位（如团队）内部，以及该单位的边界之外访问不同来源的信息（van Osch and Steinfield，2016）。企业社交媒体的这些特征是其支持跨边界交互的根本原因（Kuegler et al.，2015）。此外，企业社交媒体使沟通内容对广泛的受众可见，包括那些没有参与沟通的人，以及那些可能在沟通内容发生很久

之后才查看沟通内容的人（Leonardi et al.，2013）。发生在企业社交媒体上的沟通内容的可见性和持久性使员工能够更新他们的内部目录，其中包括"谁知道什么"（谁拥有特定的专业知识）和"谁知道谁"（如何获得专业知识），以及在组织单位内部和外部共同编码、存储和检索知识（Fulk and Yuan，2013；Sun et al.，2020a）。因此，相较于传统的信息技术，企业社交媒体对员工和团队的即兴能力会产生不一样的影响。我们陆续开展了三项研究来探讨这一问题。

10.3　企业社交媒体的技术特征与员工即兴能力

我们的第一项研究探讨了企业社交媒体为何可以提高员工的即兴能力（孙元等，2019）。信息系统领域的研究经常以一项信息技术所拥有的抽象技术特征（technology characteristics）来解释该信息技术对使用者可能造成的影响（Bala and Venkatesh，2013）。因此，我们认为技术特征能够反映出企业社交媒体的本质特点，可以从技术特征的角度来分析企业社交媒体能够提升员工即兴能力的原因。已有个别学者研究了企业社交媒体具有的技术特征，典型的如 Mark 等（2014）认为企业社交媒体普遍具有可见性，使用者能在一定范围看到其他用户间的对话，从而可以认识原本不认识的人。企业社交媒体普遍具有可编辑这一技术特征，能够让员工通过共同编辑来创作和完善同一个帖子。然而，已有研究尚未系统确定可以提升员工即兴能力的企业社交媒体技术特征的框架。因此，我们通过探索性的多案例研究来识别企业社交媒体影响员工即兴能力的核心技术特征。

我们通过如下案例选取标准来选取案例研究对象：第一，所选企业须有一定的企业社交媒体使用经验，并且认同可以通过企业社交媒体提升企业运营效率的理念；第二，由于时间和精力有限，选取企业在所属行业中有较好的业绩，因为这类企业具有更大的概率发现其运用企业社交媒体提升员工即兴能力的模式。经过筛选，我们将 X 电信有限公司及 Y 通信集团终端有限公司 ZJ 分公司作为案例研究对象。

我们采用 Miles 和 Huberman（1984）提出的三角测量法，通过多种数据来源对案例进行分析，以保证研究结论的信度。最终的数据来源主要包括：对 X 电信有限公司的高管及各主要岗位职员共 18 人的深度访谈、X 电信有限公司公开披露的年度报告以及官方网站发布的相关信息。除此之外，我们对 Y 通信集团终端有限公司 ZJ 分公司推广企业社交媒体平台的项目负责人进行了深入访谈，通过官方网站等途径查找了关于该公司的相关介绍，通过网络查找了关于该公司使用企业社交媒体的相关报道及已有研究。数据收集完之后，我们采用 Strauss（1987）提出的内容编码分析法对不同来源的数据进行编码，找到了以下三个企业社交媒体影响员工即兴能力的技术特征。

（1）可及性（accessibility）：指用户通过企业社交媒体所能获取的工作相关信息的范围及程度。典型条目如一位内部审计师所述："我们一般会把常用的文档共享在里面（QQ群），大家都可以自由下载。"

（2）社交性（sociability）：指企业社交媒体能为其用户提供社会交往空间的特性。典型条目如一位项目经理所述："微洽是有微会议的功能的，很方便就能把相关人员拉进来，能够快速有效地开展讨论。"

（3）交互性（interactivity）：指企业社交媒体具有为用户提供可设置、编辑及修改内容等功能的特征。典型条目如一位IT主管所述："在这个社区里，每个人都能很容易发布自己想发布的帖子，不管是自己关于工作的感悟，还是对公司的建议。"

由于社交元素的融入，企业社交媒体对企业员工的在线社会网络产生了一定的影响。比如，企业社交媒体中状态更新公开化的设计使得企业员工能够借此认识更多的同事；而其交互设计则有效地提升了企业员工间在线沟通的频率和效率，因此有利于企业内部员工间形成在线社会网络。社会网络理论认为，社会网络包含一定数量的行动者，并且行动者之间建立起了一定的社会联系；另外，社会网络中的联系能传递资源和形成行为约束，因此，可能会对员工的即兴能力产生影响。

我们采用问卷调查的方法对这一关系进行检验。经过预调研修改测量问卷之后，发放了正式问卷。正式问卷主要通过工商管理硕士学位（master of business administration，MBA）学生课堂发放、企业实地发放以及在线发放三种途径进行，共发放了286份问卷，回收253份，其中有效问卷231份，回收率为88.5%，有效回收率为80.8%。

通过检验，我们发现企业社交媒体的三个核心技术特征可以帮助员工形成在线社会网络，从而提升其即兴能力。正如Ellison等（2015）所言，企业社交媒体因为融入了社交的元素而可能对用户的在线社会网络产生影响。我们研究发现，企业社交媒体对员工在线社会网络的形成有显著的影响。具体而言，企业社交媒体的可及性对员工在线社会网络的网络规模及网络异质性有显著的正向影响；社交性则对网络规模和关系强度有显著的正向影响；交互性则对员工在线社会网络的关系强度及信任关系有显著的正向影响。员工要处理即兴事件往往需要其他人员的协助（Samra et al.，2008），因此员工的社会网络对其即兴能力有重要影响。我们的研究证实，员工在线社会网络的网络规模及其关系强度对员工即兴能力中的即时性有显著的正向影响，而员工在线社会网络的网络异质性、关系强度及信任关系对即兴能力的创造性有显著的正向影响。

10.4　企业社交媒体的使用行为与员工即兴能力

我们的第二项研究是在之前研究的基础上考察员工如何使用企业社交媒体可以提升其即兴能力（Sun et al.，2024）。在企业社交媒体使用行为的相关研究中，根据使用目的的不同，学者区分了两种主要类型的使用行为：工作导向的企业社交媒体使用和社交导向的企业社交媒体使用（Chen and Wei，2019；Zhang et al.，2019）。我们的研究主要关注员工对企业社交媒体的这两种使用行为如何提升其即兴能力。工作导向的企业社交媒体使用强调将企业社交媒体用于工作目的，如创建、共享或获取有关工作的信息，而社交导向的企业社交媒体使用则侧重于将企业社交媒体用于社交目的，如维护和发展人际关系（Chen and Wei，2019；Sun and Shang，2014；Zhang et al.，2019）。

我们借助 Kahn（1990）提出的心理状态框架来揭示企业社交媒体的两种使用行为提升员工即兴能力的中介机理。心理状态框架假设了影响员工工作投入的三个关键心理因素：心理意义感、可得感和安全感。现有研究表明，改善这三种心理状态可以使员工更加积极地投入工作活动中，从而提高工作绩效和工作能力（May et al.，2004）。事实上，先前关于即兴能力理论的研究已经强调了心理因素在提升员工即兴能力方面的重要性。员工创造力和自发性是即兴能力的关键维度，它们的增强需要充足的心理资源作为基础支持（Hill et al.，2017；Nisula，2015；Su et al.，2022；Vera and Crossan，2005）。然而，作为提高工作绩效的关键心理因素，员工的心理意义感、可得感和安全感三种心理状况对其即兴能力的影响尚未得到深入探讨。同时，企业社交媒体被认为是影响心理状态的重要工具，因为企业社交媒体的技术可供性使员工能够通过使用企业社交媒体获得各种资源并发展人际关系，从而通过改善他们的心理状态来提高绩效（Cai et al.，2018；Nusrat et al.，2021）。

同时，我们认为企业中关于企业社交媒体的政策可以帮助员工认识企业社交媒体的特征并了解适当的规则，以通过企业社交媒体的使用产生理想结果（Vaast and Kaganer，2013）。因此，有必要探讨企业社交媒体政策在企业社交媒体使用影响员工心理状态的路径中可能存在的调节作用。

我们同样采用问卷调查的方法收集数据以验证我们的研究设想。我们委托专业的调研平台"Credamo 见数"进行调查对象的招募和研究数据的收集。仅部署和运用企业社交媒体进行日常办公的企业员工方可参加本次调查，据此累计招募了 408 对符合要求的"员工-直属领导"配对调查者，问卷填写结束后删除了无效样本，最终保留了 307 个员工-领导配对样本用于后续分析。

分析结果发现：①工作导向和社交导向的企业社交媒体使用都能显著提高员工的心理意义感、可得感和安全感；②心理意义感、可得感和安全感可以显著提高员工的即兴能力；③企业社交媒体政策正向调节了工作导向的企业社交媒体使用与心理意义感、可得感和安全感之间的关系；④心理意义感、可得感和安全感在工作导向和社交导向的企业社交媒体使用影响员工即兴能力的过程中起显著的中介作用；⑤工作导向和社交导向的企业社交媒体使用对心理意义感、可得感和安全感的影响强度存在显著差异。总体而言，我们的大多数研究设想都得到了证实。令人惊讶的是，企业社交媒体政策并没有显著降低社交导向的企业社交媒体使用对上述三种心理状态的影响。一个可能的原因是：尽管许多企业已经制订了企业社交媒体政策，但大多数都侧重于引导员工更好地将企业社交媒体用于工作而不是社交方面，这使得即使存在企业社交媒体政策，也很难强化社交导向的企业社交媒体使用对员工三种心理状态的影响。

10.5　企业社交媒体的使用行为与团队即兴能力

企业社交媒体不仅支持识别与任务相关的信息和促进团队成员之间的互动，而且还可以通过跨越部门边界将员工与外部相关信息和个人联系起来（Kane，2015）。正是由于企业社交媒体允许团队成员自由获取团队内部资源（通过支持团队内部交互的特征）和团队外部资源（通过团队间跨越边界参与的特征）（van Osch and Steinfield，2016），因此可能有助于提高团队的即兴能力。然而，先前关于企业社交媒体的研究在它如何有助于提高团队即兴能力方面是相当缺乏的。因此，基于本章上述研究成果，我们进一步开展研究探索了团队如何使用企业社交媒体提升其即兴能力（Sun et al.，2020b）。

研究表明，企业社交媒体的团队内使用（以下简称团队内使用）和企业社交媒体的团队外使用（以下简称团队外使用）会导致不同的绩效结果（Kuegler et al.，2015）。随着团队逐渐使用企业社交媒体来规划、公布和监控团队的工作任务，团队内部的信息透明度和网络透明度也在不断提高（Ding et al.，2019）。因此，团队成员之间有望建立全面联系。这种充分发展的关系可以在团队成员进行一些即兴行为时促进信息共享和协作，因为团队成员完全了解团队内部的其他成员。相反，团队间的信息共享和协作通常是通过跨越多个知识池（如多个团队）的连接实现的（Kuegler et al.，2015）。此外，团队倾向于只允许指定的团队外部利益相关者与团队成员互动（van Osch and Steinfield，2018）。尽管团队的跨边界活动使团队成员能够获取丰富的信息和资源，但这通常是耗时且低效的。基于速度和效果对团队即兴的重要性，我们将团队成员对企业社交媒体的使用按照

Kuegler 等（2015）的分类方法划分为团队内使用和团队外使用，以调查这两种企业社交媒体的使用行为是否会对团队即兴能力产生不同的影响。团队内使用是指团队成员使用企业社交媒体与其他团队内成员进行知识共享、协作和沟通。相反，团队外使用是指团队成员使用企业社交媒体与团队外部的相关人员进行知识共享、协作和沟通（Kuegler et al.，2015）。

作为一种社交工具，企业社交媒体可以在终端用户中积累社会资本。社会资本是指嵌入社会行动者的社会关系中的资源（Adler and Kwon，2002；Tsai and Ghoshal，1998）。Putnam（2015）识别了结合社会资本和桥接社会资本两种社会资本的维度。结合社会资本是嵌入内部网络中的资源，其特征是强关系；而桥接社会资本是嵌入外部网络中的资源，其特征是弱关系。在社会网络方面，这两种社会资本类型揭示了网络闭合和结构洞等结构特征的重要性，这也是网络理论文献关注的焦点（Burt，2001）。

Adler 和 Kwon（2002）表明从内部或外部角度对社会资本进行分类是有害的：“如果我们消除将社会资本研究分成两部分的趋势，即聚焦于外部的桥接社会资本和聚焦于内部的纽带社会资本，组织研究将会受益。”这是因为很难在内部结构和外部结构之间划清界限。正如 Adler 和 Kwon（2002）所指出的那样：“在给定的分析级别上的外部关系会在更高的分析级别上变成内部关系，反之，在给定的分析级别上的内部关系会在更低的分析级别上变成外部关系。”这一重新定义的社会资本概念对于本书的研究具有独特的价值，因为它为在团队层面考虑内部桥接社会资本和外部结合社会资本提供了理论支撑。

当外部人员判断某个团队的成员时，该团队的成员会被视为内部成员，而团队内部可能存在着小群体。这些小群体（或当地宗族）可能会在团队成员之间基于相似的种族、年龄、性别、教育背景、原籍地和个人爱好而形成一定关系。员工在公司任职期间被分配到临时任务团队中工作，这种以团队为基础的管理方式有助于基于共同工作经历的子群体的形成和发展。子群体的存在引起了对团队内桥接社会资本的需求，这可能有助于连接员工和挖掘嵌入子群体中的独特资源。

同样，考虑跨团队（外部）结合社会资本也是合理的，因为当被其他公司评判时，同一公司的团队被视为内部团队。尽管存在分工，团队之间还是会相互协作的，并与企业价值链其他环节一起实现共同的目标，即向市场提供优质的产品或服务。特别是对即兴来说，一个即兴方案的提出可能需要一个团队依靠其他团队来集中资源，在出现重大问题时共同设计解决方案。如果外部团队会受到即兴方案的影响，那么外部团队也可能会参与到即兴行为当中。焦点小组在执行计划中的新行动时，将与那些受到影响的团队进行协商，并得到他们的赞同。换句话说，外部团队通常是即兴行为的相关者。因此，在团队之间建立结合社会资本是有意义的。一些学者间接地研究了社会资本和即兴能力之间的关系（McKnight and

Bontis，2002；Perry-Smith and Shalley，2003）。尽管有这些初步的证据，但对于社会资本和即兴能力之间的潜在关系仍缺乏深入的分析。在这样的研究背景下，企业社交媒体是否可以通过积累团队社会资本来提高团队的即兴能力仍是未知的。

同时，当社会资本允许团队获取新信息和知识时，团队利用这些新信息和知识的能力可能取决于重要的团队属性。例如，Greve（2010）、García-Villaverde 等（2018），以及 Xiong 和 Bharadwaj（2011）等以往研究提出社会资本和吸收能力在共同塑造组织绩效方面存在潜在的交互关系。团队吸收能力是指团队识别和吸收新的外部信息，将其转换为自己的知识并应用它们的能力（Zahra and George，2002）。

梳理信息系统领域的文献，我们发现，不具有吸收能力的功能性用户在吸收和应用所传递的知识与信息时，经常会遇到困难（Nelson and Cooprider，1996）。这就是吸收能力被认为是取得信息系统项目积极结果的一个决定性因素的原因（Aladwani，2002）。对于依赖企业社交媒体提供工作协助的团队来说，其吸收能力可能在资本化企业社交媒体所提供的新信息和知识方面发挥作用。也就是说，比起吸收能力差的团队，吸收能力强的团队能够吸收更多的通过使用企业社交媒体交换的信息和知识，并且能够更好地积累社会资本。因此，我们还研究了吸收能力在企业社交媒体使用中的潜在价值。我们猜想且期望吸收能力能够解释团队在使用企业社交媒体提升团队吸收能力方面的差异。

我们通过问卷调查的方式收集数据来验证这一猜想。为了确定变量的操作性定义，首先，我们就团队即兴能力和企业社交媒体主题采访了 20 名管理者及员工。我们询问受访者使用企业社交媒体是否能够以及如何提高团队的创造力和及时反应能力。访谈为我们提出模型中的构念并改进构念（特别是团队社会资本）的操作性定义提供了定性数据。其次，我们对一家采用了企业社交媒体的公司进行了预调研，以验证和完善我们的量表。我们向不同团队的 56 名团队成员发送了问卷，共收到了 52 份有效问卷回复，有效回复率为 92.9%。预调研的数据分析结果帮助我们进一步精炼变量的操作性定义，特别是团队社会资本的测量题项。

预调研之后，我们进行了正式的数据收集。通过问卷，我们调查了使用企业社交媒体的团队。调查对象是从不同公司的多个团队中招募来的，这些团队目前都是企业社交媒体的用户。我们发放了 300 份调查问卷，总共收到了 280 份。其中，通过实地调查收集了 56 份，邮寄调查收集了 107 份，网上调查收集了 117 份。我们删除了没有填写完整的问卷，最终保留了 264 份有效问卷。我们的实证结果产生了有趣的新发现。第一，团队成员可以利用企业社交媒体维持和发展社会关系，为团队成员提供社会支持，从而积累社会资本（Sun and Shang，2014）。我们的结果进一步表明，与积累团队外部的社会资本（团队外结合社会资本和团队外桥接社会资本）相比，企业社交媒体的使用对积累团队内部的社会资本（团队内结合社会资本和团队内桥接社会资本）的影响更大。这一结果表明，企业社交媒体的影响在跨越团队边界的时候是异质的，更多的影响是通过其对团队内部促进者（即社会资本）的影响体现出来的，这与之前的研究一致，即团队成员主要使用企业社交媒体进行团队内部的互动（Ding et al.，2019）。

第二，我们发现结合社会资本和桥接社会资本在提高团队即兴能力方面具有异质性：结合社会资本而不是桥接社会资本有助于提高团队即兴能力。这两种类型的社会资本之间的区别对于学界来说是一个新的发现。之前的研究表明，结合社会资本可能有利于快速反应（Gin et al.，2014），而桥接社会资本可能有利于提出新的解决方案（Putnam，2015）。我们的研究发现了与这一研究结论相悖的结果。尽管桥接社会资本可以帮助团队获得非冗余信息，并在解决新问题时提出新的视角（Steinfield et al.，2009），但我们的研究结果表明，在时间压力不变的条件下，结合社会资本能使成员联系在一起，产生协同效应，并促进团队合作。它在提升团队即兴能力方面发挥了较大作用。

另外，我们将团队内桥接社会资本对团队即兴能力影响不显著的原因归于社会学习效应（Bandura，1977）。也就是说，通过在企业社交媒体上的互动，团队成员间可以互相学习，从而减小他们因背景、教育或决策风格的差异而产生的个体间差异；团队成员之间相互理解和熟悉的程度的提高可能会降低桥接社会资本在利用新颖的、非冗余的信息或知识填补结构漏洞方面的作用（Steinfield et al.，2009）——这两者在即兴提出创新解决方案方面都非常重要（Vera and Crossan，2005）。此外，团队外桥接社会资本对团队即兴能力提升的影响不显著的原因可能与公司中存在的劳动分工有关。虽然团队可能会从外部联系人处请求和获取帮助（Ancona et al.，2002），然而，组织中团队之间的分隔产生了现实的障碍，这些障碍会阻止团队充分吸收和内化所获得的信息与知识（Gibbs et al.，2014）。因此，团队为突发问题提出解决方案的能力受到了影响。此外，团队可能需要时间来获得外部联系人的帮助，而快速反应是团队即兴能力的一个必要条件。

第三，我们的研究发现，结合社会资本是团队利用企业社交媒体提高团队即兴能力的一个潜在因素。更具体地说，我们的研究结果验证了团队内结合社会资本在团队内使用和团队即兴能力间起到了部分中介作用。这可能与 Ding（2019）提到的企业社交媒体任务管理的新角色有关。团队逐渐使用企业社交媒体来规划、发布并监控团队工作中的任务，如设定团队目标、计划如何完成一个任务、当问题出现时采取何种最佳行动以及总结过去的经验等，这有助于在团队中提高信息和知识的透明度（Ding et al.，2019）。这种影响会通过直接获取团队中的信息和知识来提升团队即兴能力。

我们的研究结果还发现，团队外结合社会资本在团队外使用和团队即兴能力间起到了完全中介作用。这一结果表明，团队成员必须与团队外的利益相关者建立亲密和相互信任的关系，然后才能通过使用企业社交媒体进行信息共享和协作，以此产生即兴行为。这一观察结果与适应性结构化理论一致，后者认为先进技术通过最终用户的使用影响其决策和行动（DeSanctis and Poole，1994）。在当前环境中，企业社交媒体作为信息技术架构的一个例子，首先通过提高团队拥有的社会资本来提升团队即兴能力。

第四，虽然我们没有发现团队桥接社会资本的中介机制，但是我们证实了企业社交媒体的团队使用通过团队桥接社会资本提高团队即兴能力过程中，团队吸收能力是不可或缺的。一方面，我们发现团队内桥接社会资本会产生不同的调节中介效应：当团队具有高水平的吸收能力时，团队内使用通过团队内桥接社会资本影响团队即兴能力的间接效应显著，而当团队具有低水平的吸收能力时，团队内使用通过团队内桥接社会资本影响团队即兴能力的间接效应不显著。这些结果补充了关于企业社交媒体和吸收能力的相关研究。企业社交媒体可以帮助团队访问和获取新颖的外部知识（van Osch and Steinfield，2016），而团队成员只有在具有高吸收能力的情况下才能吸收、转化并应用这些知识来处理突发事件。这一结论强化了之前的论断，即社会资本和吸收能力之间的交互作用可以提高组织的绩效（García-Villaverde et al.，2018；Greve，2010；Xiong and Bharadwaj，2011）。另一方面，我们发现无论团队具有高水平的吸收能力还是具有低水平的吸收能力，团队外使用通过团队外桥接社会资本对团队即兴能力的间接影响都不显著。这可能是因为团队外部的知识与团队成员原有的知识结构存在较大差异，以至于吸收能力不足以缩小知识领域间的差距。这是一个与吸收能力有关的新发现，表明吸收能力的影响是有边界的。当需要跨越团队边界获取外部知识时，即使团队成员具有很强的吸收能力，也不能将它们应用到即兴事件中。

10.6 企业社交媒体中人工智能技术嵌入
对即兴能力的新影响

随着人工智能技术的发展，各类企业社交媒体纷纷开始嵌入相关技术，这些对员工和团队的即兴能力产生了新影响。举例来说，企业社交媒体中嵌入的智能助手和聊天机器人能够提供即时的帮助与信息，使员工在面对突发情况时能够快速找到所需的答案或资源，这种快速响应能力可以提升员工的即兴应对能力；个性化的内容推荐可以根据员工的需求和工作内容推荐相关的资源与信息，帮助他们迅速了解新情况和获取解决问题所需的信息；任务优先级优化排序可以根据任务的紧急程度及员工的工作负荷智能分配和调整任务，缩短即兴反应所需的时间；利用人工智能技术对社交媒体上的实时数据进行分析与反馈可以帮助员工识别市场趋势和用户情绪变化，使他们能够更好地应对客户需求和市场变化，并且实时监控品牌经营情况和竞争对手动态，快速调整策略和决策；等等。这些人工智能技术在企业社交媒体中的应用可以帮助员工在面对变化和应对挑战时更快地获取信息、做出决策和调整策略，从而提高他们的即兴能力。

参 考 文 献

孙元, 贺圣君, 尚荣安, 等. 2019. 企业社交工作平台影响员工即兴能力的机理研究: 基于在线社会网络的视角[J]. 管理世界, 35(3): 157-168.

Adler P S, Kwon S W. 2002. Social capital: prospects for a new concept[J]. The Academy of Management Review, 27(1): 17-40.

Aladwani A M. 2002. An integrated performance model of information systems projects[J]. Journal of Management Information Systems, 19(1): 185-210.

Ancona D, Bresman H, Kaeufer K. 2002. The comparative advantage of X-teams[J]. MIT Sloan Management Review, 43(3): 33-39.

Bala H, Venkatesh V. 2013. Changes in employees' job characteristics during an enterprise system implementation: a latent growth modeling perspective[J]. MIS Quarterly, 37(4): 1113-1140.

Bandura A. 1977. Social Learning Theory[M]. Englewood Cliffs: Prentice-Hall.

Burt R S. 2001. Structural holes versus network closure as social capital[M]//Burt R, Cook K, Lin N. Social Capital: Theory and Research. New York: Aldine Transaction: 31-56.

Cai Z, Huang Q, Liu H F, et al. 2018. Improving the agility of employees through enterprise social media: the mediating role of psychological conditions[J]. International Journal of Information Management, 38(1): 52-63.

Chen X Y, Wei S B. 2019. Enterprise social media use and overload: a curvilinear relationship[J]. Journal of Information Technology, 34(1): 22-38.

Ciborra C. 1996. Improvisation and information technology in organizations[EB/OL]. [2025-03-14]. https://aisel.aisnet.org/cgi/viewcontent.cgi?article=1111&context=icis1996.

DeSanctis G, Poole M S. 1994. Capturing the complexity in advanced technology use: adaptive structuration theory[J]. Organization Science, 5(2): 121-147.

Ding G Q, Liu H F, Huang Q, et al. 2019. Enterprise social networking usage as a moderator of the relationship between work stressors and employee creativity: a multilevel study[J]. Information & Management, 56(8): 103165.

Doll W J, Deng X D. 2011. Antecedents of improvisation in IT-enabled engineering work[J]. Journal of Organizational and End User Computing(JOEUC), 23(3): 26-47.

Du W Y, Wu J J, Liu S S, et al. 2019. Effective organizational improvisation in information systems development: insights from the Tencent messaging system development[J]. Information & Management, 56(4): 614-624.

Ellison N B, Gibbs J L, Weber M S. 2015. The use of enterprise social network sites for knowledge sharing in distributed organizations: the role of organizational affordances[J]. American Behavioral Scientist, 59(1): 103-123.

Fulk J, Yuan Y C. 2013. Location, motivation, and social capitalization via enterprise social networking[J]. Journal of Computer-Mediated Communication, 19(1): 20-37.

García-Villaverde P M, Rodrigo-Alarcón J, Ruiz-Ortega M J, et al. 2018. The role of knowledge absorptive capacity on the relationship between cognitive social capital and entrepreneurial orientation[J]. Journal of Knowledge Management, 22(5): 1015-1036.

Gibbs J L, Eisenberg J, Rozaidi N A, et al. 2014. The "megapozitiv" role of enterprise social media in enabling cross-boundary communication in a distributed Russian organization[J]. American Behavioral Scientist, 59(1): 75-102.

Gin J L, Stein J A, Heslin K C, et al. 2014. Responding to risk: awareness and action after the September 11, 2001 terrorist attacks[J]. Safety Science, 65: 86-92.

Greve A. 2010. Absorptive capacity and social capital: innovation and environmental regulation[M]// Bjørndal E, Bjørndal M, Pardalos M, et al. Energy, Natural Resources and Environmental Economics. Berlin: Springer: 379-393.

Hill K E, Bush V D, Vorhies D, et al. 2017. Performing under pressure: winning customers through improvisation in team selling[J]. Journal of Relationship Marketing, 16(4): 227-244.

Kahn W A. 1990. Psychological conditions of personal engagement and disengagement at work[J]. Academy of Management Journal, 33(4): 692-724.

Kane G C. 2015. Enterprise social media: current capabilities and future possibilities[J]. MIS Quarterly Executive, 14(1): 1-16.

Kautz K. 2009. Improvisation in information systems development practice[J]. Journal of Information Technology Case and Application Research, 11(4): 30-59.

Kuegler M, Smolnik S, Kane G. 2015. What's in IT for employees? Understanding the relationship between use and performance in enterprise social software[J]. The Journal of Strategic Information Systems, 24(2): 90-112.

Leonardi P M, Huysman M, Steinfield C. 2013. Enterprise social media: definition, history, and prospects for the study of social technologies in organizations[J]. Journal of Computer-Mediated Communication, 19(1): 1-19.

Levallet N, Chan Y E. 2013. The role of information systems in organizational improvisation: a perspective based on two complementary theories[C]. Chicago: Nineteenth Americas Conference on Information Systems.

Magni M, Proserpio L, Hoegl M, et al. 2009. The role of team behavioral integration and cohesion in shaping individual improvisation[J]. Research Policy, 38(6): 1044-1053.

Makkonen H, Virtanen K. 2015. Social capital approach on enterprise 2.0: a multiple case study[J]. Technology Analysis & Strategic Management, 27(10): 1212-1225.

Mark G, Guy I, Kremer-Davidson S, et al. 2014. Most liked, fewest friends: patterns of enterprise social media use[EB/OL]. [2025-03-14]. https://research.ibm.com/haifa/dept/imt/papers/markCSCW14. pdf.

May D R, Gilson R L, Harter L M. 2004. The psychological conditions of meaningfulness, safety and availability and the engagement of the human spirit at work[J]. Journal of Occupational and Organizational Psychology, 77(1): 11-37.

McKnight B, Bontis N. 2002. E-improvisation: collaborative groupware technology expands the reach and effectiveness of organizational improvisation[J]. Knowledge and Process Management, 9(4): 219-227.

Mendonça D. 2007. Decision support for improvisation in response to extreme events: learning from the response to the 2001 World Trade Center attack[J]. Decision Support Systems, 43(3): 952-967.

Miles M B, Huberman A M. 1984. Qualitative Data Analysis: An Expanded Sourcebook[M]. London: Sage.

Miner A S, Bassof P, Moorman C. 2001. Organizational improvisation and learning: a field study[J]. Administrative Science Quarterly, 46(2): 304-337.

Moorman C, Miner A S. 1998. Organizational improvisation and organizational memory[J]. The Academy of Management Review, 23(4): 698-723.

Nelson K M, Cooprider J G. 1996. The contribution of shared knowledge to is group performance[J]. MIS Quarterly, 20(4): 409-432.

Nisula A M. 2015. The relationship between supervisor support and individual improvisation[J]. Leadership & Organization Development Journal, 36(5): 473-488.

Nusrat A, He Y, Luqman A, et al. 2021. Enterprise social media and cyber-slacking: a Kahn's model perspective[J]. Information & Management, 58(1): 103405.

Pavlou P A, El Sawy O A. 2007. When do improvisational capabilities trump dynamic capabilities?[J]. Academy of Management Proceedings, (1): 1-5.

Pavlou P A, El Sawy O A. 2010. The "third hand": IT-enabled competitive advantage in turbulence through improvisational capabilities[J]. Information Systems Research, 21(3): 443-471.

Perry-Smith J E, Shalley C E. 2003. The social side of creativity: a static and dynamic social network perspective[J]. The Academy of Management Review, 28(1): 89-106.

Putnam R D. 2015. Bowling alone: America's declining social capital[M]//LeGates R T, Stout F, Caves R W. The City Reader. 6th ed. London: Routledge: 188-196.

Rodríguez-Entrena M, Schuberth F, Gelhard C. 2018. Assessing statistical differences between parameters estimates in Partial Least Squares path modeling[J]. Quality & Quantity, 52: 57-69.

Samra Y M, Lynn G S, Reilly R B. 2008. Effect of improvisation on product cycle time and product success: a study of new product development(NPD) teams in the United States[J]. International Journal of Management, 25(1): 175-185.

Steinfield C W, Dimicco J M, Ellison N B, et al. 2009. Bowling online: social networking and social capital within the organization[C]. University Park: Fourth International Conference on Communities and Technologies.

Strauss A L. 1987. Qualitative Analysis for Social Scientists[M]. Cambridge: Cambridge University Press.

Su X F, Jiang X L, Lin W H, et al. 2022. Organizational innovative climate and employees' improvisational behavior: the mediating role of psychological safety and the moderating role of creative self-efficacy[J]. Sage Open, 12(4): 215824402211325.

Sun Y, Fang S, Jeyaraj A, et al. 2024. Mitigating perceived overload of communication visibility: the role of ESM policies[J]. Internet Research, 35(1): 448-475.

Sun Y, Shang R A. 2014. The interplay between users' intraorganizational social media use and social capital[J]. Computers in Human Behavior, 37: 334-341.

Sun Y, Wang C L, Jeyaraj A. 2020a. Enterprise social media affordances as enablers of knowledge transfer and creative performance: an empirical study[J]. Telematics and Informatics, 51: 101402.

Sun Y, Wu L X, Chen R, et al. 2020b. Enterprise social software platforms and team improvisation[J]. International Journal of Electronic Commerce, 24(3): 366-390.

Tsai W, Ghoshal S. 1998. Social capital and value creation: the role of intrafirm networks[J]. Academy of Management Journal, 41(4): 464-476.

Vaast E, Kaganer E. 2013. Social media affordances and governance in the workplace: an examination of organizational policies[J]. Journal of Computer-Mediated Communication, 19(1): 78-101.

van Osch W, Steinfield C W. 2016. Team boundary spanning: strategic implications for the implementation and use of enterprise social media[J]. Journal of Information Technology, 31(2): 207-225.

van Osch W, Steinfield C W. 2018. Strategic visibility in enterprise social media: implications for network formation and boundary spanning[J]. Journal of Management Information Systems, 35(2): 647-682.

Vera D, Crossan M. 2004. Theatrical improvisation: lessons for organizations[J]. Organization Studies, 25(5): 727-749.

Vera D, Crossan M. 2005. Improvisation and innovative performance in teams[J]. Organization Science, 16(3): 203-224.

Weick K E. 1998. Introductory essay: improvisation as a mindset for organizational analysis[J]. Organization Science, 9(5): 543-555.

Xiong G Y, Bharadwaj S. 2011. Social capital of young technology firms and their IPO values: the complementary role of relevant absorptive capacity[J]. Journal of Marketing, 75(6): 87-104.

Zahra S A, George G. 2002. Absorptive capacity: a review, reconceptualization, and extension[J]. The Academy of Management Review, 27(2): 185-203.

Zhang X, Ma L, Xu B, et al. 2019. How social media usage affects employees' job satisfaction and turnover intention: an empirical study in China[J]. Information & Management, 56(6): 103136.

第 11 章　企业社交媒体与员工和团队敏捷性

光生七岁，凛然如成人，闻讲《左氏春秋》，爱之，退为家人讲，即了其大
旨。自是手不释书，至不知饥渴寒暑。群儿戏于庭，一儿登瓮，足跌没水中，众
皆弃去，光持石击瓮破之，水迸，儿得活。

——《宋史·司马光传》

用奇谋孔明借箭，献密计黄盖受刑。

——罗贯中《三国演义》

11.1　引子：司马光破瓮救友、诸葛亮草船借箭
与员工和团队敏捷性

司马光破瓮救友的故事，小到稚童大到耄耋，无人不知。小伙伴掉入大水缸
时，七岁的司马光临危不乱，迅速冷静思考并采取有效措施救下小伙伴。其他同
伴看到后都是惊慌失措、纷纷逃跑，相比之下司马光所展现的快速反应能力、理
性果断的决策力和执行力以及解决问题的能力充分反映出了其敏捷性。此外《三
国演义》中的草船借箭的经典片段也是人物敏捷性的展现，诸葛亮巧用草船和大
雾天气，摆脱兵器缺乏困境，转危为安，在这个过程中充分展现了其对环境敏锐
的洞察能力、快速的应变能力，以及有效的风险评估能力。从古至今，个人或者
团队的敏捷性往往在关键时刻发挥重要作用，因此也成为后人不断学习和培养的
重要能力。

随着商业环境愈发动荡复杂，员工和团队的敏捷性在企业的经营和发展中扮
演着愈发关键的角色。对于员工而言，敏捷性反映了员工快速、适当地应对变化
并从这些变化中利用机会的能力（Alavi et al., 2014）。员工敏捷性作为一种有效
应对外部环境变化的能力，受到企业管理者的高度重视。具有高敏捷性的员工不
仅可以快速感知并有效地应对突发事件，也能从环境变化中发现实现自我提升的
机会，并从多个方面进一步为企业带来积极的效益（Cai et al., 2018）。员工敏捷
性涉及三个维度：主动性、适应性和韧性。主动性是指员工主动采取各种行动来

解决与环境变化相关的问题并改进工作的能力；适应性是指员工改变或调整个人行为以更有效地适应不断变化的环境的能力；韧性是指员工在高压力环境下高效工作的能力（Alavi et al., 2014; Cai et al., 2018）。敏捷性在组织的发展和员工成长中发挥着关键作用（Alavi et al., 2014; Hosein and Yousefi, 2012）。对于团队而言，团队敏捷性也同样重要，指团队快速应对市场环境变化的能力，并通过团队协作获得响应速度和团队灵活性等竞争优势，以有效满足客户不同需求和应对市场危机（Liu et al., 2015），团队敏捷性是团队作战的必备技能。那么如何提高员工和团队敏捷性呢？以草船借箭为例，我们可以发现诸葛亮将大雾天气及草船作为其感知响应的重要条件和支撑，那么数字经济时代，企业社交媒体就好比"草船"，为员工和团队敏捷性的形成与提升提供了支持。一方面，员工和团队可以借助社交媒体平台的各种功能属性（可供性）高效完成具有不同特征的任务，提高员工和团队的快速感知与响应能力；另一方面，企业社交媒体的使用既包括工作相关使用，也包括社交相关使用，可以从工作与社交两个方面提高员工和团队的工作、生活效率及危机响应速度等，推动员工和团队敏捷性的提升。基于此，我们从两个方面来看待企业社交媒体在企业管理中提升员工和团队敏捷性的应用，即企业社交媒体使用与企业社交媒体可供性。此外，我们再回到草船借箭的故事，除了草船，大雾天气也是诸葛亮能够顺利转危为机的环境因素，同理，企业工作环境中的任务特征就好比"大雾"，是影响员工敏捷性的重要工作环境因素，因此我们主要从以上三个维度（主动性、适应性和韧性）来探讨企业社交媒体在不同企业工作情境中对员工和团队敏捷性的影响。

11.2　企业社交媒体使用与团队敏捷性

在快速变化的外部环境中，团队在企业中的重要性不言而喻。企业的所有决策和行动都离不开团队的积极参与和贡献。团队不仅需要洞察市场动态，捕捉机遇，还需要迅速调整战略，以应对环境的不断变化。为了实现这一目标，团队必须具备相应的能力，如创新行为需要以团队的创造力为基础，而快速响应则依赖于团队的敏捷性。简而言之，团队是企业应对复杂环境、把握机遇并做出及时反应的关键。正因如此，团队敏捷性是能在不可预测、不断变化的环境中处理问题和迅速响应的重要能力（Liu et al., 2015）。

随着企业社交媒体在组织和团队中的广泛应用，团队成员之间的沟通和联系正在得到显著增强。这一趋势不仅促进了员工各个方面能力的提升，而且对组织协作和个人能力提升产生了积极影响。企业社交媒体在组织中具有多种用途和目的，其深远的影响体现在增强团队协作和推动员工个人技能提升上，并且还会影响知识交互以及个体、团队和组织层面的敏捷性（Cai et al.，2018；Tajudeen et al.，2018）。然而，我们发现企业社交媒体在团队层面的研究还相对迟滞，且企业社交媒体在团队中的使用是否会对相应的团队能力提升有显著作用并不明确，因此有必要进行深入探讨。

企业社交媒体在团队中的使用包括工作相关使用和社交相关使用。企业社交媒体使用主要体现在对新市场和客户关系的监控，以及促进团队成员之间的协同和强化团队内部的工作联系（Leftheriotis and Giannakos，2014）等方面；从社交的角度来看，企业社交媒体的使用也涉及构建新的社交网络，比如拓展社交圈、发现兴趣相投的人，并与现有朋友和熟人保持联系（Ali-Hassan et al.，2015）。

社交媒体为团队成员提供了管理实践合作支持的平台，如利用在线博客、微博等工具，可以有效促进团队协作。根据 Leonardi（2014）的研究，企业社交媒体在团队中的知识分享作用通过沟通可见性理论得到探讨，该理论指出团队内部的透明沟通有助于提升成员对知识掌握者和知识需求者的认知。这种透明沟通确保了团队中知识的可见性和网络的可见性（Engelbrecht et al.，2019），使成员能够更有效地利用社交媒体进行知识管理（Cao and Yu，2019）。从企业社交媒体的使用角度来看，工作相关的企业社交媒体使用不仅提高了员工间的参与度与社会化程度（Panahi et al.，2012），而且许多组织已经开始利用企业社交媒体来提升员工的绩效和能力。企业社交媒体作为一个社会化平台，还促进了员工之间的互动、信任的建立以及虚拟社区的形成（Paulson，2003）。随着企业对企业社交媒体的应用日益广泛，社交相关的企业社交媒体的使用也变得日益普遍。这促进了员工间的知识流动和工作相关的学习（Leftheriotis and Giannakos，2014），并且通过企业社交媒体使用，团队成员在精神层面的交流也得到了加深。

尽管团队层面的企业社交媒体使用对企业整体具有显著影响已被广泛认可，但与个体员工的企业社交媒体使用研究相比，团队层面的研究还不够充分。在企业的日常运作中，决策和行动的实施不仅需要依赖单个员工，更需要依赖团队间的协作和协调。因此，除了考虑个体员工使用企业社交媒体的影响，深入探讨其在团队层面所发挥的作用同样至关重要。

先前研究已从不同视角探究了企业社交媒体对团队敏捷性的影响，包括传播可视性理论（Pitafi and Ren，2021）的视角、基于元知识（Wei et al.，2020）的视角、基于心理状态（Cai et al.，2018）的视角等。Yoon 和 Zhu（2022）研究了企业社交媒体可供性对虚拟团队交互记忆系统开发和团队效能感知的影响；Leftheriotis 和 Giannakos（2014）则探讨了企业社交媒体使用的三个维度对交互记忆系统的不同作用。这些研究表明，企业社交媒体与交互记忆系统存在密切联系。同时，先前的多数学者研究了交互记忆系统对团队创新绩效、知识分享和吸收能力等因素的影响。依据 Wegner（1987）提出的交互记忆系统理论，该系统有助于团队成员获取分散的知识资源，并形成关于"谁知道什么"的团队元知识，使成员能够识别团队中的知识专家。这一观点与 Leonardi（2015）提出的可视化理论有着异曲同工之妙。另外，许多研究还发现，企业社交媒体可通过交互记忆系统有效提升团队能力（Zhong et al.，2012）。

然而，尽管企业社交媒体对知识交互有显著贡献，但目前尚缺乏实证研究探讨知识协调机制（即交互记忆系统）在企业社交媒体使用和团队敏捷性之间的中介作用。团队敏捷性的生成需要成员间的知识交互、协调及发挥个人特长。交互记忆系统通过促进成员间的知识交互与协调，不仅强化了成员间的关系，还有助于团队整合和有效利用知识。基于此，我们认为交互记忆系统能较好地解释企业社交媒体在团队中的两种使用方式与团队敏捷性之间的关系（孙元等，2024）。

交互记忆系统最早由 Wegner（1987）提出，交互记忆系统的三个子结构组合分别是专长性、可信性和协调性（Moreland and Myaskovsky，2000）。交互记忆系统使团队成员能够了解其他成员的专业知识（专长性），增强对整个团队知识的信心（可信性），并在成员之间进行协调以整合其知识（协调性）。其对企业社交媒体使用与团队敏捷性之间的关系做出了较好的解释，具体如下。

（1）知识专长性。专业知识的差异化形成了团队成员间元知识的结构，即知识专长性。在社交层面，企业社交媒体的使用旨在扩展社交网络，同时与现有朋友保持联系，并与他人进行互动（Correa et al.，2010）。企业社交媒体集成了多种功能和工具，支持多样化的社交互动，促进了知识的流动（Cao et al.，2016）。它不仅是一个开放的知识库，促进了团队成员间的知识共享、讨论和共创（Sigala and Chalkiti，2015），还帮助成员构建个人的知识体系。团队中的成员拥有不同的专业知识，在团队工作中，企业社交媒体的可视化特性使得成员间的专业知识差异变得明显，便于其他成员发现和利用（Treem and Leonardi，2013），这增强了团队成员间的沟通、互动和信息交流（Cao and Ali，2018），尤其是那些互动频繁的成员更倾向于交流和提升专业知识。在这个平台上，团队成员不仅可以相互连接和交换知识，还可以通过访问共享文档来丰富个人知识储备。无论是工作相关的企业社交媒体使用还是社交相关的企业社交媒体使用，都促进了专业知识的共享和深化，尤其是在工作互动密切的团队中，成员更可能分享他们的专长和知识（Ali et al.，2018）。

（2）知识协调性。知识协调性是指整合和协调团队成员之间知识以实现共同目标的能力（Rico et al.，2008）。知识协调是一个过程，这一过程依赖于团队成员间的相互了解和熟悉，团队在相关活动中使用企业社交媒体，不仅有利于知识管理，还可以促进知识在团队内的流通，使得资源和知识分配更加均衡，这种流通有助于实现团队成员间的协调性，在他们有共同目标的情况下更是如此（Chen and Peng，2008）。此外，团队成员间的社交关系也对知识协调性产生影响。具有较强社交联系的成员更有可能加强协调与合作，从而促进知识转移和提高任务绩效（Chen and Peng，2008）。沟通是团队协调的重要组成部分，它涉及团队成员通过正式和非正式渠道交流知识（Rico et al.，2008），通过企业社交媒体进行互动，团队成员可以扩展其社会关系网络，并识别网络中其他成员的知识和专长，进而促进知识的流动和协调（Cao and Ali，2018）。频繁的互动和沟通有利于团队成员对彼此知识和技能深入理解，这种理解是整合知识的动力。有效的沟通协调机制使得团队成员能够更有效地整合和利用各自的专业知识，从而提升团队整体的绩效和效率。

进一步，了解团队成员各自的知识专长，即"谁知道什么"，对于知识的有效处理、比较和整合至关重要，这有助于团队有效解决问题（Sigala and Chalkiti，2015）。这种协调知识的能力不仅促进了个体解决问题能力的提升，也增强了团队适应变化的能力。再者，知识协调是一个包含策略和行为模式的团队过程，它通过整合团队成员的行动和目标，帮助团队实现共同目标。此外，知识协调还包括对团队成员行为和外部环境变化的预测，这些预测对于提高团队的敏捷性至关重要。

（3）知识可信性。知识可信性体现了对团队成员知识准确性的信任。在工作时，使用企业社交媒体，团队成员可以在虚拟空间中交流和互动，讨论和分享工作事务，共同攻克难题，不再局限于面对面的沟通（Hollingshead，1998）。尤其当团队成员分散或进行远程工作时，企业社交媒体提供了一个维护和发展团队关系的平台。通过在工作场所使用企业社交媒体，成员能够加深对彼此的了解，建立信任（Cao et al.，2016）。当企业社交媒体被用于社交时，团队成员可以通过多种通信渠道进行互动和沟通，定期和持续的互动是建立信任的关键（Jarvenpaa et al.，1998）。企业社交媒体不仅是信息共享的平台，还为增进友谊和进一步发展关系营造了空间。在这个过程中，通过社交互动和沟通，企业社交媒体揭示了成员的知识和专长，并可以帮助评估知识的可信度（Metzger and Flanagin，2013），团队成员可以通过知识构建和逻辑评估来建立认知信任感（Lee et al.，2015）。共享知识使团队能够有效应对突发事件，增强主动性，适应工作变化，并根据需要安排人员，提高团队的适应能力。即使在高压工作环境下，团队成员也能够及时调整和适应，以更有效的方式解决问题。通过这种方式，企业社交媒体不仅促进了团队成员间的知识共享和沟通，还有助于建立信任关系，提高团队的适应性和解决问题的能力。

综上，我们可以发现，交互记忆系统是打开企业社交媒体使用对团队敏捷性影响机制的"钥匙"，基于此我们展开了一项研究，进一步验证企业社交媒体的使用与交互记忆系统，以及交互记忆系统与团队敏捷性之间的关系。我们采取多来源（团队员工与团队直属领导）的问卷收集方法，招募了由 413 名成员组成的

90 个满足条件的调查团队。我们采用偏最小二乘法（partial least square method，PLS）分析结构方程模型。研究结果显示，知识可信性的中介作用不显著，知识专长性与知识协调性的中介效应是显著的。具体而言，知识专长性在团队工作相关的企业社交媒体使用与团队敏捷性之间发挥中介作用；知识专长性在团队社交相关的企业社交媒体使用与团队敏捷性之间发挥中介作用；知识协调性在团队工作相关的企业社交媒体使用与团队敏捷性之间发挥中介作用；知识协调性在团队社交相关的企业社交媒体使用与团队敏捷性之间发挥中介作用；知识可信性在团队工作相关的企业社交媒体使用与团队敏捷性之间不发挥中介作用，也不在社交相关的企业社交媒体使用与团队敏捷性之间发挥中介作用。知识可信性的中介作用不显著的原因可能有：第一，在团队成员使用企业社交媒体处理任务时，他们可能更重视解决问题的速度而非知识的准确性或可信性。这表明在追求制订快速解决方案的过程中，知识的精确度可能被次要化。第二，如果团队成员在通过企业社交媒体共享知识时未能充分考虑其来源的可靠性，或者没有对知识内容进行深入的讨论和验证，那么这种知识可能不会增强团队的敏捷性，知识可信性在这种情况下可能不会对团队的灵活性和响应速度产生积极影响。第三，团队的环境或文化对知识共享和利用的有效性起着关键作用。如果团队缺乏信任，或者没有建立有效的知识共享和评估机制，那么即便知识本身是准确的，也可能无法被充分利用。这种情况下，知识可信性同样难以对团队敏捷性产生显著影响。

综上我们基于团队企业社交媒体使用如何影响团队敏捷性的研究缺口，首先对团队企业社交媒体使用对团队敏捷性的具体影响及其机制进行了探索，为理解团队层面敏捷性的成因提供了新的视角。其次以交互记忆系统的三个维度为中介变量，探讨了团队企业社交媒体使用对团队敏捷性关系的中介机制，对交互记忆系统理论进行了补充和发展。最后考虑了企业社交媒体在团队中的两种使用如何通过交互记忆系统的三个维度来影响团队敏捷性，对团队敏捷性的提升研究做出了新的贡献。

11.3 企业社交媒体可供性与员工敏捷性

如今动荡、不确定、复杂的市场环境对企业的生存和发展提出了更高的要求（Zhu et al.，2021），员工敏捷性作为一种有效应对外部环境变化的能力，受到企业管理者的高度重视。具有高敏捷性的员工不仅可以快速感知并有效地应对突发事件，也能从环境变化中发现实现自我提升的机会，并从多方面进一步为企业带来积极的效益（Cai et al.，2018）。现有关于企业社交媒体与员工敏捷性之间关系的研究一般从企业社交媒体使用的角度出发，并将企业社交媒体使用概念化为个体将企业社交媒体用于沟通和知识共享的频率（Cai et al.，2018）。这种界定方式掩盖了员工在使用企业社交媒体方面的差异，从而无法揭露不同的企业社交媒体使用对敏捷性影响的差异。事实上，不同组织中的员工或同一组织中的同一团队的员工都会以不同的方式使用特定的技术（Leonardi，2013）。因此，有必要区分不同的企业社交媒体使用方式来理解企业社交媒体对员工敏捷性的影响（Leonardi，2013）。

可供性视角为理解企业社交媒体平台对员工敏捷性的影响提供了机会。可供性是指在特定情境下的技术特征赋予用户的行动可能性或机会（Rice et al.，2017），它是通过用户与技术特征之间的关系来定义的（Vaast et al.，2017）。正是由于这种关系属性，相同的技术甚至相同的技术特征可能为不同用户提供不同的可供性，从而产生不同的技术使用方式（Vaast et al.，2017）。与企业社交媒体使用相比，可供性通过一个更有效的视角来理解企业如何、为何，以及何时使用社交媒体会导致工作实践发生变化，因为它有助于解释为什么员工使用相同的技术可能产生类似或不同的工作实践，包括不同的实践结果（Treem and Leonardi，2013）。基于这一理论视角的独特优势，有必要从可供性视角来探讨企业社交媒体可供性与员工敏捷性之间的关系（Cai et al.，2018）。

企业社交媒体的可供性指的是技术为用户行为所提供的可能性（Volkoff and Strong，2013）。我们将企业社交媒体可供性分为四类：可见性、关联性、持久性和可编辑性（Treem and Leonardi，2013）。

（1）企业社交媒体的可见性。企业社交媒体的可见性是员工在企业社交媒体上的各种行为、分享的信息以及他们与他人的网络连接能够被其他同事所观察和了解的能力。这种可见性在管理学领域受到了广泛关注，因为大量研究均揭示了它在塑造和影响员工行为方面扮演着举足轻重的角色。具体而言，企业社交媒体的可见性极大地鼓励了跨组织边界的沟通与知识交流（Gibbs et al.，2013；Evans et al.，2017；Treem and Leonardi，2013）。在企业社交媒体平台上，员工可以轻松地查看其他同事的个人简介、项目动态、在线讨论内容等，这种无障碍的信息获取方式使员工能够更有针对性地发展自己的人际关系网络，并在适当时机提供有价值的信息。例如，新员工可以通过查看前辈的分享快速了解企业文化和工作流程，而老员工则可以借此机会向他人展示自己的工作成果和专业知识。

不仅如此，企业社交媒体的可见性还有助于员工丰富和深化他们的元知识。员工可以通过观察他人在平台上的行为、分享的信息以及互动方式，更好地了解如何更有成效地与他人沟通、合作和建立联系。这种元知识的增长不仅有助于促进员工之间的知识共享和交流，还能够扩大他们的社交网络，为未来的绩效成长打下坚实的基础（Leonardi，2014）。因此，企业社交媒体的可见性通过促进跨组织边界的沟通、知识交流和元知识的增长，为员工提供了一个广阔的学习和发展平台。这不仅有助于提升员工的工作绩效和满意度，还能够为企业创造更多的价值和竞争优势。

（2）企业社交媒体的关联性。企业社交媒体的关联性可以理解为员工在使用企业社交媒体时，能够轻松地与同事或平台上的内容建立联系的能力。这种能力不仅对员工个人有深远影响，对潜在的受众也同样重要（Treem and Leonardi，2013）。具体而言，企业社交媒体的关联性为员工架起了一座桥梁，让他们能够更顺畅地与同事沟通、互动。这种连接性不仅促进了员工之间社交关系的建立和维护，还帮助他们积累了更多的社会资本。社会资本，可以理解为在社交网络中积累的人脉、信任等资源，对于个人和职业发展都至关重要。同时，通过企业社交媒体的关联性，员工还能强化个人的社区意识，感受到自己是团队中不可或缺的一员（Treem and Leonardi，2013）。除了有利于增强社交关系和积累社会资本，企业社交媒体的关联性还为员工提供了便捷的渠道，让他们能够更容易获取与工作相关的信息和知识等资源（Ellison et al.，2015）。无论是项目进展、行业动态还是最新技术，员工都可以通过企业社交媒体平台迅速掌握，从而更好地完成工作任务，提升自己的职业技能。由此可见，企业社交媒体的关联性为员工创造了一个充满活力、互动频繁的社交环境，帮助他们建立更广泛、更深入的人际关系，积累更多的社会资本，同时获取更多有价值的工作信息和知识。这种能力对于提升员工的工作效率、促进职业发展以及增强团队凝聚力都具有重要意义。

（3）企业社交媒体的持久性。持久性在企业社交媒体中扮演着至关重要的角色。它确保了员工在企业社交媒体平台上共享的信息和资源能够被长期保存和访问，不会因时间的推移而失效或丢失（Treem and Leonardi，2013）。正如 Treem 和 Leonardi（2013）所指出的，这种持久性是知识管理和组织记忆的关键因素。进一步地，持久性能够帮助组织和个人有效地存储和积累知识（Chaves et al.，2018）。这种知识积累对于组织的长期发展和员工个人能力的提升都是极其有益的。员工可以随时随地访问历史信息和数据，这不仅提高了工作效率，而且也促进了跨部门和团队之间的知识共享。此外，持久性还为企业提供了一种机制，以避免工作中可能出现的冲突和纠纷（Cai et al.，2018），企业社交媒体平台上的所有沟通都会被记录下来，这意味着任何任务的责任分配和执行过程都是可追踪的。这种高透明度有助于明确责任，减少误解和冲突，同时也为组织提供了一种监督工作和评估工作表现的手段。综上所述，持久性是企业社交媒体成功推广的基石。它不仅保障了信息的长期可用性，而且通过促进知识共享、提高工作效率和增强工作透明度，为组织和员工带来了多方面的好处。通过这种方式，企业社交媒体成为推动组织发展和个人成长的强大工具。

（4）企业社交媒体的可编辑性。可编辑性是企业社交媒体的又一个核心特性，它赋予了用户在发布信息前对其进行编辑和修改的能力，甚至在信息发布之后，用户仍然可以对内容进行再次编辑和调整（Treem and Leonardi，2013），这种灵活性是企业社交媒体区别于其他沟通平台的一个重要方面。可编辑性为员工提供了一种策略性的沟通工具，使他们能够根据不同的沟通环境和需求，灵活调整自己的表达方式和信息内容，这种能力使得员工能够更加精准地传达信息，同时也能够及时纠正可能的错误或不准确的信息，并且允许员工与同事之间进行协作，这种协作编辑的过程不仅能够提高信息的准确性和质量，而且还能够促进团队成员之间的沟通和协作（Arazy et al.，2009）。因此，可编辑性不仅提高了信息的准确性和质量，而且通过促进员工之间的协作和沟通，提高了组织和员工的适应性与创新能力。通过这种方式，企业社交媒体成为支持组织内部知识共享、决策制定和问题解决的高效工具。

考虑到企业社交媒体的可供性聚焦于客体与主体之间的互动，以实现高绩效为目标，个体的心理需要是影响企业社交媒体可供性提升员工敏捷性的重要机制。自我决定理论（self-determination theory）提出个体有三种基本的心理需求（自主性、归属感和能力感），个体的三种基本心理需求得到满足时，个体的行为动机就会被触发，从而产生一系列积极的结果（Deci et al.，2001）。自我决定理论在理解企业社交媒体可供性和员工敏捷性之间的关系方面起着至关重要的作用，原因如下：①基于基本心理需求的内在动机的满足提高了员工应对环境变化的主动性，增强了员工应对环境变化的积极态度（Zhu et al.，2021）；②基本心理需求的满足为员工应对突发事件提供了必要的社会和心理资源（Yoon and Rolland，2012）；③支持性社会环境可以有效满足员工的基本心理需求，从而产生积极的工作结果（van den Broeck et al.，2016；Chiniara and Bentein，2016）。因此，自我决定理论为构建企业社交媒体可供性与员工敏捷性之间的关系机制提供了契合的理论解释。

11.3.1　自我决定理论

自我决定理论是由 Deci 和 Ryan（2000）提出的一个心理学理论，它认为人类行为主要受到三种基本心理需求的驱动：自主性、归属感和能力感（Deci and Ryan，2008）。这些需求是内在的、与生俱来的，对个体的幸福感和心理健康至关重要。

首先，自主性是指个体希望根据自己的意愿和价值观来行动的内在欲望。这种需求体现了个体追求自我决定和自我表达的渴望，个体在行动时，如果能够遵循自己的内在动机，而不是受到外部压力或期望的驱使（Deci and Flaste，1996），就更容易体验到满足感和成就感（Deci and Ryan，2000），自主性的满足有助于个体保持积极的心态和高度的内在动机。其次，归属感是指个体渴望与他人建立联系和互动的内在需求（Deci and Ryan，2000），这种需求体现了人类作为社会性动物的本质，即需要与他人建立情感联系，并获得归属感。在工作场所，员工通过与同事的沟通和社会互动，可以增强彼此之间的联系并建立信任关系，从而提高工作满意度和增强团队凝聚力（Paulson，2003）。最后，能力感是指个体希望有效地应对外部环境挑战，并得到展现个人能力的机会（Paulson，2003），这种需求体现了个体追求自我效能和成就感的渴望。当个体面临的任务与他们的能力相匹配时，他们更容易感受到胜任感和自我价值（Akbari et al.，2015），具有高能力感的员工更倾向于寻求具有挑战性的工作，以实现自我成长和发展（Deci and Flaste，1996）。自我决定理论为我们提供了一个理解个体行为和动机的框架。在组织管理中，领导者和管理者可以通过营造一种支持自主性、归属感和能力感的环境，来激发员工的内在动机和创造力。例如，管理者可以通过提供自主决策的机会、建立开放的沟通渠道、设定具有挑战性的目标，不仅能够帮助员工实现自我发展，也能够和组织目标达成一致。通过这种方式，组织可以营造一种积极、高效和创新的工作环境。

根据自我决定理论，满足三种基本心理需求能产生许多积极的结果，如持续的心理成长、积极组织公民行为等（Deci and Ryan，2008；Gagné and Deci，2005）。例如，当员工在工作场所体验到足够的自主感时，他们会更信任组织，对组织的满意度也更高（Deci et al.，1989）；自主性、归属感和能力感得到满足的员工总是有更好的工作表现，他们的适应能力、持久性和创造力也得到了提高（Deci and Ryan，2008）。此外，个体的基本心理需求的满足也被发现显著影响个体在虚拟社区中的信息共享等行为（Yoon and Rolland，2012）。

自我决定理论不仅为我们理解人类行为提供了深刻见解，还特别关注了如何在工作中满足员工的基本心理需求。这一理论指出，营造一种积极的工作环境对于激发员工的内在动机至关重要。首先，工作氛围是满足员工基本心理需求的基石。这包括三个关键要素：管理自主性、支持性和外部奖励（Gagné and Deci，2005；Schultz et al.，2015）。管理自主性指的是员工在工作中拥有的自由度和自我管理的能力，这有助于他们根据自己的价值观和目标来行动；支持性则涉及同事和管理层对员工的鼓励与帮助，这种支持能够增强员工的归属感和安全感；外部奖励，如薪酬和认可，虽然可以提供短期激励，但长期来看，内在动机的满足更为关键。

其次，企业社交媒体平台为满足员工的基本心理需求提供了新的可能性。这些平台通过提供丰富的技术功能，如即时通信、协作工具和个性化设置，增强了员工的自主性、归属感，提升了员工的能力（Karahanna et al.，2018；Yoon and Rolland，2012）。例如，员工可以自主选择使用哪些工具来完成工作，这种选择本身就是自主性的一种体现。同时，通过这些平台与同事进行交流和协作，员工能够感受到团队的支持和归属感。自我决定理论为探讨企业社交媒体对员工敏捷性的影响奠定了理论基础。企业社交媒体通过整合信息技术平台的优势，能够促使员工的基本心理需求得到满足，从而提高他们的工作敏捷性和创新能力。当员工的基本心理需求得到满足时，他们更有可能展现出高度的适应性、灵活性和创造性，这对于应对快速变化的工作环境至关重要。

综上所述，自我决定理论强调了营造一种支持员工自主性、归属感和能力感的工作氛围的重要性。通过利用信息技术平台的功能，组织可以为员工提供一种具有自主性、支持感和挑战性的工作环境，从而激发他们的内在动机，优化他们的工作表现，并增强他们的敏捷性。接下来我们进一步探讨企业社交媒体可供性对自我决定理论的影响以及自我决定理论对员工敏捷性的影响。

11.3.2　企业社交媒体可供性与自我决定理论

可见性在员工使用企业社交媒体时发挥着关键作用，它允许员工轻松地查看信息和查看同事分享的内容（Treem and Leonardi，2013）。这种无障碍的信息访问功能提高了员工的自主感，因为他们能够自由地获取所需的信息（Karahanna et al.，2018）。此外，企业社交媒体的可见性功能让员工能够洞察同事的专业背景、兴趣和日常活动，这有助于识别和结识具有相似特点的同事，并与他们建立联系（Treem and Leonardi，2013）。

归属感是人类基本的心理需求之一，它体现了人们与他人建立联系和互动的内在欲望。当个体感受到与他人紧密联系并得到认同时，他们的归属感更好地得到了满足（Yoon and Rolland，2012）。企业社交媒体的可见性使员工能够观察同事的工作行为，从而为协作和互助创造条件（Treem and Leonardi，2013）。例如，当员工遇到工作难题时，由于企业社交媒体的可见性，他们更容易发现并从其他同事那里获得支持，因为这种可见性让员工对彼此的工作状态有了更清晰的认识。这增加了员工之间相互关心和支持的机会，从而有助于满足他们的归属感。其次，企业社交媒体的可见性通过提高员工与同事之间的互动频率，进一步促进了归属感的实现。随着互动的增多，员工对彼此的了解也更加深入，这种熟悉度的提升有助于加强他们之间的联系，满足员工建立和维护人际关系的基本需求（Treem and Leonardi，2013），通过这种方式，企业社交媒体的可见性不仅促进了信息的自由流通，还加强了员工之间的社会联系，满足了他们的心理需求。

能力感的满足基于员工能够有效地驾驭和改善自身环境，并寻找机会增强或展示他们的技能和能力（Deci and Flaste，1996）。那些具有较强能力感的人会持续寻求提升个人知识和能力的机会（Deci et al.，2001）。在企业社交媒体环境中，可见性鼓励员工有策略地向他人展示自己的专业特长（Treem and Leonardi，2013），虽然单纯的自我展示可能不足以完全满足能力感（Karahanna et al.，2018），但这种公开展示可以让同事认识到自己的专业能力，从而在遇到专业问题时更倾向于向自己求助，这反过来又满足了自己的能力感（Treem and Leonardi，2013）。正如 Gibbs 等（2013）指出的，企业社交媒体通过提升员工之间的可见度，使得那些具备特定专长的员工更容易被同事发现并认可。员工在为同事提供帮助时，其胜任感也会得到加强（Majchrzak et al.，2005）。同时，可见性也拓宽了员工获取信息和专业知识的途径，随着他们的知识和技能的增长，胜任感也相应提升（Treem and Leonardi，2013）。

企业社交媒体的关联性还能以两种方式满足员工的自主性。首先，它允许员工自由地与其他部门或不熟悉的同事建立联系（Treem and Leonardi，2013），员工可以根据自己的意愿选择与谁建立联系，这种自由度提升了他们的自主性（Karahanna et al.，2018），其次，关联性还赋予员工自由浏览企业社交媒体平台上共享内容或信息的能力，这种自主选择权进一步满足了员工的自主性（Treem and Leonardi，2013），通过这种方式，企业社交媒体不仅促进了员工间的交流和合作，也增强了他们在工作和社交互动中的自主性与胜任感。

企业社交媒体的关联性在促进组织内员工社会关系的发展方面起着至关重要的作用。通过企业社交媒体，关联性在个人之间架起了沟通的桥梁，这不仅强化了他们现有的社会联系，还满足了员工对关系的需求（Treem and Leonardi，2013）。此外，这种关联性还增强了员工对彼此背景的感知，有助于他们更好地理解同事的行为，从而可能促进更深层次的互动（Ellison et al.，2015）。随着互动的增加，员工对同事的熟悉度会随之提升，与同事的亲和力也会增强，这进一步满足了他们的归属感（Newcomb，1961）。

企业社交媒体的关联性还赋予员工与组织中的同事建立联系、获取信息的能力（Treem and Leonardi，2013）。这种能力使员工能够从组织中获取工具型和情感型资源，帮助他们更有效地应对各种挑战性任务，从而促使员工的能力感得到满足（Cao and Yu，2019）。员工可以通过扩展社交网络或直接获取信息和知识来提升自己的专业技能与能力，这不仅有助于个人成长，也满足了他们的能力感（Deci and Ryan，2000；Deng et al.，2021），通过这种方式，企业社交媒体的关联性不仅增强了员工之间的社会联系，还提升了他们的工作能力，有利于职业发展。

企业社交媒体的可编辑性允许员工自由修改他们已经共享的内容。当员工发现他们在企业社交媒体中共享的内容存在缺陷或错误时，他们可以更正这些内容，这将使员工在一定程度上控制已发布的内容（Treem and Leonardi，2013），从而满足员工的自主需要。同时，可编辑性与员工的自我展示行为有关，因为对内容的控制使员工能够根据不同的情况或同事的反应来战略性地编辑或重塑信息（Ellison et al.，2015；Treem and Leonardi，2013），从而为员工提供高水平的自主权（Karahanna et al.，2018）。

企业社交媒体的可编辑性可以通过发展员工的社会关系来满足员工的感性

需求。企业社交媒体的可编辑性使员工能够通过操纵或选择性共享信息来战略性地展示自己（Ellison et al.，2015），这增加了员工在组织内发展社会关系的机会（Chen et al.，2020a）。可编辑性通过鼓励员工更有目的地与特定受众共享信息来提高共享信息的质量（Arazy et al.，2009）。随着信息质量的提高，员工可以更好地与他人沟通和协调（Treem and Leonardi，2013），这增强了员工之间的熟悉度，加固了员工之间的社会纽带，从而满足了员工对关系的需求。企业社交媒体的可编辑性对员工社会网络关系的积极影响也得到了一些研究的证实。例如，Chen 等（2019）发现，企业社交媒体的可编辑性促进了组织中员工的工具型关系和情感型关系的发展。

可编辑性不仅允许员工编辑他们自己在企业社交媒体中共享的内容，还允许他们修改或完善同事共享的内容（Treem and Leonardi，2013）。通过修改或完善同事共享的内容，员工可以展示其知识或能力，从而满足了员工的能力感。Karahanna 等（2018）认为，通过创建或编辑内容，分享同事发布的问题的知识或观点，个人可以展示能力和技能。

持久性是企业社交媒体的一个关键特性，它确保发布的内容能够被永久保存。这种永久存储的能力为组织构建了一个不受规模限制且易于访问的知识库，员工可以轻松地浏览企业社交媒体上的历史信息，而不必每次都向同事询问，这样的自主访问能力满足了员工的自主性（Treem and Leonardi，2013），同时，信息的持久性为员工在面对工作挑战时提供了更广泛的选择方案，进一步增强了他们的自主性。

企业社交媒体的持久性不仅记录了所有的信息和交流，而且允许员工在未来重复利用这些资源（Treem and Leonardi，2013）。这种特性促进了员工对元知识的发展，即知识集及控制知识集（Leonardi，2013），增加了与组织内专家互动的机会，有助于建立更广泛的联系和更紧密的关系，满足员工的社交需求。

此外，企业社交媒体的持久性通过记录员工间的互动和通信信息，为任务责任提供了可追溯来源，有助于减少误解和冲突，促进形成和谐的工作关系（Leonardi，2013），这种持续的记录和积累为员工提供了不断增长的知识和信息资源，有利于构建工具型网络（Chen et al.，2020a）。同时，员工还可以通过随时获取过去的信息来了解同事间的关系和出现的新问题，增强他们支持同事的能力（Cai et al.，2018；Chen et al.，2020a）。通过这种方式，企业社交媒体的持久性不仅在信息管理方面发挥了作用，还促进了员工之间的交流、学习（Cai et al.，2018；Chen et al.，2020a）。

11.3.3　自我决定理论与员工敏捷性

员工的自主性得到满足对其敏捷性有着显著的正面影响。当个人的自主性得到满足时，他们能够自主决定任务的执行方式、时间和所采取的方法，这给他们提供了更多的自由度和机会来应对不可预测的情况（Sherehiy and Karwowski，2014）。这种自主性促进了个人主动性的培养和主动行为的发展（Ohly et al.，2006）。高水平的工作自主性不仅有助于员工提升知识和技能，还有助于他们学习新的行为模式（Parker，1998），从而增强他们在不断变化的环境中的适应性和灵活性。

自我决定理论指出，当员工的归属感得到满足时，他们更容易感受到归属、信任和尊重（Deci and Ryan，2000）。这种满足感使员工更倾向于利用与同事的关系来获取资源，以适应环境的变化，提高自身的敏捷性（Vinarski-Peretz and Carmeli，2011）。此外，归属感的满足还能激发积极情绪，启动积极情绪的建立和扩展模式，这有助于员工增强活力，并保持学习的开放性（Spreitzer and Porath，2014），使他们能够以积极的态度学习知识和技能，应对环境的变化。

当员工的能力感得到满足时，他们更有信心执行特定任务，有效应对环境变化（Deci et al.，2001）。这种自信使他们能够更积极地面对挑战性工作，以及更主动地适应外部变化，能力感的满足还与员工对工作挑战的积极态度和对变化的积极响应有关（Deci et al.，2001）。因此可以发现，自主性、归属感和能力感的满足共同提升了员工的敏捷性，使他们能够灵活适应并有效应对工作环境中的各种变化。

基于此，我们开展了一项研究，从自我决定理论视角深入探讨企业社交媒体可供性对员工敏捷性的影响机制（Sun et al.，2023）。具体而言，我们向使用企业社交媒体的企业员工发放并收集了 378 份有效数据，采用 Mplus7.4 进行结构方程模型分析。研究发现具体如下。

第一，企业社交媒体可供性显著增强了员工的基本心理需求满足感。展开来讲，企业社交媒体的可见性和关联性显著满足员工的三种基本心理需求（自主性、归属感和能力感）。与预期相反，企业社交媒体的可编辑性和持久性仅对员工的归属感和能力感有显著影响，但对自主性没有显著影响。可编辑性和员工自主性之间没有显著关系的一个可能原因是：企业社交媒体提供的开放编辑内容的功能不仅允许个人修改自己或其同事在企业社交媒体上发布的内容（这增强了他们感知自主性），也导致他们共享的内容容易被其他人编辑和修改（这损害了他们感知的自主性）（Treem and Leonardi，2013）。这两种相互冲突的影响使得企业社交媒体编辑性很难满足员工的自主性。而且，先前的研究虽然强调了可编辑性的积极一面，因为它使员工能够调整他们在企业社交媒体上发布的内容，但应该注意的是，可编辑性使员工在企业社交媒体上发布的任何内容都可以被其他人修改（Vaast and Kaganer，2013），这可能会降低员工对信息的控制感，从而降低员工的自主感。持久性与自主性满足间的关系不显著的一个可能原因是：持久性可能会导致企业社交媒体中嵌入的内容和信息随着时间的推移变得过载和烦冗（Treem and Leonardi，2013），进而导致失去控制感，降低员工感知到的自主性。另外，持久性也可能会让员工意识到潜在的风险，他们所有行为和信息都被记录下来，这可能会限制共享的信息（Ellison et al.，2015），从而降低自主性。

第二，与以往研究表明心理需求满足可以提高员工的绩效和能力的结论相一致（Deci and Ryan，2008），我们的结果还表明基本心理需求（即自主性、归属感和能力感）得到满足是促进员工敏捷性的关键因素。

第三，我们的研究检验了基本心理需求得到满足在企业社交媒体可供性与员工敏捷性之间的中介作用。我们的假设在很大程度上得到了证实，但是自主性在可编辑性、持久性和员工敏捷性之间的关系中没有产生显著的中介效应。这表明，可编辑性和持久性通过满足员工的归属感和能力感而不是自主性来提高员工的敏捷性。企业社交媒体的持久性可能会导致内容过载，使员工无法自由获取他们需要的信息，这可能会导致员工的自主性无法得到满足。在这种情况下，员工的敏捷性无法提高，因为员工认为他们无法从企业社交媒体平台获取必要的信息来满足他们的需要。此外，可编辑性允许员工共享的内容被其他人更改，这降低了员工对信息的控制感，并导致自主性降低。组织成员使用企业社交媒体进行内容共享的意愿也可能会下降，这不利于员工从组织内部获取应对多变环境所必需的敏捷应对能力。

11.4　基于企业社交媒体工作使用的任务特征与员工敏捷性

任务特征作为一个可能影响员工敏捷性的工作环境因素，受到的关注十分有限。工作环境中的任务特征对员工的行为和表现有着显著的影响（Ahmad and Nasurdin，2017；Chung and Jackson，2013；Song and Sun，2018）。任务特征中，任务复杂性、任务互依性和任务非常规性是三个最具代表性的特征，任务复杂性和任务非常规性促使员工在组织内进行积极的信息搜索和协作，这有助于提高他们解决问题的能力，从而提高敏捷性，但这类任务通常对员工有更高的资源要求，因此可能会增加员工的工作压力，从而对员工的敏捷性产生不利影响（Chae et al.，2015），这种相互矛盾的观点表明，有必要进一步探索任务特征影响员工敏捷性的潜在机制，以便为组织提升员工敏捷性提供更准确的指导。

员工在面对任务时，如果能够有效地获取所需的额外资源，如信息和知识，就能够更好地应对资源短缺的问题，从而改善他们的工作表现并提高敏捷性。具体而言，它们对员工的行为和敏捷性有着直接的影响。首先，上述三个高需求任务特征是促使员工做出寻求信息或协作行为的关键因素（Chae et al.，2015；

Maruping and Magni，2014），这为员工在组织中发展社会网络关系和进一步提高敏捷性提供了可能性。当任务较为复杂时，员工可能需要更多的信息和知识来理解和解决问题；任务互依性要求员工与他人合作，共享资源和信息，以完成任务；而任务非常规性则意味着员工需要灵活应对不断变化的任务要求，这通常需要他们能够快速获取新的信息和技能。这些任务特征的存在，为员工提供了发展社会网络关系的机会，并增强了他们的敏捷性和适应能力。其次，其他任务特征与这三个代表性任务特征之间存在一定程度的重叠。例如，任务多样性和任务可分析性可以视为任务复杂性的组成部分，因为它们增加了任务的维度和深度，要求员工从不同角度分析和解决问题。同样，任务易变性与任务非常规性密切相关，因为它们都需要员工能够迅速适应任务的变化，应对任务的不确定性。

任务复杂性、任务互依性和任务非常规性能够激发员工之间的信息共享、沟通和协作行为（Hu et al.，2007；Kirschner et al.，2011；Maruping and Magni，2014），在塑造员工行为和提升团队绩效方面扮演着至关重要的角色（Ahmad and Nasurdin，2017）。当基于企业社交媒体工作使用的任务具有较高的复杂性时，员工往往需要更多的信息和知识来解决问题，这促使他们更加积极地与同事交流和分享信息。任务互依性要求员工之间相互依赖，共同完成任务，这种依赖关系自然促进了沟通和协作。任务非常规性则要求员工灵活应对不断变化的任务要求，这种适应性往往需要团队成员之间进行密切合作。

此外，任务特征还影响员工对组织信息系统的使用。例如，与企业社交媒体工具相匹配的任务互依性显著提高了员工使用企业社交媒体的频率，并增加了其深度（Fu et al.，2019）。任务互依性（Lin and Huang，2008）和任务复杂性（Koo et al.，2011）都能够促使员工更积极地利用组织信息系统来获取信息和支持。然而，任务特征也可能带来一些负面影响。例如，任务复杂性可能会给员工带来压力，这种压力如果得不到妥善处理，可能会对员工的工作绩效产生负面影响（Liu and Li，2012）。

综上所述，任务特征是影响员工行为和团队绩效的重要因素。组织应该认识到这些特征的积极作用，并采取措施来优化任务设计，提供必要的支持和资源，以帮助员工更好地应对挑战。同时，组织也应该意识到任务特征可能带来的压力和挑战，并采取措施来降低负面影响，确保员工能够在一个健康和支持性的环境中工作。通过这种方式，组织可以最大化地发挥任务特征的积极作用，提高员工的工作绩效和团队的整体创新能力。

进一步，社会网络关系视角为理解任务特征影响员工敏捷性的中介机制提供了可能。任务特征作为激发员工进行信息搜索和参与协作行为的环境因素，也促使员工在工作场所发展他们的社会网络关系（Chae et al.，2015；Chung and Jackson，2013）。拥有良好的工具型关系和情感型关系的员工能够更有效地应对环境变化，因为他们可以从社会网络关系中获得工具型资源和心理支持，以提高自身的适应性和恢复力（Alavi et al.，2014），工作场所的社会网络关系也有助于员工获得更多信息和知识，从而深化他们对外部环境变化的感知（Cai et al.，2018）。因此，我们认为社会网络关系是揭示任务特征与员工敏捷性之间影响机制的重要视角。

11.4.1　社会网络关系

社会网络关系分为工具型关系和情感型关系（Lin，2007），是组织内部人际互动的两个重要维度。工具型关系主要是在工作过程中形成的，是员工为了完成工作任务而建立的，这种关系的核心是信息、建议和资源的交换，员工通过这种关系获取完成任务所需的支持（Umphress et al.，2003）。然而，与工具型关系相比，情感型关系更多地基于员工之间的社会交换，它们为员工提供了情感上的支持、友谊、认同感和归属感（Berman et al.，2010），这种关系通常更加稳定和持久，因为它们建立在相互信任和情感联系的基础上。工具型关系是功利性的，通常具有不稳定和暂时等特征（Lee et al.，2001）。因此，社会网络关系在促进员工发展和提高组织效能方面发挥了重要作用。通过建立和维护这两种类型的社会网络关系，组织可以提高员工的工作绩效、创新能力和团队合作能力。同时，员工也应该意识到建立和维护社会网络关系的重要性，通过积极参与组织内部的交流和合作，不断扩展自己的社会网络，为自己的成长、发展以及组织绩效做出贡献。具体而言，工具型关系和情感型关系可以直接促进知识转移（Zhou et al.，2010），或者通过增进员工之间的信任（Lin，2007），进一步帮助员工获得显性和隐性知识。同时，员工社会网络关系对工作绩效和创新绩效也有积极影响（Chen et al.，2020a）。

企业社交媒体的发展在较大程度上改变了我们的沟通方式，也为员工在组织内建立和发展社会网络关系提供了新的机遇。社会网络关系的发展对于员工获取资源至关重要。这些资源包括知识、技能、信息、支持，甚至是职业发展机会。员工能够通过社会网络关系获得更广泛的视角和专业知识，这对于他们解决问题、创新思维和提高工作效率都有积极的影响。社会网络关系的建立和发展，不仅有助于员工个人的成长，也对组织的整体表现有着深远的影响。员工通过社会网络关系获得的资源和信息，可以转化为组织的竞争优势。例如，员工可以通过社会网络关系获取到行业的最新趋势，或学习到其他组织的实践经验，这些都能够促进组织的战略发展并提升创新能力（Leonardi and Vaast，2017；Pang，2018；Treem and Leonardi，2013）。此外，社会网络关系还能够增强员工的参与感和归属感。当员工感到自己是组织社会网络的一部分时，他们更有可能积极参与组织的活动，对组织的目标和价值观产生认同，这种参与感和归属感是提高员工满意度和忠诚度的重要因素（Treem and Leonardi，2013）。因此在企业社交媒体使用情境下，社会网络关系对员工的发展、能力提升具有重要影响。接下来我们将进一步探讨不同的任务特征与社会网络关系之间的影响机制以及社会网络关系对员工敏捷性的影响。

11.4.2　基于企业社交媒体工作使用的任务特征与社会网络关系

任务复杂性是指完成任务所需的资源水平以及其他相关需求，如认知需求、认知努力和身心需求（Bettman et al.，1990）。随着任务复杂性的提高，个人对知识和信息的需求也随之提高（Akgün et al.，2005）。由于员工的信息和知识储备有限，面对复杂任务时，解决问题所需的信息量会相应增加（Wang et al.，2014），这导致员工更频繁地进行信息搜索，如向同事寻求所需的知识或技能（Chae et al.，2015），进而促进工具型关系的建立。同时，更复杂的任务也增大了协作和协调的必要性（Akgün et al.，2005），这通常需要与同事进行更广泛和更频繁的互动（Chae et al.，2015）。这种增加的沟通和协作为员工提供了更多机会去了解其他同事（Zhong et al.，2012），从而有助于情感型关系的形成（Chen et al.，2020a）。在处理更为复杂的任务时，员工更有可能获得同事的帮助和支持（Zhong et al.，2012），这同样有助于建立和加强情感型关系（Song et al.，2019）。

任务互依性描述了员工在完成任务过程中需要依赖同事的资源协调和互换的程度（Lin and Huang，2008）。研究表明，任务的这种互依性质与员工间的信息共享、协调和合作紧密相连（Maruping and Magni，2014）。在高度互依的任务环境中，员工需要利用同事的知识和专业技能以及团队的集体知识，这涉及信息和资源的共享及相互协助，从而促进了基于工具性目的的关系的发展（Gu et al.，2018）。此外，在执行相互依赖的任务时，员工的工作往往依赖于同事的成果，并且需要考虑自己的工作如何影响他人（Wang et al.，2014），这种情境促使员工对同事的观点和需求保持开放态度，并更加关注同事的工作表现，进而提供必要的支持。这种互动不仅加强了工作上的合作关系，还有助于建立基于相互理解和支持的情感型关系（Lin，2006）。

任务非常规性指的是任务执行过程中可预见性和可分析性的水平（Majchrzak et al.，2005）。面对非例行的任务，员工可能会因为技能或专业知识的不足而感到自己的知识储备有限（Karimi et al.，2004），这种情形常常促使他们向同事寻求所需的工具性知识和信息以完成既定任务（Wang et al.，2014）。简而言之，员工倾向于寻求同事的帮助来获取完成特殊任务的必备知识（Cassiman and Veugelers，2006），这不仅有利于他们顺利完成任务，还为他们与同事之间建立有益联系提供了机会。非常规任务相较于常规任务，更能促进员工社会网络的发展（Chung and Jackson，2013），因为它们促使员工进行更频繁的人际互动和沟通（Akgün et al.，2005；Wang et al.，2014），这种增加的互动性不仅有助于解决

任务执行中的问题，也有助于加强员工之间的社会联系，从而有利于社会网络的
扩展和深化。

11.4.3　社会网络关系与员工敏捷性

工具型关系为员工提供了获取重要资源的途径，包括工作相关信息、专业知
识和专业建议（Wu，2013）。在工作环境发生改变时，这些关系成为员工获取关
键知识和技能的有效渠道，帮助他们适应变化（Zhou et al.，2010）。具有工具型
关系的员工更有可能积极与同事合作，交换不同的资源（Ali-Hassan et al.，2015）。
这不仅夯实了他们的知识基础，也提高了知识水平和专业技能（Zhong et al.，
2012）。这种多样化的知识结构增强了员工对行业变化的敏感度（Pitafi et al.，
2018），而精湛的专业技能使他们能够更加高效地应对这些变化（Vinodh and
Prasanna，2011）。此外，紧密的工具型关系加强了员工之间的协作和沟通，这有
助于他们在面临工作压力时保持韧性，有效应对工作中的挑战（Alavi et al.，2014），
通过这种方式，工具型关系不仅促进了个人能力的提升，也增强了团队的整体适
应性和应对复杂工作环境的能力。

情感型关系在工作场所中起着至关重要的作用，它通过促进员工与同事间的
非正式交流，帮助构建更为紧密的联系（Wu，2013）。这种交流不仅限于工作层
面，还包括信息和经验的共享，以及在遇到工作难题时彼此提供帮助（Zhong et
al.，2012）。情感型关系的存在使员工能够从同事那里获得宝贵的信息和支持，
这有助于他们更有效地应对环境变化带来的挑战。此外，情感型关系还促进了员
工之间的频繁社交互动（Ali-Hassan et al.，2015），这种互动常常能够激发新的
想法和创意（Wu，2013），思维上的碰撞不仅提升了员工解决问题的能力，也鼓
励他们以更具创造性和灵活性的方式应对问题（Alavi et al.，2014）。在心理层
面，情感型关系为员工提供了必要的心理支持，如鼓励、安慰和建议，这些都是
帮助员工在面临压力时减轻心理负担的重要资源（Zhong et al.，2012），通过这
样的支持，员工能够更好地缓解压力，具备更高的工作敏捷性和韧性。

基于此，我们开展了一项研究，通过专业的市场研究公司进行了问卷调查，
以在工作场所使用企业社交媒体的人为发放对象，收到了 341 份有效问卷，探讨
了企业社交媒体在工作使用场景下的任务特征与社会网络关系之间的作用机制，
以及社会网络关系与员工敏捷性之间的作用机制（Zhu et al.，2021）。我们的研
究基于实证分析得出了两点关键发现：①三种任务特征（即任务复杂性、任务互
依性和任务非常规性）显著影响员工之间的社会网络联系（即工具型关系、情感
型关系）。②工具型关系和情感型关系显著影响员工的敏捷性。事后分析的结果
表明，工具型关系和情感型关系在任务特征（即任务复杂性、任务互依性和任务
非常规性）和员工敏捷性之间的关系中起到显著的中介作用。结果还表明，工作

场所中的工具型关系比情感型关系更有利于提高员工的敏捷性。这可能是因为工具型关系可以直接帮助员工获取应对环境变化所需的相关信息与技能。

11.5　企业社交媒体中的人工智能技术与员工和团队敏捷性

随着数字技术的快速更迭，人工智能技术为企业社交媒体可供性注入了新的元素。人工智能技术越来越流行，从商业运作到我们的日常生活，人工智能技术体现在方方面面。例如，苹果的 Siri 让用户能够搜索信息、管理日历事件和设置闹钟。OpenAI 的 ChatGPT 正在革新包括客户服务、语言编辑和编程在内的多个领域。此外，由李飞飞联合领导的斯坦福大学以人为本人工智能研究所（Stanford University Human-Centered Artificial Intelligence，Stanford HAI）发布的《2024 年人工智能指数报告》显示，2023 年全球发布的新大型语言模型数量比上一年翻了一番，2/3 的模型是开源的，但性能最高的模型来自拥有封闭系统的行业参与者。越来越多的人工智能技术和基于人工智能的产品在实践中得到应用。

在庞大且相互关联的企业社交媒体世界中，人工智能工具是幕后无声的"编曲者"，它增强了用户体验，优化了内容交付，并以以前想象不到的方式推动了互动。基于人工智能工具的企业社交媒体的核心是机器学习、深度学习和其他复杂算法的融合，旨在为全球数十亿用户预测、解析和提供个性化数字内容。

基于人工智能技术的企业社交媒体已成为企业优化业务流程、提高企业绩效和员工创造力的重要技术（Fosso Wamba，2022）。基于人工智能技术的企业社交媒体使用对员工敏捷性的影响主要包括以下几个方面。

第一，技术层面。在工作中，基于人工智能技术的企业社交媒体使用是一个由多重因素决定的复杂过程，其中技术层面的因素尤为关键。员工在使用嵌入人工智能技术的企业社交媒体时，会首先考虑其可能带来的风险与收益。安全性和隐私问题是影响员工接受度的重要因素。如果员工对企业社交媒体的技术安全性和隐私保护存在疑虑，他们使用企业社交媒体的可能性将大大降低，从而对其有效借助企业社交媒体提高敏捷性会产生不利影响。另外，当员工看到人工智能技术在提高工作效率、增强实用性感知、提升创造力和适应性等方面的潜力时，他们更可能倾向于在工作中使用企业社交媒体（Chen et al.，2020b），这对其进一步提高工作效率以及快速响应环境变化具有重要意义。

第二，组织层面。组织文化、同事行为和管理层的支持在推动员工使用嵌入人工智能技术的企业社交媒体方面发挥着至关重要的作用。这种技术不仅改变了工作流程，还对员工和团队的敏捷性产生了显著影响。员工往往会受到周围同事的影响，尤其是当他们看到同事使用企业社交媒体提高了工作效率和质量时，他们也会倾向于使用嵌入人工智能技术的企业社交媒体提升敏捷性，这种企业社交媒体的优点具体表现在更快的响应时间、更高效的决策过程和更顺畅的工作协调。同时，同事之间的正面经验和推荐可以显著增强员工对新技术的信心和好奇心，从而促进企业社交媒体的应用和推广。企业社交媒体的应用有助于团队成员之间建立信任关系，这是影响团队敏捷性的关键因素，因为它有利于团队成员在不确定性中迅速行动和快速适应变化。进一步，管理层的推荐和支持同样关键。当管理层不仅口头上支持人工智能技术的引入，而且通过提供必要的资源和硬件设施来给予实际支持时，员工更有可能接受并采用这些技术。管理层的支持向员工传达了一个明确的信号，即组织重视人工智能技术的使用，并愿意在提高员工的工作能力方面加大投入，这也有助于提升员工和团队的敏捷性，因为员工和团队成员知道他们只有拥有必要的资源和支持才能快速适应变化。

此外，组织环境本身也对员工使用企业社交媒体产生影响。一种开放和创新的工作环境，鼓励员工尝试新方法和工具，有助于促进人工智能技术在企业社交媒体中的使用，并创造价值。这种环境也增强了员工和团队的敏捷性，因为它鼓励员工和团队成员探索新的可能性并快速适应新情况。因此，组织应该建立一种文化，这种文化不仅容忍失败，而且将其视为学习和成长的机会。这种文化可以消除员工对尝试新技术的顾虑，因为他们知道即使结果不尽如人意，也会得到组织的理解和支持（Bhattacherjee，2001）。这种对失败的宽容态度有助于培养员工的创新精神和提高其适应性，这是提高员工和团队敏捷性的关键。

第三，个人层面。个人层面的因素对员工使用企业社交媒体起着决定性作用。员工对技术的态度、内在信念和个人特质是影响其技术使用行为的关键因素。员工的技术使用行为往往是其个人意愿的直接反映，这种意愿与他们对新技术的内在态度和个人特质紧密相关（Chatterjee and Bhattacharjee，2020；Sohn and Kwon，2020）。具体而言，个人的创新能力、对人工智能技术的态度（Chatterjee and Bhattacharjee，2020）以及技术经验等个人特征（Chen et al.，2020b），都是影响员工使用企业社交媒体意愿的重要影响因素。这些因素也与员工的敏捷性密切相关，因为具备创新能力和积极态度的员工更有可能快速适应变化，并通过有效利用新技术来提高工作效率。然而，如果员工感觉新技术对他们的工作稳定性或身份认同构成威胁，则他们就可能会在情感上产生焦虑或恐惧，这反过来会降低他们采纳新技术的意愿（Li and Huang，2020），这种情绪反应可能会影响员工的敏捷性，因为它可能导致犹豫不决和对变化的抵触。

此外，员工在使用技术后的感受也很重要（Yan et al.，2021）。高满意度是推动个体继续使用新技术的强有力指标，根据期望确认-满意度-持续采纳模型（Bhattacherjee，2001），员工对初次使用企业社交媒体的满意度越高，他们未来持续使用该技术的意愿就越强，这种持续的接纳和使用可以进一步增强员工的敏捷性，因为企业社交媒体的应用有利于员工不断改进和优化他们的工作方法。因此，企业应当关注员工个人层面对嵌入人工智能技术的企业社交媒体的态度和反馈，以形成良性的技术使用生态。同时，企业还应该意识到，支持员工的个人发展和提供必要的培训，可以帮助员工提高他们的敏捷性，并更有效地利用人工智能技术。这样做，企业可以确保员工不仅能够使用新技术，而且能够在快速变化的工作环境中保持灵活性和适应性。

嵌入人工智能技术的企业社交媒体与员工的协同工作是一把双刃剑，它既会产生积极影响，也会带来挑战。

首先，当下人工智能技术与员工在日常任务完成过程中的互动是现代工作环境中的一个显著特点（孙效华等，2020）。人类擅长从事创造性、社会性和人际关系方面的工作，而计算机则更适宜处理重复性、遵从性和系统性的日常工作。这种分工促进了人机共生关系的形成，在这种关系中，企业社交媒体与员工可以相互补充，共同提高工作效率。同理，随着人工智能技术的发展，企业对员工工作技能的需求也在发生变化，特别是对掌握人工智能技术并借助其进行创造的需求增加，这种变化不仅要求员工具备技术操作能力，还要求其能够创新和适应快速变化的工作环境（Wang，2023）。基于自我决定理论，人工智能技术诱导的工作技能要求的提高可以通过增强员工的胜任感来提升其积极性和快速响应能力，这表明人工智能技术的引入可以产生增强效应、激发员工的内在动机和提升灵活响应能力（朱晓妹等，2021）。然而，随着企业社交媒体功能的不断完善，其对员工的能力也提出了更高的要求，员工需要提高自身的数字素养，以便更好地与人工智能技术协作，以提高敏捷性。数字素养不仅包括对技术的理解和操作能力，还包括批判性思维和问题解决能力，这些都是在人工智能时代员工面对变化时所应具备的快速响应能力，也是保持竞争优势的关键（Huang and Rust，2022）。此外，基于互补性和角色理论，企业社交媒体与员工的责任心之间的互补性能够对员工敏捷性产生积极影响（Tang et al.，2022）。

其次，虽然人工智能技术的嵌入带来了企业效率和生产力的提升，但它也必然会对大部分员工的情感与心理造成不同程度的冲击。嵌入人工智能技术的企业社交媒体一定程度上会让员工产生疏离感，员工心理契约对工作投入的积极影响显著下降，从而影响其对环境变化的适应和响应速度。确切地讲，嵌入人工智能大大影响员工的心理契约感、敬业度和信任感（Braganza et al.，2021），这种疏离感和心理契约感的削弱可能会对员工的积极性和主动性产生负面影响。员工可能会感到自己的工作被机器取代，从而产生失业的恐惧和不安全感，其工作积极性、主动性均会受到打击，因此会出现一些无所适从的情况，这也是其敏捷性有待提升的重要体现。同时，人机共生关系的发展也改变了员工的知识资源、情感资源和关系资源，引发了其心理和情感上的变化。员工需要适应与人工智能技术共存的新模式，这可能需要他们学习新的技能和适应新的角色。在这个过程中，员工可能会产生焦虑情绪，特别是当他们对人工智能技术的影响和组织中的使用方式缺乏了解时更会如此（Li et al., 2019）。此外，在组织人力资源决策环境中，与监督决策相比，员工对人工智能算法决策的信息透明度感知较低，从而对程序公平性的感知较低，这将对他们随后的工作态度和敏捷响应行为产生重大影响。

　　为了提高员工的敏捷性，组织需要关注如何减轻人工智能算法决策的不利影响，并明确其边界条件。第一，组织应该提高企业社交媒体中人工智能算法决策的透明度，让员工了解决策的过程和依据。这不仅有助于构建信任关系，而且让员工明白自己的角色和责任，有助于他们更敏捷地适应和响应人工智能驱动的决策过程。第二，组织应该建立公正和透明的机制，确保企业社交媒体中人工智能技术的使用不会对员工造成不良影响。这可能包括确保人工智能算法的偏见和错误得到识别与纠正，从而提升他们的工作积极性和在工作中的敏捷性。第三，组织应该提供支持和资源，帮助员工适应人工智能技术带来的变化。这可能包括提供职业发展和技能培训的机会，帮助员工提升他们的技能，以适应不断变化的工作要求，提升他们在新环境下的敏捷性。第四，组织应该鼓励开放的沟通和反馈，让员工能够表达他们对使用企业社交媒体的担忧和建议，并培养员工和团队的批判性思维，对人工智能算法提供的结果进行分析和判断，而不是盲目接受。这有助于提高个人和团队的决策质量，提高在复杂情境下的敏捷性。

参 考 文 献

孙效华, 张义文, 秦觉晓, 等. 2020. 人机智能协同研究综述[J]. 包装工程, 41(18): 1-11.

孙元, 马志俊, 祝梦忆, 等. 2024. 企业社交媒体使用影响团队敏捷性的机理研究: 基于交互记忆系统理论视角[J]. 管理工程学报(录用待刊).

朱晓妹, 王森, 何勤. 2021. 人工智能嵌入视域下岗位技能要求对员工工作旺盛感的影响研究[J]. 外国经济与管理, 43(11): 15-25.

Ahmad Zawawi A, Nasurdin A M. 2017. The impact of task characteristics on the performance of nursing teams[J]. International Journal of Nursing Sciences, 4(3): 285-290.

Akbari E, Pilot A, Robert-Jan Simons R J. 2015. Autonomy, competence, and relatedness in foreign language learning through Facebook[J]. Computers in Human Behavior, 48: 126-134.

Akgün A E, Byrne J, Keskin H, et al. 2005. Knowledge networks in new product development projects: a transactive memory perspective[J]. Information & Management, 42(8): 1105-1120.

Alavi S, Wahab D A, Muhamad N, et al. 2014. Organic structure and organisational learning as the main antecedents of workforce agility[J]. International Journal of Production Research, 52(21/22): 6273-6295.

Ali A, Wang H W, Khan A N. 2018. Mechanism to enhance team creative performance through social media: a transactive memory system approach[J]. Computers in Human Behavior, 91: 115-126.

Ali-Hassan H, Nevo D, Wade M. 2015. Linking dimensions of social media use to job performance:

the role of social capital[J]. The Journal of Strategic Information Systems, 24(2): 65-89.

Arazy O, Gellatly I, Jang S, et al. 2009. Wiki deployment in corporate settings[J]. IEEE Technology and Society Magazine, 28(2): 57-64.

Berman E M, West J P, Richter M N, Jr. 2010. Workplace relations: friendship patterns and consequences(according to managers)[J]. Public Administration Review, 62(2): 217-230.

Bettman J R, Johnson E J, Payne J W. 1990. A componential analysis of cognitive effort in choice[J]. Organizational Behavior and Human Decision Processes, 45(1): 111-139.

Bhattacherjee A. 2001. Understanding information systems continuance: an expectation-confirmation model[J]. MIS Quarterly, 25(3): 351-370.

Borgatti S P, Foster P C. 2003. The network paradigm in organizational research: a review and typology[J]. Journal of Management, 29(6): 991-1013.

Braganza A, Chen W F, Canhoto A, et al. 2021. Productive employment and decent work: the impact of AI adoption on psychological contracts, job engagement and employee trust[J]. Journal of Business Research, 131: 485-494.

Cai Z, Huang Q, Liu H F, et al. 2018. Improving the agility of employees through enterprise social media: the mediating role of psychological conditions[J]. International Journal of Information Management, 38(1): 52-63.

Cao X F, Ali A. 2018. Enhancing team creative performance through social media and transactive memory system[J]. International Journal of Information Management, 39: 69-79.

Cao X F, Guo X T, Vogel D, et al. 2016. Exploring the influence of social media on employee work performance[J]. Internet Research, 26(2): 529-545.

Cao X F, Yu L L. 2019. Exploring the influence of excessive social media use at work: a three-dimension usage perspective[J]. International Journal of Information Management, 46: 83-92.

Cassiman B, Veugelers R. 2006. In search of complementarity in innovation strategy: internal R&D and external knowledge acquisition[J]. Management Science, 52(1): 68-82.

Chae S, Seo Y, Lee K C. 2015. Effects of task complexity on individual creativity through knowledge interaction: a comparison of temporary and permanent teams[J]. Computers in Human Behavior, 42: 138-148.

Chatterjee S, Bhattacharjee K K. 2020. Adoption of artificial intelligence in higher education: a quantitative analysis using structural equation modelling[J]. Education and Information Technologies, 25: 3443-3463.

Chaves M S, Scornavacca E, Fowler D. 2018. Affordances of social media in knowledge sharing in intra-organizational information technology projects[M]//Rossignoli C, Virili F, Za S. Digital Technology and Organizational Change. Cham: Springer: 35-47.

Chen J, Li R, Gan M, et al. 2020b. Public acceptance of driverless buses in China: an empirical analysis based on an extended UTAUT model[J]. Discrete Dynamics in Nature and Society, 2020: 4318182.

Chen X, Wei S, Davison R M, et al. 2020a. How do enterprise social media affordances affect social network ties and job performance?[J]. Information Technology & People, 33(1): 361-388.

Chen X P, Peng S Q. 2008. Guanxi dynamics: shifts in the closeness of ties between Chinese coworkers[J]. Management and Organization Review, 4(1): 63-80.

Chiniara M, Bentein K. 2016. Linking servant leadership to individual performance: differentiating the mediating role of autonomy, competence and relatedness need satisfaction[J]. The Leadership Quarterly, 27(1): 124-141.

Chung Y, Jackson S E. 2013. The internal and external networks of knowledge-intensive teams: the role of task routineness[J]. Journal of Management, 39(2): 442-468.

Correa T, Hinsley A W, de Zúñiga H G D. 2010. Who interacts on the web?: the intersection of users' personality and social media use[J]. Computers in Human Behavior, 26(2): 247-253.

Deci E L, Connell J P, Ryan R M. 1989. Self-determination in a work organization[J]. Journal of Applied Psychology, 74(4): 580-590.

Deci E L, Flaste R. 1996. Why We Do What We Do: Understanding Self-Motivation[M]. New York: Penguin Books.

Deci E L, Ryan R M. 2000. The "what" and "why" of goal pursuits: human needs and the self-determination of behavior[J]. Psychological Inquiry, 11(4): 227-268.

Deci E L, Ryan R M. 2008. Facilitating optimal motivation and psychological well-being across life's domains[J]. Canadian Psychology, 49(1): 14-23.

Deci E L, Ryan R M, Gagné M, et al. 2001. Need satisfaction, motivation, and well-being in the work organizations of a former Eastern Bloc country: a cross-cultural study of self-determination[J]. Personality and Social Psychology Bulletin, 27(8): 930-942.

Deng M T, Liu H F, Huang Q, et al. 2021. Effects of enterprise social media usage on task performance through perceived task structure: the moderating role of perceived team diversity[J]. Information Technology & People, 34(3): 930-954.

Ellison N B, Gibbs J L, Weber M S. 2015. The use of enterprise social network sites for knowledge sharing in distributed organizations: the role of organizational affordances[J]. American Behavioral Scientist, 59(1): 103-123.

Engelbrecht A, Gerlach J P, Benlian A, et al. 2019. How employees gain meta-knowledge using enterprise social networks: a validation and extension of communication visibility theory[J]. The Journal of Strategic Information Systems, 28(3): 292-309.

Evans S K, Pearce K E, Vitak J, et al. 2017. Explicating affordances: a conceptual framework for understanding affordances in communication research[J]. Journal of Computer-Mediated Communication, 22(1): 35-52.

Fosso Wamba S F. 2022. Impact of artificial intelligence assimilation on firm performance: the mediating effects of organizational agility and customer agility[J]. International Journal of Information Management, 67: 102544.

Fu J D, Shang R A, Jeyaraj A, et al. 2019. Interaction between task characteristics and technology affordances: task-technology fit and enterprise social media usage[J]. Journal of Enterprise Information Management, 33(1): 1-22.

Gagné M, Deci E L. 2005. Self-determination theory and work motivation[J]. Journal of Organizational Behavior, 26(4): 331-362.

Gibbs J L, Rozaidi N A, Ahmad Eisenberg J. 2013. Overcoming the "ideology of openness": probing the affordances of social media for organizational knowledge sharing[J]. Journal of Computer-

Mediated Communication, 19(1): 102-120.

Gu J B, Chen Z, Huang Q, et al. 2018. A multilevel analysis of the relationship between shared leadership and creativity in inter-organizational teams[J]. The Journal of Creative Behavior, 52(2): 109-126.

Hollingshead A B. 1998. Communication, learning, and retrieval in transactive memory systems[J]. Journal of Experimental Social Psychology, 34(5): 423-442.

Hosein Z Z, Yousefi A. 2012. The role of emotional intelligence on workforce agility in the workplace[J]. International Journal of Psychological Studies, 4(3): 48.

Hu J, Huhmann B A, Hyman M R. 2007. The relationship between task complexity and information search: the role of self-efficacy[J]. Psychology & Marketing, 24(3): 253-270.

Huang M H, Rust R T. 2022. A framework for collaborative artificial intelligence in marketing[J]. Journal of Retailing, 98(2): 209-223.

Jarvenpaa S L, Knoll K, Leidner D E. 1998. Is anybody out there? Antecedents of trust in global virtual teams[J]. Journal of Management Information Systems, 14(4): 29-64.

Karahanna E, Xu S X, Xu Y, et al. 2018. The needs-affordances-features perspective for the use of social media[J]. MIS Quarterly, 42(3): 737-756.

Karimi J, Somers T M, Gupta Y P. 2004. Impact of environmental uncertainty and task characteristics on user satisfaction with data[J]. Information Systems Research, 15(2): 175-193.

Kirschner F, Paas F, Kirschner P A. 2011. Task complexity as a driver for collaborative learning efficiency: the collective working-memory effect[J]. Applied Cognitive Psychology, 25(4): 615-624.

Koo C, Wati Y, Jung J J. 2011. Examination of how social aspects moderate the relationship between task characteristics and usage of social communication technologies(SCTs) in organizations[J]. International Journal of Information Management, 31(5): 445-459.

Lee D J, Pae J H, Wong Y H. 2001. A model of close business relationships in China(Guanxi)[J]. European Journal of Marketing, 35(1/2): 51-69.

Lee J, Lee J N, Tan B C Y. 2015. Antecedents of cognitive trust and affective distrust and their mediating roles in building customer loyalty[J]. Information Systems Frontiers, 17(1): 159-175.

Leftheriotis I, Giannakos M N. 2014. Using social media for work: losing your time or improving your work?[J]. Computers in Human Behavior, 31: 134-142.

Leonardi P M. 2013. When does technology use enable network change in organizations? A comparative study of feature use and shared affordances[J]. MIS Quarterly, 37(3): 749-776.

Leonardi P M. 2014. Social media, knowledge sharing, and innovation: toward a theory of communication visibility[J]. Information Systems Research, 25(4): 796-816.

Leonardi P M. 2015. Ambient awareness and knowledge acquisition: using social media to learn "who knows what" and "who knows whom"[J]. MIS Quarterly, 39(4): 747-762.

Leonardi P M, Treem J W. 2012. Knowledge management technology as a stage for strategic self-presentation: implications for knowledge sharing in organizations[J]. Information and Organization, 22(1): 37-59.

Leonardi P M, Vaast E. 2017. Social media and their affordances for organizing: a review and agenda for research[J]. Academy of Management Annals, 11(1): 150-188.

Li J, Bonn M A, Ye B H. 2019. Hotel employee's artificial intelligence and robotics awareness and its impact on turnover intention: the moderating roles of perceived organizational support and competitive psychological climate[J]. Tourism Management, 73: 172-181.

Li J, Huang J S. 2020. Dimensions of artificial intelligence anxiety based on the integrated fear acquisition theory[J]. Technology in Society, 63: 101410.

Lin C P. 2006. Gender differs: modelling knowledge sharing from a perspective of social network ties[J]. Asian Journal of Social Psychology, 9(3): 236-241.

Lin C P. 2007. To share or not to share: modeling tacit knowledge sharing, its mediators and antecedents[J]. Journal of Business Ethics, 70(4): 411-428.

Lin T C, Huang C C. 2008. Understanding knowledge management system usage antecedents: an integration of social cognitive theory and task technology fit[J]. Information & Management, 45(6): 410-417.

Liu M L, Liu N T, Ding C G, et al. 2015. Exploring team performance in high-tech industries: future trends of building up teamwork[J]. Technological Forecasting and Social Change, 91: 295-310.

Liu P, Li Z Z. 2012. Task complexity: a review and conceptualization framework[J]. International Journal of Industrial Ergonomics, 42(6): 553-568.

Majchrzak A, Malhotra A, John R. 2005. Perceived individual collaboration know-how development through information technology-enabled contextualization: evidence from distributed teams[J]. Information Systems Research, 16(1): 9-27.

Maruping L M, Magni M. 2014. Task characteristics, team processes and individual use of collaboration technology: test of a cross-level mediation model[C]//Proceedings of the 47th Hawaii International Conference on System Science. New York: IEEE: 500-509.

Metzger M J, Flanagin A J. 2013. Credibility and trust of information in online environments: the use of cognitive heuristics[J]. Journal of Pragmatics, 59: 210-220.

Moreland R L, Myaskovsky L. 2000. Exploring the performance benefits of group training: transactive memory or improved communication?[J]. Organizational Behavior and Human Decision Processes, 82(1): 117-133.

Newcomb T M. 1961. The Acquaintance Process[M]. New York: Holt, Rinehart and Winston.

Ohly S, Sonnentag S, Pluntke F. 2006. Routinization, work characteristics and their relationships with creative and proactive behaviors[J]. Journal of Organizational Behavior, 27(3): 257-279.

Panahi S, Watson J A, Partridge H. 2012. Social media and tacit knowledge sharing: developing a conceptual model[J]. World Academy of Science Engineering and Technology, 64: 1095-1102.

Pang H. 2018. How does time spent on WeChat bolster subjective well-being through social integration and social capital?[J]. Telematics and Informatics, 35(8): 2147-2156.

Parker S K. 1998. Enhancing role breadth self-efficacy: the roles of job enrichment and other organizational interventions[J]. Journal of Applied Psychology, 83(6): 835-852.

Paulson D. 2003. Handbook of self-determination research[J]. Journal of Mind & Behavior, 24(1): 119-124.

Pitafi A H, Liu H F, Cai Z. 2018. Investigating the relationship between workplace conflict and employee agility: the role of enterprise social media[J]. Telematics and Informatics, 35(8): 2157-2172.

Pitafi A H, Ren M L. 2021. Predicting the factors of employee agility using enterprise social media: moderating effects of enterprise social media-related strain[J]. Internet Research, 31(5): 1963-1990.

Rice R E, Evans S K, Pearce K E, et al. 2017. Organizational media affordances: operationalization and associations with media use[J]. Journal of Communication, 67(1): 106-130.

Rico R, Sánchez-Manzanares M, Gil F, et al. 2008. Team implicit coordination processes: a team knowledge-based approach[J]. Academy of Management Review, 33(1): 163-184.

Schultz P P, Ryan R M, Niemiec C P, et al. 2015. Mindfulness, work climate, and psychological need satisfaction in employee well-being[J]. Mindfulness, 6(5): 971-985.

Sherehiy B, Karwowski W. 2014. The relationship between work organization and workforce agility in small manufacturing enterprises[J]. International Journal of Industrial Ergonomics, 44(3): 466-473.

Sigala M, Chalkiti K. 2015. Knowledge management, social media and employee creativity[J]. International Journal of Hospitality Management, 45: 44-58.

Sohn K, Kwon O. 2020. Technology acceptance theories and factors influencing artificial intelligence-based intelligent products[J]. Telematics and Informatics, 47: 101324.

Song Q, Wang Y, Chen Y, et al. 2019. Impact of the usage of social media in the workplace on team and employee performance[J]. Information & Management, 56(8): 103160.

Song S, Sun J. 2018. Exploring effective work unit knowledge management(KM): roles of network, task, and KM strategies[J]. Journal of Knowledge Management, 22(7): 1614-1636.

Spreitzer G M, Porath C. 2014. Self-determination as a nutriment for thriving: building an integrative model of human growth at work[M]//Gagné M. The Oxford Handbook of Work Engagement, Motivation, and Self-Determination Theory. New York: Oxford University Press: 245-258.

Sun Y, Zhu M Y, Jeyaraj A. 2023. How enterprise social media affordances affect employee agility: a self-determination theory perspective[J]. Information Technology & People, 38(1): 87-115.

Tajudeen F P, Jaafar N I, Ainin S. 2018. Understanding the impact of social media usage among organizations[J]. Information & Management, 55(3): 308-321.

Tang P M, Koopman J, McClean S T, et al. 2022. When conscientious employees meet intelligent machines: an integrative approach inspired by complementarity theory and role theory[J]. Academy of Management Journal, 65(3): 1019-1054.

Treem J W, Leonardi P M. 2013. Social media use in organizations: exploring the affordances of visibility, editability, persistence, and association[J]. Annals of the International Communication Association, 36(1): 143-189.

Umphress E E, Labianca G, Brass D J, et al. 2003. The role of instrumental and expressive social ties in employees' perceptions of organizational justice[J]. Organization Science, 14(6): 738-753.

Vaast E, Kaganer E. 2013. Social media affordances and governance in the workplace: an examination of organizational policies[J]. Journal of Computer-Mediated Communication, 19(1): 78-101.

Vaast E, Safadi H, Lapointe L, et al. 2017. Social media affordances for connective action: an examination of microblogging use during the Gulf of Mexico oil spill[J]. MIS Quarterly, 41(4): 1179-

1205.

van den Broeck A, Ferris D L, Chang C H, et al. 2016. A review of self-determination theory's basic psychological needs at work[J]. Journal of Management, 42(5): 1195-1229.

Vinarski-Peretz H, Carmeli A. 2011. Linking care felt to engagement in innovative behaviors in the workplace: the mediating role of psychological conditions[J]. Psychology of Aesthetics Creativity and the Arts, 5(1): 43-53.

Vinodh S, Prasanna M. 2011. Evaluation of agility in supply chains using multi-grade fuzzy approach[J]. International Journal of Production Research, 49(17): 5263-5276.

Volkoff O, Strong D M. 2013. Critical realism and affordances: theorizing IT-associated organizational change processes[J]. MIS Quarterly, 37(3): 819-834.

Wang Q W. 2023. The impact of AI on organizational employees: a literature review[J]. Journal of Education, Humanities and Social Sciences, 19: 45-53.

Wang Y L, Gray P H, Meister D B. 2014. Task-driven learning: the antecedents and outcomes of internal and external knowledge sourcing[J]. Information & Management, 51(8): 939-951.

Wegner D M. 1987. Transactive memory: a contemporary analysis of the group mind[M]//Mullen B, Goethals G R. Theories of Group Behavior. New York: Springer: 185-208.

Wei C, Pitafi A H, Kanwal S, et al. 2020. Improving employee agility using enterprise social media and digital fluency: moderated mediation model[J]. IEEE Access, 8: 68799-68810.

Wu L. 2013. Social network effects on productivity and job security: evidence from the adoption of a social networking tool[J]. Information Systems Research, 24(1): 1-51.

Yan M, Filieri R, Gorton M. 2021. Continuance intention of online technologies: a systematic literature review[J]. International Journal of Information Management, 58(1): 102315.

Yoon C, Rolland E. 2012. Knowledge-sharing in virtual communities: familiarity, anonymity and self-determination theory[J]. Behaviour & Information Technology, 31(11): 1133-1143.

Yoon K, Zhu Y G. 2022. Social media affordances and transactive memory systems in virtual teams[J]. Management Communication Quarterly, 36(2): 235-260.

Zhong X P, Huang Q, Davison R M, et al. 2012. Empowering teams through social network ties questionnaire[J]. International Journal of Information Management, 32(3): 209-220.

Zhou S H, Siu F, Wang M H. 2010. Effects of social tie content on knowledge transfer[J]. Journal of Knowledge Management, 14(3): 449-463.

Zhu M Y, Sun Y, Jeyaraj A, et al. 2021. Impact of task characteristics on employee agility: the moderating effect of enterprise social media visibility[J]. Internet Research, 31(3): 931-960.

第五篇　企业社交媒体应用与员工绩效

第 12 章 企业社交媒体与员工实时绩效反馈

惟十有三祀，王访于箕子。王乃言曰："呜呼！箕子。惟天阴骘下民，相协厥居，我不知其彝伦攸叙。"箕子乃言曰："我闻在昔，鲧堙洪水，汩陈其五行。帝乃震怒，不畀洪范九畴，彝伦攸斁。鲧则殛死，禹乃嗣兴。天乃锡禹洪范九畴，彝伦攸叙。"

——《尚书》

12.1 引子：堵塞与疏导

相传周武王灭商后，为了周朝的长治久安，他拜访了前朝的元老重臣，商纣王的叔父箕子，并向他请教治国之道。箕子通过鲧和禹治水的不同方法，向周武王陈述了安邦治国的基本准则。箕子认为鲧用堵塞的办法治理洪水，结果使洪水失去了本性，决堤乱流，破坏了基本准则，而禹的疏导之法才符合治国的标准。禹的疏导之法实际上就是行为经济学中的助推理论（Thaler and Sunstein, 2008）。助推理论的提出也是行为经济学家理查德·塞勒获得诺贝尔经济学奖的重要原因。具体来说，助推指的是一种通过设计环境或者改变选择结构来影响个体决策的方法。换句话说，助推并不是鲧的堵塞之法，它并不限制选择。这种方法利用了人类心理中的一些固有偏差和行为倾向，以此来促使人们做出更理想的决策。

现实生活中有很多助推的例子。谷歌在员工用餐区域使用较小的碗和勺子来减少食物浪费。这种做法利用了人们的视觉感知和盘子大小对食量的影响，从而减少了每次拿取食物的数量，进而减少了食物的浪费量。另外，类似 Uber 的移动平台 Bolt 使用数字助推方式来推广可持续的交通方式，通过向用户发送附近电动滑板车、电动自行车和叫车服务等信息，Bolt 成功地帮助大量用户改变了他们的出行习惯，从传统汽车转向更环保的交通工具，有效地减少了城市中的交通拥堵和空气污染问题。许多健康类应用程序利用助推的原理来帮助用户养成健康的生活习惯。例如，通过设置健康目标并定期发送鼓励性的提醒和提示，应用程序可以促使用户更频繁地进行锻炼、保持健康饮食和进行睡眠管理等。在金融领域，设计良好的退休金计划选择界面可以通过默认设置或者简单易懂的信息呈现方

式，来影响参与者做出更符合长期利益的决策，如可以选择自动增加退休储蓄的
选项或者合适的投资组合。总的来说，助推具有以下几个特点。

（1）非强制性：助推不限制人们的选择自由，而是通过设计环境或者改变信
息呈现的方式来影响决策，使人们更有可能做出某些特定的选择。

（2）潜移默化：助推的效果常常是潜移默化的，人们在不自觉中被导向做出
希望他们做出的选择，而不会感到被迫或者受到强制。

（3）利用认知偏差：助推利用了人们在决策过程中常见的认知偏差，如社会
规范、损失厌恶等，来引导他们朝着理性和有益的方向做出选择。

助推作为一种行为经济学的工具，不仅在商业领域有着广泛的应用，还在政
策制定、健康管理、环境保护等方面展现了巨大的潜力。合理设计并实施助推策
略，可以有效地引导个体和群体做出更理性、更有益的选择，从而推动社会的积
极变化和发展。在企业社交媒体平台上，助推尤其是数字助推起着至关重要的作
用。在当今快节奏的商业环境中，及时有效地向员工提供绩效反馈对于持续成长
和发展至关重要。作为一种重要的企业社交媒体，实时绩效反馈应用程序已经成
为促进员工之间频繁反馈交流的强大工具（Rivera et al.，2021）。然而，为了使
这些应用程序发挥出最大的效能，员工的参与至关重要。12.2 节探讨了如何使用
数字助推的方法来促使员工参与实时绩效反馈。

12.2　数字助推：提升参与度的策略

数字助推是助推在人工智能时代的表现形式。它是指通过数字技术、数据分
析和心理学原理来引导用户做出更好的决策和行为。它通常涉及在用户界面使用
策略和设计手段，以轻微的方式影响用户的选择和行为，而不强制改变他们的自
由选择。数字助推的关键在于助推而非强迫，其目的是通过设计和优化用户体验
来帮助用户做出对他们自身或社会更有利的决策。比如，在在线购物网站中，设
计者可以使用推荐算法或显示热销商品等功能，使用户购买更符合他们需求的产
品。以下是一些数字助推的常见应用。

（1）预设选项：将用户的选择设为对他们最有利的选项，但仍保留其他选择
的可能性。例如，默认订阅选项为每月捐赠，而用户可以选择每年捐赠或不捐赠。

（2）行为反馈：通过实时数据反馈来引导用户，如在健康应用中显示每日步
数目标，激励用户提高活动量。

（3）信息呈现：优化信息展示方式，使重要信息更显眼，从而影响用户决策。
例如，在金融应用中突出显示节省成本的长远好处。

（4）社会规范：展示其他用户的行为或选择，以影响新用户的决策。例如，

提示 "95%的用户选择了这一选项"。

我们的两项研究揭示了如何使用数字助推的方法来促使员工参与实时绩效反馈（Guo et al.，2022；Rivera et al.，2023）。在当今快速发展的复杂商业环境中，企业面临着快速取得成果和实现透明化的巨大压力。自 20 世纪 40 年代以来，传统的员工绩效评估一直是许多组织的基石，但由于其低效性和无法提供及时可操作的反馈而受到越来越多的批评。作为回应，许多组织逐渐从正式的、周期性的绩效评估转向持续的实时反馈。

传统绩效评估通常每年或每半年进行一次，由主管评估下属在上一阶段的表现。这些评估通常是正式的，涉及标准化表格，有时还包括员工的自我评估。尽管这种方法已经使用了几十年，但它存在若干局限性。

（1）频率低：一年一次或两次的反馈往往太迟，无法纠正正在发生的问题或鼓励持续的良好表现。

（2）存在偏见和不准确性：评估的主观性可能导致偏见，有些员工会觉得评估不准确。

（3）缺乏发展重点：传统评估往往强调过去的表现，而不是未来的发展和成长。

（4）员工焦虑：年度评估会导致员工在全年感到 "被蒙在鼓里"，从而产生焦虑。

实时反馈应用弥补了传统绩效评估中诸多不足之处，使得持续、即时的反馈成为可能。这些应用程序可以通过智能手机、平板电脑等访问，允许持续的沟通和评估。其主要优点包括以下几点。

（1）及时性：即时反馈以帮助员工实时了解自己的表现，从而进行快速调整和改进。

（2）频率高：持续的反馈确保员工定期收到反馈，能够提升员工的工作积极性和参与度。

（3）发展重点：实时反馈往往更具前瞻性，为未来的表现和成长提供指导。

（4）包容性：这些系统通常包括 360 度反馈，结合来自同事、下属和主管的反馈，从而实现更全面的评估。

很多企业和组织已经成功构建了实时反馈系统。

（1）桥水基金：这家对冲基金使用实时反馈应用来营造一种最佳创意胜出的精英文化。这一系统确保所有员工，无论职位高低，都可以提供和接收反馈。

（2）通用电气公司：通用电气公司用名为 "PD@GE" 的实时反馈工具取代了传统的绩效评估系统。新系统注重持续发展和灵活性，与通用电气公司动态的商业环境相契合。

（3）医疗行业：医院开始使用实时反馈工具来提高患者满意度和运营效率。

通过在医疗服务过程中提供即时反馈，这些系统有利于帮助降低成本并改善成效。

　　总的来说，员工渴望定期、高质量的反馈，以便能够呈现最佳表现。然而，许多组织仍然依赖过时的年度或半年度评审，这些绩效考核无法及时提供具有可操作性的见解。通过数字平台构建的实时反馈系统提供了一个很好的解决方案，使得及时和相关的反馈交换成为可能。实时反馈专注于持续改进和及时指导，这在促进员工发展和提高满意度方面更为有效。如前所述，越来越多的企业采用实时反馈应用程序，来提供即时和相关的反馈。然而，这些应用程序的成功应用取决于员工各个层面的采纳和定期使用。数字助推的作用就在于此，其通过发送简短的消息来鼓励应用程序的使用，这可以显著提高员工对实时反馈应用的参与度。我们与企业合作通过实地实验的方式来研究数字助推对员工参与度的影响。在一家金融公司，超过 250 名员工参加了我们的实地实验。在公司环境中进行实地实验可以在真实的背景下测试理论和假设，比在实验室环境中获得的结果更实用和适用。另外，它也使得我们的研究结果更容易推广到类似的真实世界情境中。

　　我们的研究使用了名为 DevelapMe 的实时反馈应用程序。该手机应用程序最初是为了评估学生项目团队而开发的，但如今已经商业化，并且在从小型初创公司到《财富》世界 500 强企业等各种规模的组织中得到了应用（Rivera et al.，2021）。DevelapMe 允许每个企业根据其特定的业务目标调整工具。每个评估都根据 1～5 分的评分标准进行计算，其中 1 分代表最低分数，5 分代表最高分数。该应用程序通常涵盖 5～10 个能力领域的反馈评估，每个领域使用 2～4 个问题进行评估。此外，客户还可以添加其他项目，如目标进展和评论框，员工可以在其中提供基于文本的意见。用户使用该应用程序时，打开后选择"提供反馈"或"请求反馈"图标，选择请求其他员工给予反馈或向其他员工提供反馈。当用户选择请求其他员工给予反馈时，被指定的同事会收到设备通知，提醒他们有待处理的反馈请求。当用户选择向其他员工提供反馈时，他们可以为同事评分。用户还可以提供基于文本的评论以进一步说明他们的反馈。在提交反馈之前，用户可以选择显示其姓名或匿名发送。除了特定的反应外，DevelapMe 还跟踪员工在每个能力领域的进展情况。每个用户都可以查看其汇总分数和个体反馈。此外，高级管理层及领导团队可以随时审查和跟踪员工的评级，并利用这些信息进行关键业务决策。

　　我们在 DevelapMe 上用实地实验的方式来研究不同形式的数字助推的有效性。参与者在实地实验中会被随机分配到不同组，以保证我们可以有效地识别因果关系。对照组的参与员工不会收到任何电子消息，这意味着没有数字助推。实验组的参与员工会收到不同种类的数字助推。第一种数字助推是社会规范。我们向参与者介绍了他们所在企业已经提供反馈的员工人数。比如"上周有超过 43 位用户提供了反馈。请在 DevelapMe 平台上为您的同事进行评价"。社会规范是在一个特定的社会或群体中被普遍接受和遵守的行为准则、规则和期望。它们是无形的社会契约,通过约束和引导个人行为来维持社会秩序和团结。由于社会规范告诉人们在特定情况下应如何实施行为,我们的预期是社会规范的数字助推将会提高员工的参与度。

第二种数字助推是强调任务的重要性。比如,我们会发送电子信息:"反馈是提高员工绩效和促进组织实现高效人力资源管理的重要途径。请在 DevelapMe 平台上对您的同事进行评价。"任务重要性指的是任务的感知重要性及其对他人的影响。强调反馈重要性的提示可以激发员工的内在动机。通过将反馈框架化为有意义且有影响的活动,这些提示可以鼓励员工提供更加周到的服务和做出更大贡献。

第三种数字助推是认知负荷。认知负荷是指一个人在执行某项任务或处理信息时所需要投入的认知资源量,这包括注意力、工作记忆和思维能力等。认知负荷理论认为,人们的认知资源有限,而不同任务对这些资源的消耗程度也不同。举例来说:当一个人在驾驶汽车时使用全球定位系统(global positioning system,GPS)导航时,他不仅要集中注意力驾驶汽车,还要同时处理导航系统提供的信息,如路线指示和道路交通状态等。这种情况下,驾驶本身已经消耗了大量的认知资源,再加上导航信息,会增加认知负荷。又如,在开会时同时记笔记和听讲,或者在处理复杂的工作项目时还要收发电子邮件和接打电话。这种情况下,个体需要不断切换注意力和处理多个任务,这也增加了认知负荷。诺贝尔经济学奖得主 Kahneman(2013)在他的著作《思考,快与慢》中指出人类大脑通过两条主要的认知路径来处理信息:系统 1 是快速且自动的,系统 2 是缓慢且深思熟虑的。系统 1 和系统 2 的理论反映了驱动人类决策的两种不同思维模式。

(1)系统 1 自动且快速地运作,几乎不需要努力。它是直观的、迅速的,通常是潜意识的。系统 1 负责即时反应和判断,如识别人脸或补全常见的短语。它依赖于启发式思考(心理捷径),并且由于依赖直觉思维,容易产生偏差和错误。

(2)系统 2 较慢、更有意识,且需要有意识的努力。它可以执行复杂的推理、问题解决和决策等任务,这些任务需要仔细考量。当你做一些需要更深入思考的事情时,比如解决数学问题或做复杂决策时,你会使用系统 2。这个系统更具分析性,但也更耗费资源。

Kahneman 的理论强调了这两个系统是如何互动的,以及系统 1 的快速直观判断为何容易导致认知偏差和错误,而系统 2 的有意识的反思性方法可以帮助减少这些问题,但并不总是被启用。数字助推的时机可以影响激活不同的认知系统。早晨的助推可能被认知负荷较低的员工收到,使他们更容易写出深入和详细的反馈。相反,下午的助推可能遭遇较强的认知负荷,导致较低的参与度和反馈质量。所以,我们会在早晨和下午两个不同时间段来发送电子信息,从而改变认知负荷。

我们的研究发现，早晨助推比下午助推产生了更多和更高质量的反馈。员工在早晨的认知参与度更高，能够提供更详细的反馈。同时，任务的重要性可以提升参与度。强调反馈重要性的提示比普通提示带来更多的贡献和更详细的评论。强调反馈对同事的积极影响可以驱动更有意义的参与。另外，基于社会规范的数字助推显著增加了员工提供的反馈数量。

对于旨在促进持续改进文化的管理者和组织来说，战略性地使用数字助推可以带来变革。通过理解社会规范、任务重要性和认知负荷的心理学原理，设计数字助推可以显著增强员工对实时反馈应用的参与度。通过利用这些原理，组织可以营造一种持续改进和发展的文化，从而提高员工的满意度和绩效。比如，早晨实施助推并强调任务重要性，可以最大化员工在反馈过程中的参与度。这种方法不仅提升了反馈质量，还营造了促进协作的工作环境。数字助推是强化组织实时反馈系统的强大工具。通过仔细考虑这些助推的时机和内容，管理者可以显著提高反馈的频率和质量。随着组织继续拥抱数字化转型，我们的发现可以促成更有效和响应更迅速的反馈文化，从而最终推动更高的绩效和员工满意度。我们的研究凸显了数字助推在转变绩效反馈过程中的潜力，并提供了有效实施这些策略的实际办法。通过精心设计和持续评估，组织可以创造一种反馈频繁且有意义和影响力的环境。

12.3　绩效管理的演变：拥抱实时反馈

随着组织面临越来越大的全球竞争压力，员工关键技能和能力的发展变得越来越重要。如前所述，经典的定期正式绩效评估模型无法为员工提供及时的反馈以提升日常绩效和能力。新的基于互联网应用程序的系统使管理者和员工能够实时提供反馈，并根据需要进行反馈。个人可以使用这些系统为组织内的任何用户提供一系列关于关键绩效指标的反馈。接收者可以实时查看反馈，组织领导者可以跟踪个人和整个组织的工作进展情况。这些实时、基于应用程序的系统可以与经典的年度评估模型结合使用，也可以根据组织需求完全取代正式评估。

另外，随着全球范围内社交网络的不断成熟，其庞大的用户基础和使用模式表明了它在纯社交之外的潜在用途。确实，工作场所人口结构的世代变化使得信息系统中社交网络功能的需求更加明显，因为年轻员工推动了技术态度和观念的变化。预计到 2025 年，偏好使用技术进行沟通并寻求持续反馈的"千禧一代"将占劳动力的 75%。同时，"Z 世代"（"千禧一代"之后的一代）将占劳动力的 24%（Petryk et al.，2022）。随着年轻的世代群体对社交媒体的偏好超过其他沟通方式，这无疑将加速工作场所社交网络的使用。年轻的世代群体普遍偏好使用技术进行沟通,寻求即时沟通和持续反馈,这一需求也必须在工作场所得到满足。最合适的解决方案是通过社交网络移动应用技术提供实时反馈。然而,尽管社交媒体技术在个人层面上继续得到应用,但组织在采用方面却常常滞后。许多组织尚未利用社交网络技术提供实时员工反馈,而那些已经采用的组织也没有利用由此产生的数据来了解员工网络。认识到实时反馈技术在激励和吸引现代劳动力方面的好处,数字领导者会将其纳入他们的战略之中。为响应这些新兴趋势,组织正在重新设计绩效评估系统,并开发利用数字沟通工具(如实时反馈应用程序)来构建与员工绩效、能力和目标相关的实时绩效反馈系统。随着这一趋势的发展,组织应考虑使用新的方法来分析反馈数据。

　　本节探讨了从传统绩效评估到实时反馈应用的转变,考察了它对员工绩效和工作场所关系的影响。我们的一项研究对实时反馈应用进行了探索,揭示了这种系统对员工绩效和工作场所动态的重要影响(Rivera et al., 2021)。我们发现,来自主管的反馈往往比来自同事或下属的反馈更具批判性。这种差异会影响员工对反馈的接受程度。另外,男性员工对女性的评分高于对其他男性的评分,而女性对男性和女性的评分相似。我们的发现对绩效管理系统的设计和实施具有重要意义。企业应意识到潜在的偏见,并努力设计能够减少这些问题的反馈系统。这可能包括对反馈提供者进行培训,并在适当情况下确保匿名。总的来说,从传统绩效评估到实时反馈系统的转变代表了绩效管理的重大演变。这些新系统提供了许多好处,包括及时反馈以及能够整合多元化的观点。随着组织继续引领这一转变,其必须考虑动态反馈的影响,并努力设计公平有效的系统,促进员工成长和组织成功。绩效管理的未来在于持续的、实时的反馈,支持在不断变化的商业环境中快速创新。

　　在我们的另一项研究中,我们使用移动应用程序收集关于组织内部反馈给予者和接收者互动的数据,形成反馈网络(Petryk et al., 2022)。通过利用相关的网络衡量指标,组织和管理者可以量化每个员工在反馈网络中的职责,并更好地了解它对个人、团队和组织的绩效的影响。在此项研究中,我们追踪因绩效评估而产生的个人之间的联系,并利用这些关系评估个人在所形成的网络结构中的嵌入性,以确定其对评估结果的影响。基本的网络理论认为,网络关系可以为连接的节点提供更多广泛的信息(Granovetter, 1985)。在我们的研究中,当评估者选择进行评估时,意味着他们已经与被评估人进行了互动。嵌入性理论强调,关系的社会结构反映了经济关系的模式(Granovetter, 1985)。根据 Grewal 等(2006)的研究,我们使用位置嵌入性来捕捉工作场所的绩效评估网络的结构。位置嵌入性代表员工与其他有影响力的员工的连接:在我们的研究中,这意味着评估者向其他同事提供反馈,而这些同事本身也向许多人提供或接受反馈。根据先前的文献,我们使用特征向量中心性指标来捕捉位置嵌入性(Bonacich, 1987)。因此,我们研究的主要问题是一名员工的位置嵌入性在多大程度上影响他们通过实时反馈应用程序对他人进行评分。我们的研究结果表明,具有高位置嵌入性的员工会给他人更高的评分。我们从网络中位置嵌入个体的影响力和声誉的角度解释我们的发现。首先,由于与其他有影响力节点的连接,有影响力评估者的反馈在网络中传播得更广泛,设定了其他人跟随的评分方向。其次,位置嵌入性更高的个体也更倾向于关心组织声誉,因为这是他们自身声誉的一部分。因此,在我们的研究中,具有较高位置嵌入性的评估者对整体评分的责任感更强,会给群体成员更高的评分。

社会科学家一直对理解个体的社会位置及其对行为的影响非常感兴趣。我们的工作通过考虑个体在社会网络中的位置嵌入性如何影响他们的决策,进一步丰富了这一讨论。具体来说,我们的研究结果表明,通常情况下,具有高位置嵌入性的反馈者倾向于给予更高的评分,表明对同事和员工负有更多责任可能使他们给予更高的评分,或者对整体团队声誉的高度关注使他们给予更高的评分。值得注意的是,实时反馈技术的发展使我们能够构建绩效反馈网络。在传统的绩效管理系统中,评估频率较低,很难构建一个综合的绩效反馈网络。通过实时的反馈技术,管理者可以识别绩效反馈网络中的高度中心人物,从而更有效地利用绩效管理系统。

近几十年来,绩效评估一直是一种旨在记录员工绩效和分配奖励的商业实践。最近,由于实时反馈技术和社交网络的发展,企业开始采用更灵活的反馈形式以取代传统的评估方式。实时反馈技术能够提供具体且即时的微反馈,对提高员工绩效有很大的帮助。2014 年,美国有 12% 的公司取消了年度评估,英国 2/3 的大公司大幅修改当时的系统,以更实时、持续的方式取代传统方法(Cappelli and Tavis,2016)。捕捉和分析员工网络内的反馈和对话互动将成为绩效管理中的重要创新。

参 考 文 献

Bonacich P. 1987. Power and centrality: a family of measures[J]. American Journal of Sociology, 92(5): 1170-1182.

Cappelli P, Tavis A. 2016. The performance management revolution[J]. Harvard Business Review, 94(10): 58-67.

Granovetter M. 1985. Economic action and social structure: the problem of embeddedness[J]. American Journal of Sociology, 91(3): 481-510.

Grewal R, Lilien G L, Mallapragada G. 2006. Location, location, location: how network embeddedness affects project success in open source systems[J]. Management Science, 52(7): 1043-1056.

Guo X, Shan G, Rivera M, et al. 2022. Improving response to digital nudges: social norm appeals in real-time feedback applications[R]. Working Paper.

Kahneman D. 2013. Thinking, Fast and Slow[M]. New York: Farrar, Straus and Giroux.

Petryk M, Rivera M, Bhattacharya S, et al. 2022. How network embeddedness affects real-time performance feedback: an empirical investigation[J]. Information Systems Research, 33(4): 1467-1489.

Rivera M, Guo X, Shan G H, et al. 2023. Stimulating feedback contributions using digital nudges: a field experiment in a real-time mobile feedback platform[EB/OL]. [2025-03-15]. https://aisel.aisnet. org/icis2023/user_behav/user_behav/23/.

Rivera M, Qiu L F, Kumar S, et al. 2021. Are traditional performance reviews outdated? An empirical analysis on continuous, real-time feedback in the workplace[J]. Information Systems Research, 32(2): 517-540.

Thaler R H, Sunstein C R. 2008. Nudge: Improving Decisions about Health, Wealth, and Happiness[M]. United States: Yale University Press.

第 13 章　企业社交媒体与员工创造绩效

　　桓公曰："定民之居，成民之事，奈何？"管子对曰："士农工商四民者，国之石民也，不可使杂处，杂处则其言咙，其事乱。是故圣王之处士必于闲燕，处农必就田野，处工必就官府，处商必就市井。今夫士群萃而州处间燕，则父与父言义，子与子言孝，其事君者言敬，长者言爱，幼者言弟。旦昔从事于此，以教其子弟，少而习焉，其心安焉，不见异物而迁焉。是故其父兄之教不肃而成，其子弟之学不劳而能。夫是故士之子常为士……"

——《管子·小匡》

13.1　引子：管仲"四民分业"与创造绩效

　　生产过程中及时的信息传递、知识转移对员工创造绩效有重要的影响。早在我国春秋时期，管仲实施"四民分业"政策，将读书人聚集在一起，在空闲的时候长辈与子辈之间就会谈论礼义廉耻，宣扬尽孝之道，侍奉国君的人会商量如何恪尽职守，年幼的孩子追求兄弟和睦。在这种环境的熏陶下，士人的思想正统安定，士人的后代就一直是士人。将工匠聚集在一起，从早到晚从事产品生产，子弟自然受到熏陶，会互相谈论工作、互相交流技艺、互相展示成果。这样，工匠的后代就一直是工匠。将商人聚集在一起，让他们一直贩卖产品，与货币打交道，后代受到熏陶，就会互相谈论生财之道、互相交流赚钱经验、互相展示经营手段。这样，商人的后代就一直是商人。将农民聚集在一起，让他们专心致志地劳作，孩子们在耳濡目染中学会技艺，长大后自然会来帮忙，这样农民的后代就一直是农民。"四民分业"政策在当时不仅是对国家体制的重大改革与对经济区域划分的重大措施，而且从理论上提出了"士农工商"四大社会成分层次的划分和"四民分业"集中定居的主张，在实现维护社会稳定目的的同时，提高了劳动者间的信息传递与生产技能学习效率，促进了生产技能学习与代际传承，因而整体上提高了个体的创造绩效，主要体现在以下三个方面。

　　其一是提高了信息传播的效率。"百工居肆以成其事"，在没有现代技术的背景下，信息传播极为不便，如果各个行业的劳动力分散而各自为业，显然会使得生产成为一个人或一家人的工作，而"四民分业"定居的举措使得同一生产行业的人群聚集在一起，生产的信息传播与商品的流通变得更加容易和高效，因而营造了一种有利于推动专业化的环境。如果在生产中某位"员工"灵光一闪，这种创造会很快在这个集聚群体中传播，因而"四民分业"很好地弥补了当时信息传播的不便，从而提高了劳动者的信息沟通效率。

其二是有利于先进的生产技能在组织中传承。"建国君民，教学为先"，我国历来有传承的传统，子承父业在古时更是天经地义，子承父业的朴素思想体现的是对技术传承与发展的重视，有利于实现专业化分工。在一个家族中，父母会毫无保留地将技艺传授给后代，并尽力引导后代的发展之路，而子女在这种环境的影响之下，也会更容易接受并学会这门技术。这与未出现企业社交媒体时，现代组织中生产技艺的"师徒传承"模式极为相似，熟练的工人在实践中逐渐积累的"窍门"等非结构化知识通过某种非正式组织进行传递，使得新员工在快速掌握生产技能的同时，提高自身的创造绩效。因此这些源于生产实践的经验累积是组织生产过程中宝贵的知识，但企业社交媒体出现前组织并没有很好的办法发挥或完全发挥其价值。

其三是在相互学习中提高了生产创造能力。"君子学以致其道"，从管仲和子夏的思想中我们可以看出他意识到劳动者的技能学习会受到周围环境的影响，但在当时交通工具匮乏、人们往来困难、信息本就闭塞的情境下，先进的劳动技能几乎很难实现大范围扩散。"四民分业"的实施使得同一个行业的人集聚在一起，有利于人们在生产环境中耳濡目染，便于人们模仿其他生产经验丰富的劳动者并吸收专业知识，一项先进的生产工艺更容易实现快速普及，从而能够更快地培养大批有熟练技艺的劳动者，极大地提高劳动生产率。

管仲在一个物理交通不便和信息传递相对闭塞的时代实施"四民分业"政策，在较大程度上提高了劳动者间信息传递的效率，进而提高了生产绩效，一时使得齐国国力空前强大。在当今社会，虽然我们拥有全新的生产环境，信息技术的爆炸使得人们的信息沟通早已超越了时空限制，生产也早已跨越"小而美"进入社会化大生产时代，生产技艺的传承也不再是口传心授，但 2000 年前的智慧在新的时代得到了全新的应用。不论是古代还是现代，先进的生产技艺的快速传递与普及在组织生产过程中都发挥了重要作用。组织生产过程中的一次及时的信息传递可能会避免一次生产失误，一次经验知识的分享可能会带来生产工艺的创新，乃至会促使一种新产品诞生，使得组织在既有生产技能传承的基础上不断地推陈出新。

13.2 员工创造绩效

"员工创造力"通常被定义为产生新颖而有用的想法（Amabile，1988），是个体特征、情境因素以及人与环境之间相互作用的最终产物（Woodman et al.，1993）。在影响员工创造力的众多因素中，个人特征包括动机、认知风格、个人性格、工作态度等。情境因素包括工作特征、组织支持、领导风格和社交网络等。随着现代信息技术逐渐渗透到人类社会的各个领域，学者检验了社会化信息技术应用与用户创造力的相关性，证明了技术使用（Ali et al.，2019）或技术能力（Chung et al.，2015）对个体创造绩效的影响。

在先秦，管仲因地制宜地实施了"四民分业"措施，在现代企业生产中，与"四民分业"促进生产绩效提升有异曲同工效果的措施之一就是企业社交媒体的使用。作为全球科技创新的领头羊，谷歌深知员工创造力对于公司持续发展的重要性。谷歌管理层在《重新定义公司：谷歌是如何运营的》中提到谷歌使用"创意时间"来提升员工创造绩效，在"创意时间"，谷歌允许员工每周花费一定的工作时间来探索自己感兴趣的项目。除此之外，谷歌还构建了强大的内部社交媒体平台，如 Google+（研究过太空电梯、从海水中提取价格亲民的燃料、自动驾驶汽车、投递包裹的无人机）和工作聊天工具 Hangouts（环聊）①。这些平台不仅促进了跨部门、跨地域的信息快速传递，还为员工提供了一个知识共享与思想碰撞的舞台。员工可以轻松地分享技术心得、提出新想法或寻求合作伙伴，在较大程度上激发了团队的创造力并提高了协作效率。许多谷歌的明星产品或服务，如 Gmail 和 Google Drive，最初都源于这样的非正式创意交流。

此外，以开放的企业文化和高度依赖企业社交媒体传播创新理念而闻名的特斯拉，在公司内部鼓励员工使用企业社交媒体（包括公司官方账号和个人账号）分享最新技术、设计理念以及用户故事，这种策略不仅提高了品牌曝光度，更重要的是，它构建了一个全球性的创新网络。特斯拉的员工可以迅速获得来自世界各地的反馈与灵感，进而在产品开发、市场策略上做出更加精准且富有创造力的决策。例如，特斯拉通过企业社交媒体发起的"黑客松"（Hackathon）活动，邀请全球开发者参与电动车软件的优化与创新，这些活动不仅激发了外部创新力量，也带动了内部员工的创造热情。

近年来，《华尔街日报》等多家主流媒体也广泛报道了企业社交媒体的使用所产生的正面效应，探讨企业社交媒体如何成为企业内部创新的加速器，指出通过即时通信工具和在线协作平台，企业能够更快地响应市场变化，实现产品和服务的迭代升级。《福布斯》杂志也关注到了随着人工智能技术的融入，企业社交媒体正变得更加智能化，人工智能技术能够基于大数据分析为员工推荐相关学习资源、潜在合作伙伴等，进一步提升员工的创造绩效。

---

① Hangouts 是一个文字、视频和语音聊天应用。2022 年 11 月，谷歌将 Hangouts 用户转向 Google Chat，后者是该公司为企业提供的即时通信应用。

具体来说，本章我们讨论当今人工智能时代下社交媒体的使用如何对员工创造绩效产生影响。在既有智慧的基础上，我们从信息传递、知识转移视角关注企业社交媒体应用对员工创造绩效的正面和负面影响及在人工智能迅速发展背景下这些影响的新变化。

13.3　企业社交媒体使用、信息传递与员工创造绩效

在组织中，不确定性程度可以转化为与组织中的控制、沟通和协作相关的信息需求，这些信息需求可以通过适当的信息系统和技术得到满足，如在信息技术快速发展的背景下，企业可以通过基于信息技术的控制来满足员工生产过程中的各种信息需求，以增强员工的创造绩效（Gupta et al.，2019）。实际上，为了有效应对信息处理挑战，组织已广泛使用以数据为中心的商业智能和通信方法，如数据收集、数据仓库等，从收集到的数据中提取情报和共享实时信息，信息技术和数据管理的这种进步可以明显提高组织及员工的信息处理能力。信息处理能力在信息技术情境下被定义为信息技术对各种活动的支持（Premkumar et al.，2005），也被称为信息技术支持的功能。也就是说，信息技术是在组织中管理和共享信息与知识的中央系统，企业社交媒体作为一种信息系统允许用户具有以下权限："①与特定同事交流消息或向组织中的每个人发布消息；②指定特定同事为交流对象；③对自己或他人的文本与文件进行发布、编辑以及排序等操作；④能够查看组织内其他人所传达、发布、编辑和分类的消息、文本及文件。"（Premkumar et al.，2005）

与组织中使用的其他通信工具相比，企业社交媒体为组织员工之间的沟通提供了一个平台，员工可以通过该平台从其他成员的沟通中学习，因此企业社交媒体为促进组织内部非正式信息的传递和增强员工的信息处理能力提供了前所未有的机遇，员工可以利用它来更充分地挖掘和利用公司内部的非正式信息。大多数管理者认为，企业社交媒体对提高组织中员工创造绩效有重要意义，实践中也可以观察到，近年来越来越多的组织投资于企业社交媒体技术，但遗憾的是其并不总是能帮助公司提高信息传递效率以及员工创造绩效，因此探讨员工在日常工作中如何深入使用企业社交媒体对于加深企业社交媒体使用的理解至关重要，这有利于有效地实现组织的业务目标并帮助其做出正确的决策。

企业可以购买或构建自己的社交媒体，以促进员工之间的交流、协作和知识共享（McAfee，2006）。企业社交媒体的使用方式不仅取决于其功能，而且还取决于用户的日常工作，个人可以选择在他们的日常工作中使用哪些功能（Richter and Riemer，2013），因而如何使用企业社交媒体是具有创新性和创造性的课题，

此外，企业社交媒体的使用还取决于员工个人与工作环境。由于信息系统（如企业资源计划）可以被视为信息处理的机制，企业社交媒体使用的创新形式将来自寻求信息处理需求和能力之间契合的过程。

先前的研究已经证明了企业社交媒体使用所应具有的情境特征。例如，研究人员可能会发现在一些组织中，决策支持系统用于支持市场营销或战略规划，而在另一些组织中，它们则用于提高供应链管理中的运营效率（Fairbank et al.，2006）。当然，企业社交媒体使用的重点，除了其功能和创造性使用方式，更为关键的是如何用它来提高员工创造绩效，进而更有效地实现业务目标。

在我们的一项研究中，我们使用案例研究的方法来研究钉钉和 Workplace 的使用模式，以说明企业社交媒体是如何嵌入员工的日常工作中，促进信息传递并提高员工创造绩效的（Sun et al.，2020a）。钉钉是由阿里巴巴集团于 2014 年发布的新兴企业协同平台，是中国最受欢迎的企业社交媒体之一。它着眼于中国企业的现状，致力于帮助中国企业发展和实现智能移动办公室的概念，使工作更轻松、更安全、更高效，提高企业沟通和运营的效率。它为员工提供消息通知功能，支持电话及视频会议，可进行电子邮件交流，能实现日程安排、任务管理、文件共享、业务讨论、商务审批以及资源预约等操作。自发布第一个版本以来，钉钉的客户数量迅速增长，并被许多组织甚至某些地方政府机构使用。2024 年 1 月 9日，在钉钉 7.5 产品发布会上，钉钉总裁叶军公布了最新用户数字和商业化数据：截至 2023 年底，钉钉的用户数已达 7 亿人，包括企业、学校在内的各类组织数达 2500 万个。Workplace 于 2016 年由 Facebook 正式发布，是许多知名企业（如沃尔玛、星巴克、可口可乐等）使用的一种流行的企业社交媒体，它致力于促进公司内部信息和知识的自由流动，使组织更加开放和透明。我们整合来自多个组织使用钉钉和 Workplace 的数据，包括钉钉和 Workplace 分别在其官网上分享的二手数据、在线新闻，并就公开演讲和媒体采访进行案例分析。此外，为了确定中国的创新用例，我们采访了钉钉各个级别的员工，包括其首席执行官和副总裁，共进行了 27 次访谈，分析了企业社交媒体在企业中的实践情况。我们还对使用钉钉的两家中国企业进行访谈，并收集了定性数据。

组织信息处理理论为我们提供了关联两者的独特视角。组织信息处理理论将组织视为信息处理系统，它们在任务执行期间收集、解释和综合各种信息。从信息处理的角度出发，任务绩效受到组织任务的信息处理需求与其信息处理能力契合度的影响，该理论被广泛应用于供应链管理、创新管理、跨国企业管理及信息系统等各个领域。

组织信息处理理论明确了三个关键概念，即信息处理需求范畴、信息处理能力范畴以及信息处理需求与能力二者之间的契合程度。首先，信息处理需求范畴在不同组织之间以及组织内的不同任务之间是不同的。其次，该理论强调了降低由缺乏有关任务状态、环境等信息引起的不确定性的重要性。任务的歧义性和不确定性越强,需要处理的信息就越多。因此,存在多种协调模型,并且它们在适用于处理各种类型和数量的不确定性程度方面有所不同。组织信息处理理论有两种解决歧义和不确定性的策略:第一,开发缓冲区以降低不确定性;第二,提高信息处理能力以获得更多信息。第二种策略的典型方法是在组织中构建信息系统。例如,可以将企业社交媒体看作是一种具有信息提供功能的特殊信息处理机制,考虑到其可塑性,组织信息处理理论认为企业社交媒体的使用至少部分取决于信息处理要求的数量和类型。最后,为了获得更好的性能,组织必须将企业社交媒体的功能与他们的需求相匹配。通过案例研究,我们发现企业社交媒体使用至少在以下四个方面影响信息传递与员工创造绩效。

第一是提高信息分享与接收的便捷性,进而提高员工创造绩效。一些大型且分散的组织倾向于使用 Workplace 与所有人共享过往最佳的实践经验。印度政府雇用了大约 29 万名教师,他们分布在各个地区和城镇。在使用社交媒体后,老师可以用 Workplace 实时与大家分享他们学校采取的有效举措等信息,老师会从这些信息中学习知识以提高自身在教学中的创造性。政府通过三个简单的步骤来实现这一目标:第一,创建一个开放的小组,成员为来自各个地区和城镇的教师;第二,发表一个传达这个小组目标的置顶帖子;第三,鼓励老师以各种方式,如以文字、视频、图片和实时视频等方式分享学校的最佳做法,其他老师可以利用他们的移动设备处理信息,并从中获取知识。

在人工智能快速发展的背景下,信息分享与接收的便捷性得到进一步提升。首先,人工智能技术能够帮助企业分析基于企业社交媒体产生的用户兴趣和行为模式,从而智能推荐相关内容。例如,在 Workplace 这样的平台上,人工智能可以向教师推荐其可能感兴趣的教学方法和最佳实践,帮助他们更快地获取信息和有针对性地吸收知识,进而提高创造绩效。其次,自然语言处理技术在分析文本等非结构化数据方面有着天然的优势,企业借助自然语言处理(natural language processing,NLP)技术,可以解析和翻译企业社交媒体上具有不同语言特征的内容,使得企业内外部信息能够在更大的范围内被员工更加便捷地传播和接收,以提升绩效。最后,增强现实和虚拟现实能够为员工创造绩效提供更多技术方面的实现途径,企业员工基于新型增强现实和虚拟现实技术创造出拥有更加沉浸式信息体验的产品,提高信息传递的有效性,如在上述案例中教师可以通过增强现实和虚拟现实技术,为学生创建全新的虚拟现实学习场景,提高教学效果,此时员工创造绩效的提高体现在实现目标的方式方法创新。

第二是提高信息传递透明度,进而提高员工创造绩效。企业社交媒体的使用有利于提高信息传递的透明度,我们发现几乎所有使用钉钉的组织都通过提高信息透明度来提高员工之间沟通效率以及促进员工之间协作,因而创造绩效得到提高。当经理在钉钉上的群组中发布公告时，他可以在"已读"中知道谁已经阅读了该通知，谁还没有。如果长时间有人未阅读此通知，则管理员可以使用钉钉上的"DING"功能直接通知他们，员工则可以通过计算机或其他移动终端接收此通知。通过钉钉，企业可以建构清晰的组织结构，员工可以利用通讯录查找不认识的员工，并与其沟通，而无须证明自己的身份。因而，企业社交媒体的使用有利于提高信息传递透明度，促进员工即时协作，从而提高创造绩效。

在人工智能背景下，上述机制也得到了强化。首先，人工智能技术能够实时分析群组内的互动数据，如消息阅读量、回复率等，帮助管理员了解信息传递的效果，并及时调整策略。其次，基于历史数据和当前趋势，人工智能可以预测未来可能的信息流动模式，帮助企业和员工更好地规划和优化信息传递策略。最后，人工智能可以根据预设的条件自动发送通知，如当某个重要消息被忽略或未被回复时，系统自动触发"DING"功能来通知相关人员，这些功能进一步促进了企业社交媒体在提升员工创造绩效方面的正向作用。

第三是拓展信息传递与处理的时间与空间，进而提高员工创造绩效。最常见的数字工作流程是审批流程，其有助于提高日常工作效率。员工可以在钉钉上向经理提出审批请求，经理可以在手机上审批请求。这样，员工可以节省他们访问经理办公室的时间和精力，尤其是当经理不在办公室时，经理依然可以在手机上审批请求。当经理在请求即将到期时仍未处理或请求需要紧急批复时，员工可以通过"DING"功能及时与上级直接沟通，以便及时完成批准流程。组织生成的每日数据在钉钉上进行汇总和处理，并作为报告显示，可以直接发送给管理人员。一些公司还将自己的相关应用程序与钉钉集成在一起，以使企业社交媒体更适应其工作流程需要。例如，轮胎制造商——中策橡胶集团集成了一套质量管理和监控软件，直接汇总日常生产测试数据，并且可以在钉钉上自动生成图表。那些经常出差的经理可以立即查看各种类型的数据，随时通过手机关注公司的动态。这有助于员工在日常繁忙紧凑的工作中腾出更多自由时间，并实现信息处理的即时性，时间资源对于创造力的提升不言而喻，因而企业社交媒体通过节约信息传递时间，提高员工的创造绩效。

第四是减少信息噪声提高信息处理的准确性，进而提高员工创造绩效。例如，人力资源经理可以使用内部通讯录的用例来生成和更新员工的联系信息，每个成员都需要按照其直接主管的要求每天、每周或每月报告其工作，该主管将通过日志的用例评估其工作绩效。一些公司，如阿里巴巴集团，在钉钉上集成了其他应用程序（考勤管理系统、薪酬发放管理系统以及员工福利管理系统等），使得人力资源管理更加准确和有效。智能打卡功能可以发送员工的位置信息，因此公司可以准确记录他们的实际出勤情况。在外面工作的员工使用日志记录并报告他们的日常工作，数据可以以报告的形式汇总。所有数据都可以在手机上看到并存储在钉钉上，这不仅可以帮助经理及时识别高绩效的员工，还可以为一线团队的日常工作评估提供准确的依据。在这个过程中，社交媒体的使用显著减少了信息噪声，保留了真实的工作日志记录，有利于减少员工工作中的"机会主义"行为。员工绩效的真实评估也有利于人力资源部门激励策略的有效实施，因而可以调动员工创造积极性，提升员工创造绩效。

在人工智能背景下，企业社交媒体的作用得到进一步发挥。第一，人工智能技术能够辅助或完全自动化审批流程，依据预设规则自动判定请求是否通过。第二，人工智能技术能够进行智能数据分析，自动分析并处理大量数据，生成直观的报告或图表，帮助管理人员快速了解公司动态，并做出正确决策。第三，结合人工智能技术的移动应用程序，能为员工带来更加智能化的异地移动办公体验，如智能日程管理和自动任务分配等功能，这些功能不仅使移动办公更加便捷，而且人工智能在减少人工干预、提升信息传递效率的同时，还较大程度拓展了信息传递的时空范围，从而提高了员工的创造绩效。第四，人工智能技术有利于减少信息噪声，提高信息处理的准确性，进而提高员工创造绩效。例如人力资源经理可以利用内部通讯录来查看和更新员工的联系信息。同时，每个成员都需按照直接主管的要求，每天、每周或每月进行工作汇报。主管则会通过查看日志来评估他们的工作绩效。一些公司，如阿里巴巴集团，在钉钉上集成了其他人力资源管理程序，使得人力资源管理更加准确和有效。智能打卡功能可以发送员工的位置信息，因此公司可以准确记录他们的实际出勤情况。在外面工作的员工利用日志功能报告他们的日常工作，数据可以以报告的形式汇总，所有数据都可以在手机上看到并存储在钉钉中，这可以帮助经理及时识别高绩效的员工，为一线团队的日常工作评估提供了准确的依据。在这个过程中，企业社交媒体的使用保留了真实工作日志记录，显著减少了信息噪声，有利于减少员工工作中的"机会主义"行为。员工绩效的真实评估也有利于人力资源部门激励策略的有效实施，因而可以调动员工积极性，提升员工创造绩效。

在人工智能背景下，企业社交媒体使用对于减少信息噪声、提高信息处理准确性的作用主要体现在以下三个方面。首先，在日常工作中，员工往往需要处理大量的信息，其中不乏冗余内容。人工智能技术能够识别和过滤掉无关或重复的信息，减少信息噪声，较大程度上减轻了员工的信息筛选负担。通过人工智能技术的精确识别与过滤，员工可以迅速从繁杂的信息中筛选出真正有价值、与工作内容紧密相关的信息，帮助其更专注于重要内容，这有利于员工在工作中保持更高的专注度和投入度，因而提高了创造绩效。其次，人工智能可以自动化完成各种报告，如员工绩效报告、生产数据报告等，减少人工操作，提高报告准确性。传统的报告生成往往需要员工投入大量的时间和精力进行数据整理、分析和撰写。自动化报告技术的应用，使得这一过程变得更为简便和高效。人工智能系统可以根据预设的规则和模板，自动生成各种报告，如员工绩效报告、生产数据报告等。这减少了员工在报告生成方面的工作量，员工可以将更多的时间和精力投入实际的工作中，提升创造绩效。最后，人工智能能够依赖其智能预测能力从有噪声的历史数据中更加精准地预测未来可能出现的市场形势。这对于企业员工来说，意味着能够对未来市场需求提前做好准备，从而确定更为科学的技能发展方向，提高员工创造绩效和应对市场的精准性。

13.4　企业社交媒体使用、知识转移与员工创造绩效

我们首先接受一个基本假设，即知识是影响个体创造的关键因素（Amabile，1988）。信息技术能够让人们接触到各式各样的知识来源，进而加快知识转移进程（Alavi and Leidner，2001）。在线知识源一般分为静态知识源与动态知识源两类（Gray and Meister，2004）。静态知识源类似公共性的来源，知识的寻求者可以在平台或网站上学习并运用所展示的知识，无须与知识提供者进行交互。与之不同的是，动态知识源代表着关联性的来源，知识寻求者在网上发布问题，通过与其他在线且知晓答案的成员进行直接的双向交流，以获取知识或者解决方案，从而直接参与到知识交换的过程当中（Kim et al.，2011）。企业社交媒体可以被当作一种知识源，正如在第 7 章中我们了解到企业社交媒体能够凭借其技术功能（诸如通讯录、即时消息、群聊、电话会议以及视频会议等）高效地推动员工将知识从个人层面向整个团队或者组织进行共享，从而使员工在企业社交媒体上寻求和获取知识成为可能。

需要强调的是，我们并不否定劳动者在实践中某些"偶然性"的创造性发现，但如果不具有一定的知识储备，这些在实践中获得的创造性发现也往往会沦为个别技能熟练员工的个人"经验"，他们依据以往经验可以达到较高的生产目标，这种生产经验通过非正式渠道传播，虽然一定程度上提升了员工的创造绩效。但组织如果不能将其抽象化为集体知识乃至成为管理的科学，这种"实用主义"往往会减弱知识本应具有的能量，不利于全体员工绩效的创造。为了弥补经验式生产和管理的缺陷，从事创造性活动的组织或个体需要将不断积累的经验转化为组织的知识储备，使得所有员工从中受益，而进行必要的知识管理可以实现这一目标（Alavi and Leidner，2001）。

在组织中，员工既是知识的提供者，又是知识的获取者。知识获取和知识提供是促进知识转移和流动的两种不同方式，因而知识转移可以理解为知识提供者与知识接收者之间通过交流和对话来实现的知识交换历程。本章的核心要点在于知识寻求者能够从其他人那里获得知识，这种知识转移，有利于组织中低技能者

快速掌握先进生产技能，从整体上提升员工创造绩效。

尽管先前的研究从知识管理的角度表明社会化协作技术可以提高员工的创造力（Yan et al.，2013），但在知识管理过程中，技术可供性的作用尚未得到足够的重视。企业社交媒体可供性为促进组织内部知识流动奠定了重要基础，使后续成为可能。技术可供性指的是"行为主体使用某一特定技术所产生的行动可能性和机会"（Cabiddu et al.，2014），它既不属于技术的范畴，也不属于用户的范畴，而是关联于用户目的与技术能力之间，着重强调技术能力与可采取行动之间的共生特性。如今，研究人员越来越多地采用这样的观点来对信息技术的使用和影响进行研究，且已经识别了一些可供性，包括可审查性、重组性和实验性（Faraj et al.，2011），持久性、可见性、关联性与可编辑性（Treem and Leonardi，2013）以及与网络关联、元语音、生成角色和触发参与（Majchrzak et al.，2013）。可供性已经被证实可产生不同的影响，如会对组织内部协作、知识流动和知识共享等产生影响。Treem 和 Leonardi（2013）认为，企业社交媒体的可见性、持久性、可编辑性和关联性将改变组织的沟通进程，推动知识共享。此外，人力资源激励方案若能提高用户知识贡献的可见性，将激励他们贡献更多内容。Ling 等（2005）发现，企业社交媒体上，能够让用户感知到所做贡献重要性的社区功能可以显著提高用户参与度，而支持自我展示、持久标记、深度剖析和虚拟共现等的功能将增强在线社区成员的身份感知，从而进一步提高其满意度和知识贡献，可见企业社交媒体是有利于促进知识共享和转移的。

在我们的一项研究中，我们利用了 Treem 和 Leonardi（2013）提出的四种可供性——关联性、可见性、持久性与可编辑性构念，研究了企业社交媒体可供性是否可以通过两种知识转移方式来提高员工创造绩效——知识提供和知识获取（Sun et al.，2020b）。企业社交媒体可供性是指用户在个人目标导向下感知到的企业社交媒体的特征或功能，进而为其采取特定行动而带来的可能性。因而，企业社交媒体可供性可以作为组织社会交互的"润滑剂"，促进知识转移。知识转移可由两个概念体现：知识获取和知识提供。知识获取是指通过组织内部媒介来获取工作所需信息和知识的行为（Esmaeelinezhad and Afrazeh，2018）。员工在组织中主要通过两种途径获取知识，即通过其他人直接获取知识和从知识库中获取知识（Yuan et al.，2007）。知识提供是向其他同事分享隐性知识或将现有知识编撰和存储到知识库中的行为（He and Wei，2009）。先前的研究表明，个人动机（如乐于助人和声誉）和文化因素（如创新性、开放性和公平性）往往会影响知识贡献，而企业社交媒体的使用，使员工能更便捷地从他人及企业知识库中直接获取知识。

我们在中国的一个在线商业调查平台上通过问卷调查来收集数据，以检验企业社交媒体可供性对促进知识转移的有效性，所有变量的测量均依据相似研究背景下的成熟文献，而研究被试则限定为来自不同行业的、使用钉钉的全职员工。上文已经介绍过钉钉平台，它是中国流行的企业社交媒体平台。我们的理论模型将企业社交媒体的可供性视为影响员工知识转移和创造绩效的前因构念，旨在探讨以下两个研究问题：①企业社交媒体的可供性如何促进员工参与知识转移？②员工参与知识转移的过程如何影响其创造绩效？

（1）关联性与知识转移。关联性指的是"在个体与个体之间或个体与内容之间建立联系的可能性"（Pee，2018），它可以帮助组织成员跨越地理空间建立和维护社会资本。新发展起来的"弱"关系和进一步巩固的"强"关系使员工能够超越时间和地理空间的限制，与其他同事建立联系，并参与直接的知识交换以获取知识。关联性有两种形式：员工与其他同事之间的联系以及员工与内容之间的联系（Treem and Leonardi，2013）。因此，企业社交媒体的关联性功能使员工能够看到他人分享的网络链接，并从中获取所需的信息和知识。此外，由于企业社交媒体的关联性提供了双向交互的通道，员工在使用企业社交媒体时既可以成为知识的贡献者，也可以成为知识的获取者。因此，关联性有助于促进员工的知识获取和知识提供行为。

（2）可见性与知识转移。可见性是指能使一些过去未在组织中共享的员工行为、知识、偏好和沟通网络，被组织内其他成员看到的可能性，有利于员工的工作和社交信息在组织中传播。Fulk 和 Yuan（2013）表明，可见性可以通过减少寻找知识时的交易成本，如减少时间和精力消耗，来帮助用户应对知识定位的挑战。Leonardi（2014）认为，可见性能够深化员工对"谁知道什么"以及"谁知道谁"的认知，让员工能够识别组织中谁是某个领域的专家，进而提高获取与工作有关的信息和知识的时效性及精准性。当员工通过可见性确认知识寻求者的身份时，基于互惠和信任，他们往往会分享或贡献知识。此外，可见性使员工的工作信息和现有社交网络更加透明，这有利于强化组织内成员的身份认证（Ellison et al.，2015），减轻员工在分享知识时对敏感信息和核心知识流失的顾虑。可见性还有利于拥有相似兴趣和价值观的员工建立关系，使他们更愿意参与知识交流过程，也更加有利于知识提供者通过展示其专业知识和能力来进行自我表现（Pee，2018），驱使员工通过知识分享进行自我形象塑造来获得所需资源，因此，可见性有利于促进员工的知识获取及知识提供。

（3）持久性与知识转移。持久性是指"信息始终可被用户使用，并且不会过期或消失"（Treem and Leonardi，2013），它使组织员工可以重复搜索、查看、编译、可视化、重组和情境化已经在企业社交媒体上被共享的信息。持久性不仅有助于知识的保存和内容的增加，还能促进员工从企业社交媒体知识库中获取创造过程中所需的知识。同时，知识贡献者对知识的感知价值也会对他们的贡献水平产生影响（Fulk and Yuan，2013），持久性知识能够长期存在于企业社交媒体上，从而使组织员工可以自由地查看和应用知识，这反过来会提高知识贡献者的感知有用性，提升共享知识的价值。留存于企业社交媒体上的知识可以使知识提供者摆脱重复和无效的知识援助工作，因此员工往往更倾向于贡献知识。由此可见，持久性有利于员工的知识获取行为及知识提供行为。

（4）可编辑性与知识转移。可编辑性是指"他人查看信息前后改变某一交流行为的可能性"（Pee，2018）。因此，组织内部的协作性知识转移由于具有可编辑性而成为可能。通过允许编辑和修改发布在企业社交媒体上的知识文档，可编辑性使组织成员可以轻松地对内容进行修改、重塑和调整，使得所贡献知识的质量和价值逐渐累积，从而促使员工在企业社交媒体上寻求和获取所需要的信息与知识（Borgatti and Cross，2003）。显然，知识提供过程所需要的时间和精力会影响员工知识贡献的动机，可编辑性有利于员工将其独有的隐性知识转化为显性知识，并且对其贡献内容的修改可以是渐进的，而不是每次需要从头开始编译，所以节约了知识贡献所需花费的时间和精力。如果企业社交媒体支持高度的可编辑性，复杂的知识则变得更加容易编纂（Pee，2018）。此外，可编辑性可以使员工控制与他人共享知识的方式，从而降低了共享知识的风险和不确定性。因此，可编辑性能够正向影响员工的知识获取行为与知识提供行为。

（5）知识转移与创造绩效。个人于其任务范畴中积累的事实性经验或磨炼出的专业技能是其创造绩效的基础（Amabile and Pratt，2016）。在企业社交媒体使用过程中，员工并非被动地接纳知识，而是依照需求来运用知识，并在同事之间交流互动，交换不同的信息、知识和观点。此外，员工在获取知识时可以接触到更多远程的知识源，获取更多样化的知识与更全面的信息，从而使员工有机会将不同的想法进行重新组合，并生成创新成果（Perry-Smith and Shalley，2003）。

员工贡献知识的方式包括口头表述、操作展示以及向其他同事传播知识等，他们在特定领域的认知结构和元认知被重新梳理，这通常有机会使认知结构变得更加完善，因而有助于促进员工创造性想法的生成。当员工向同事分享任务所需的关键信息时，他们能够通过获取最新数据与专业知识来充实个人知识库。此外，通过慷慨地贡献自己的见解，员工能够赢得同事的敬重与信赖，这种基于相互扶持的氛围，促使资源网络得以进一步拓宽，在知识交流与共享的过程中，构建起积极的社会联系，这为员工创造了接触多样化观点的机会，从而有利于激发员工的创新思维与跨领域思考的能力（Perry-Smith，2006），因此知识获取与知识提供都有利于提高员工的创造绩效。我们最终的检验结果具体如下。

首先，企业社交媒体平台所具备的四项关键特性——关联性、可见性、持久性和可编辑性，对员工在知识获取与知识提供方面的行为产生了显著的促进作用，证实了先前研究的发现，即企业社交媒体可以通过降低知识黏性和模糊性来帮助促进知识转移（Leonardi，2014）。关联性在促进知识获取方面的作用显著超过其对知识提供的贡献。这一发现强调了支持关联性特性的技术工具（如即时通信、群组聊天平台以及公共通讯录等）的重要性，它们不仅为员工搭建了与知识源紧密联系的桥梁，还有利于员工构建和维护社会网络。通过这些技术手段，员工能够更有效地跨越社会资本的障碍，减少在寻求专业知识过程中可能遇到的阻力与不便，从而加速知识获取的进程（Fulk and Yuan，2013）。

其次，我们发现知识获取和知识提供正向影响员工的创造绩效，这表明个人知识是影响想法生成的重要因素，而员工参与组织内部的知识转移过程可以激发其创造性思维，这进一步强调了知识对员工的创造力和企业发展的重要性。这些结果还表明，尽管知识提供起到了一定作用，但它仅仅起到部分中介的作用。这说明，关联性不仅能够直接作用于创造绩效，激发创新思维与成果，还通过促进知识提供行为，间接地提升了创造绩效。换言之，关联性的增强不仅直接打开了创意的闸门，还通过鼓励知识分享与传递，为创造性工作提供了肥沃的土壤。同时值得注意的是，在可见性、持久性和可编辑性与创造绩效的关联路径中，知识提供者成为有效的传递者，成功地将企业社交媒体平台在内容展示、信息持久保留以及内容动态调整方面的优势，转化为对创造绩效的积极推动。这一发现强调了知识提供连接技术特性与创造性成果的桥梁作用，进一步揭示了企业社交媒体平台如何通过其独特的功能设计，营造组织内部的创新氛围与促进绩效提升。这些结论为员工、平台设计者和组织管理者提供了指引。

我们积极倡导员工充分利用企业社交媒体平台所具有的关联性、可见性、持久性和可编辑性等特性，并将之作为提升个人知识获取与创造绩效的强大工具。具体而言，员工可以巧妙地运用企业通讯录和名片展示功能的可见性优势，快速定位并识别出各领域的专家与知识宝库。同时，借助即时通讯、群组聊天和视频会议等高度关联性的沟通方式，员工能够更直接、高效地与这些专家建立联系，清晰而具体地表达他们的知识需求与学习愿望。通过这样的策略，员工不仅能够迅速获取到所需的专业知识，还能在互动过程中不断拓宽视野、激发灵感，从而为提升个人的创造绩效奠定坚实的基础。员工同样可以巧妙地利用群组文件和通信信息所具备的持久性与可编辑性等特性，在企业社交媒体平台上深入挖掘并搜索那些被共享的高质量内容与专业知识。这种能力不仅使员工能够随时回顾并学习过往的宝贵资料，还允许他们对信息进行个性化的编辑与整理，从而更好地适应自身的学习需求与思维模式。此外，本章研究证明，知识提供在企业社交媒体的可供性与创造绩效之间扮演着重要的中介角色。因此，我们鼓励员工积极利用企业社交媒体平台的各种功能来贡献自己的知识与见解。在这一过程中，员工不仅能够获得来自同事与上级的认知回报，如肯定与赞赏，还能建立起积极的社会关系网络，这种网络将为他们提供持续的情感支持与创新灵感。更重要的是，通过频繁的知识互动与协作，员工能够不断突破自己的思维边界，激发内在的创造性思维与创新能力。他们将在与他人的思想碰撞中发现新的视角与解决方案，从而在工作与生活中展现出更高的创造绩效。

再次，针对平台设计者而言，为了提升员工使用企业社交媒体寻求与贡献知识的积极性，其可以积极探索并设计一系列能够增强或拓展平台关联性、可见性、持久性和可编辑性的新功能。例如，开发更加智能化的推荐系统，根据员工的兴趣与需求，精准推送相关领域的知识资源，以增强平台的关联性；优化搜索与过滤功能，确保员工能够轻松找到并浏览所需的信息，提升可见性；引入版本控制与历史记录功能，允许员工追溯知识的演变过程，增强持久性；提供灵活多样的编辑工具，支持员工对共享内容进行个性化调整与完善，扩展可编辑性。通过这些设计创新，平台设计者能够为员工创造一种更加高效、便捷、富有吸引力的知识交流环境，例如，可以考虑引入游戏化元素作为激励手段（Feng et al., 2018），以促使员工更积极地贡献知识，因为知识获取和知识提供都可以对员工的创造力产生正向影响。

最后，在数字化浪潮的迅猛推动下，企业通过应用先进的数字化技术，能够显著优化常规化工作流程，从而实现员工工作效率的飞跃式提升。然而，在这一转型过程中，我们必须清醒地认识到，标准化与创新之间的平衡是至关重要的。在为组织选择企业社交媒体时，管理人员可以选择具有高关联性、可见性、持久性和可编辑性的协同平台，以促进员工之间的知识转移和协作，并提高他们的认知能力和创造力。此外，管理人员应该鼓励员工通过企业社交媒体积极地获取和贡献知识，可以考虑采取一些激励措施，以鼓励员工参与知识贡献，营造一种有利于组织内部知识转移的氛围来提高员工创造绩效。

在人工智能技术快速发展的当下，当企业社交媒体与人工智能技术相结合时，企业社交媒体可供性促进知识转移进而提高员工创造绩效的机制将经历一系列显著的新变化。第一是自动化内容生成与整理。人工智能能够自动化地生成和整理企业社交媒体上的内容，包括会议纪要、知识总结、培训材料等。同时，人工智能还可以通过分析员工在企业社交媒体上的学习行为、成绩和反馈，不断优化生成的内容，构建出个性化的学习路径。这不仅减轻了员工学习的负担，确保了知识的准确性和一致性，还有助于提升员工学习体验，从而提升员工知识获取的效率和积极性，所以有助于提高员工创造绩效。第二是实时互动与智能辅导。在企业社交媒体平台上，人工智能可以作为智能助手或虚拟导师，为员工提供其所需要的实时互动和辅导。员工可以通过聊天机器人或语音助手提出问题，人工智能将立即提供解答或将其引导至相关资源。这种即时反馈机制有助于员工快速消除疑惑，从而进一步提高创造绩效。第三是知识网络构建与社区协作。人工智能技术可以帮助企业社交媒体平台构建知识网络，将员工、专家、知识紧密地连接在一起。通过智能匹配和推荐系统，员工可以轻松地找到志同道合的伙伴和专家进行深入的交流和合作，促使员工通过有经验的专家获取知识，提高自身的创造绩效。

13.5　企业社交媒体的使用对员工创造绩效的负面影响

尽管相较于传统方式，企业社交媒体这种快速及时的信息传递方式有利于员工跨时间、空间即时处理信息，还有利于员工间进行知识转移与知识学习，提高员工的即兴能力等，对员工创造绩效产生了重要的正向影响。然而，我们不得不承认除了正向影响外，企业社交媒体使用的负面影响也具有重要的管理意义，因为全面衡量正面和负面影响关系到公司对企业社交媒体的选择与投资。一些信息系统领域的学者已关注到信息技术使用的另一面，比如过多使用企业社交媒体可能会分散员工的注意力并不利于任务的执行，使他们难以专注关键任务，从而影响员工创造绩效（Tarafdar et al.，2010）。不加选择地使用、推广企业社交媒体还可能会导致员工系统超负荷使用，这种情形类似于信息过载。如果企业社交媒体技术提供的功能对于给定的任务来说过于复杂，那么对于员工来说系统功能就会出现过载，进而阻碍其创造绩效提升。这可以用认知负荷理论来解释，即个体的认知受到有限的工作记忆的限制（Huang et al.，2009），如果系统变得过于复杂，则容易发生信息丢失和内存过载现象，从而导致性能不佳。由于这种担忧，一些公司已经禁止在工作场所使用企业社交媒体（Ali-Hassan et al.，2015）。鉴于这种现实存在的负面影响，我们将进一步从员工信息过载、信息安全风险、工作与生活界限几个方面分析企业社交媒体使用对员工创造绩效的负面影响，并讨论在人工智能技术背景下这些负面影响是如何被放大的，以期企业能够关注这些潜在的影响并积极应对新的挑战，保障企业社交媒体在信息传递和知识转移两个方面积极作用的有效发挥，促进员工创造绩效持续提升。

首先，企业社交媒体使用可能造成员工信息过载，从而抑制员工创造绩效提升。过载是指一个人对超出自己处理能力的事物的评价和感知（Zhang et al.，2016）。这一概念已延伸出了诸多研究问题，如角色过载、工作过载、知识过载和通信过载等。信息和通信技术（information and communications technology，ICT）的发展促进了对技术过载的研究，通常来说，通信技术使得个人的工作效率比以前更高，个人成长得更快（Karr-Wisniewski and Lu，2010）。企业社交媒体上的信息量庞大，如果没有经过精心筛选和管理，员工可能会面临信息过载的问题，这使得员工需要付出更多的时间和精力才能发现需要即时处理的关键信息，分散了员工本该投入创造的时间和精力，进而对其创造绩效产生负面影响（Agrawal et al.，2018）。不容忽视的是，随着人工智能技术的广泛应用，企业社交媒体可能变得更加智能化，能够更精准地将信息推送给用户。然而，这也意味着员工可能会面临更多个性化、高度相关的信息流，从而加剧了信息过载的问题，进一步增加认知负荷，从而影响员工创造绩效（Mustafa et al.，2024）。

其次，企业社交媒体使用可能带来更多的信息安全风险。使用企业社交媒体时，需要注意保护敏感信息的安全。不当的信息分享或泄露可能导致出现数据安全问题，对企业造成损失。员工还可能会面临个人数据安全与隐私问题，他们的个人信息和活动可能会被他人访问或滥用（Jain et al.，2021）。此外，员工在企业社交媒体获取知识时还面临信息准确性和可信度问题。企业社交媒体上的信息来源广泛，但其准确性和可信度可能参差不齐（Hajli and Lin，2016），员工在获取信息时需要额外的辨别能力，以避免误导性或不实信息对任务执行造成影响或者带来负面互动和冲突。这些额外的风险会对员工的信任感和士气产生负面影响，抑制员工在企业社交平台上进行知识提供和知识获取的动力，因而不利于知识转移，对员工创造绩效产生了负向影响。在人工智能背景下，人工智能技术的引入可能使数据分析和处理变得更加复杂，因而也带来了新的安全挑战。除了利用恶意软件，黑客还可能利用人工智能的漏洞进行更高级的攻击，导致敏感信息泄露的风险增加（Yadav et al.，2023）。此外，人工智能驱动的自动化决策系统如果未经过充分的安全审查，也可能在无意中泄露敏感信息，加剧信息安全风险。这些可能的风险增加了员工在企业社交媒体上进行知识提供和知识获取所需要承担的成本，因而抑制了其进行知识提供和知识获取的积极性，使得企业社交媒体的知识转移作用减弱，对员工创造绩效造成负向影响。

最后，企业社交媒体的使用还可能导致员工的工作与生活界限变得模糊，从而影响员工创造绩效。企业社交媒体使得员工在任何时间都可以通过企业社交媒体公开展示自己的工作内容或者与同事、客户或上司进行沟通和互动，但这种连通性也导致员工难以摆脱工作，工作与私人生活之间的界限变得模糊，甚至导致工作与私人生活产生冲突（Stephens et al.，2017），后果是员工在非工作时间仍然感受到工作压力（Chen and Wei，2019），他们的正常休息和心理健康受到了影响（George et al.，2023），个人生活质量恶化的同时，工作状态也必然会受到影响，从而导致创造绩效下降（Koch et al.，2012）。在人工智能背景下，人工智能技术可能使得工作任务的监控和管理更加严密，工作与私人生活间的界限将进一步模糊，如 AI 助手、智能秘书等，会"主动"安排日程、提醒会议、发送邮件等，进一步将工作融入私人生活当中。另外，随着智能设备的普及和 AI 技术的广泛应用，员工可能对这些工具产生心理依赖。当人们都习惯于随时随地处理工作事务，甚至将工作视为生活的一部分时，这种心理依赖和习惯将进一步模糊工作与生活的界限。可见人工智能将进一步提高企业社交媒体的连通性，更高的连通性让员工越发地难以在工作和个人生活之间设立清晰的界限，因而会对员工创造绩效产生更严重的负面影响。

参 考 文 献

Agrawal A, Catalini C, Goldfarb A, et al. 2018. Slack time and innovation[J]. Organization Science, 29(6): 1056-1073.

Alavi M, Leidner D E. 2001. Review: knowledge management and knowledge management systems: conceptual foundations and research issues[J]. MIS Quarterly, 25(1): 107-136.

Ali A, Wang H W, Khan A N. 2019. Mechanism to enhance team creative performance through social media: a transactive memory system approach[J]. Computers in Human Behavior, 91: 115-126.

Ali-Hassan H, Nevo D, Wade M. 2015. Linking dimensions of social media use to job performance: the role of social capital[J]. The Journal of Strategic Information Systems, 24(2): 65-89.

Amabile T M. 1988. A model of creativity and innovation in organizations[M]//Staw B M, Cummings L L. Research in Organizational Behavior. Greenwich: JAI Press: 123-167.

Amabile T M, Pratt M G. 2016. The dynamic componential model of creativity and innovation in organizations: making progress, making meaning[J]. Research in Organizational Behavior, 36: 157-183.

Borgatti S P, Cross R. 2003. A relational view of information seeking and learning in social networks[J]. Management Science, 49(4): 432-445.

Cabiddu F, de Carlo M, Piccoli G. 2014. Social media affordances: enabling customer engagement[J]. Annals of Tourism Research, 48(6): 175-192.

Chen X Y, Wei S B. 2019. Enterprise social media use and overload: a curvilinear relationship[J]. Journal of Information Technology, 34(1): 22-38.

Chung S, Lee K Y, Choi J. 2015. Exploring digital creativity in the workspace: the role of enterprise mobile applications on perceived job performance and creativity[J]. Computers in Human Behavior, 42: 93-109.

Ellison N B, Gibbs J L, Weber M S. 2015. The use of enterprise social network sites for knowledge sharing in distributed organizations: the role of organizational affordances[J]. American Behavioral Scientist, 59(1): 103-123.

Esmaeelinezhad O, Afrazeh A. 2018. Linking personality traits and individuals' knowledge management behavior[J]. Aslib Journal of Information Management, 70(3): 234-251.

Fairbank J F, Labianca G, Steensma H, et al. 2006. Information processing design choices, strategy, and risk management performance[J]. Journal of Management Information Systems, 23(1): 293-319.

Faraj S, Jarvenpaa S L, Majchrzak A. 2011. Knowledge collaboration in online communities[J]. Organization Science, 22(5): 1224-1239.

Feng Y Y, Ye H J, Yu Y, et al. 2018. Gamification artifacts and crowdsourcing participation: examining the mediating role of intrinsic motivations[J]. Computers in Human Behavior, 81: 124-136.

Fulk J, Yuan Y C. 2013. Location, motivation, and social capitalization via enterprise social networking[J]. Journal of Computer-Mediated Communication, 19(1): 20-37.

George A S, George A S H, Martin A S G. 2023. ChatGPT and the future of work: a comprehensive analysis of AI's impact on jobs and employment[J]. Partners Universal International Innovation Journal, 1(3): 154-186.

Gray P H, Meister D B. 2004. Knowledge sourcing effectiveness[J]. Management Science, 50(6): 821-834.

Gupta S, Kumar S, Kamboj S, et al. 2019. Impact of IS agility and HR systems on job satisfaction: an organizational information processing theory perspective[J]. Journal of Knowledge Management, 23(9): 1782-1805.

Hajli N, Lin X L. 2016. Exploring the security of information sharing on social networking sites: the role of perceived control of information[J]. Journal of Business Ethics, 133: 111-123.

He W, Wei K K. 2009. What drives continued knowledge sharing? An investigation of knowledge-contribution and-seeking beliefs[J]. Decision Support Systems, 46(4): 826-838.

Huang W D, Eades P, Hong S H. 2009. Measuring effectiveness of graph visualizations: a cognitive load perspective[J]. Information Visualization, 8(3): 139-152.

Jain A K, Sahoo S R, Kaubiyal J. 2021. Online social networks security and privacy: comprehensive review and analysis[J]. Complex Intelligent Systems, 7(5): 2157-2177.

Karr-Wisniewski P, Lu Y. 2010. When more is too much: operationalizing technology overload and exploring its impact on knowledge worker productivity[J]. Computers in Human Behavior, 26(5): 1061-1072.

Kim H W, Zheng J R, Gupta S. 2011. Examining knowledge contribution from the perspective of an online identity in blogging communities[J]. Computers in Human Behavior, 27(5): 1760-1770.

Koch H, Gonzalez E, Leidner D. 2012. Bridging the work/social divide: the emotional response to organizational social networking sites[J]. European Journal of Information Systems, 21(6): 699-717.

Leonardi P M. 2014. Social media, knowledge sharing, and innovation: toward a theory of communication visibility[J]. Information Systems Research, 25(4): 796-816.

Ling K, Beenen G, Ludford P, et al. 2005. Using social psychology to motivate contributions to online communities[J]. Journal of Computer-Mediated Communication, 10(4): 10411.

Majchrzak A, Faraj S, Kane G C, et al. 2013. The contradictory influence of social media affordances on online communal knowledge sharing[J]. Journal of Computer-Mediated Communication, 19(1): 38-55.

McAfee A P. 2006. Enterprise 2.0: the dawn of emergent collaboration[J]. IEEE Engineering Management Review, 34(3): 38.

Mustafa H, Mahmoud S S, Abouelnaga H M, et al. 2024. The effect of the training of using magic school AI on self-efficacy in teaching and information overload among Arabic teachers[J]. Migration Letters, 21(9): 1361-1370.

Pee L G. 2018. Affordances for sharing domain-specific and complex knowledge on enterprise social media[J]. International Journal of Information Management, 43: 25-37.

Perry-Smith J E. 2006. Social yet creative: the role of social relationships in facilitating individual creativity[J]. Academy of Management Journal, 49(1): 85-101.

Perry-Smith J E, Shalley C E. 2003. The social side of creativity: a static and dynamic social network perspective[J]. The Academy of Management Review, 28(1): 89-106.

Premkumar G, Ramamurthy K, Saunders C S. 2005. Information processing view of organizations: an exploratory examination of fit in the context of interorganizational relationships[J]. Journal of Management Information Systems, 22(1): 257-294.

Richter A, Riemer K. 2013. Malleable end-user software[J]. Business Information Systems Engineering, 5: 195-197.

Stephens K K, Mandhana D M, Kim J J, et al. 2017. Reconceptualizing communication overload and building a theoretical foundation[J]. Communication Theory, 27(3): 269-289.

Sun Y, Ding Z B, Zhang Z P. 2020a. Enterprise social media in workplace: innovative use cases in China[J]. IEEE Transactions on Engineering Management, 70(7): 2447-2462.

Sun Y, Wang C L, Jeyaraj A. 2020b. Enterprise social media affordances as enablers of knowledge transfer and creative performance: an empirical study[J]. Telematics and Informatics, 51: 101402.

Tarafdar M, Tu Q, Ragu-Nathan T S, et al. 2010. Impact of technostress on end-user satisfaction and performance[J]. Journal of Management Information Systems, 27(3): 303-334.

Treem J W, Leonardi P M. 2013. Social media use in organizations: exploring the affordances of visibility, editability, persistence, and association[J]. Annals of the International Communication Association, 36(1): 143-189.

Woodman R W, Sawyer J E, Griffin R W. 1993. Toward a theory of organizational creativity[J]. The Academy of Management Review, 18(2): 293-321.

Yadav A, Kumar A, Singh V. 2023. Open-source intelligence: a comprehensive review of the current state, applications and future perspectives in cyber security[J]. Artificial Intelligence Review, 56(11): 12407-12438.

Yan Y L, Davison R M, Mo C Y. 2013. Employee creativity formation: the roles of knowledge seeking, knowledge contributing and flow experience in Web 2.0 virtual communities[J]. Computers in Human Behavior, 29(5): 1923-1932.

Yuan Y C, Fulk J, Monge P R. 2007. Access to information in connective and communal transactive memory systems[J]. Communication Research, 34(2): 131-155.

Zhang S W, Zhao L, Lu Y B, et al. 2016. Do you get tired of socializing? An empirical explanation of discontinuous usage behaviour in social network services[J]. Information & Management, 53(7): 904-914.